Best of *simplify*

Werner Tiki Küstenmacher, evangelischer Pfarrer (seit 2006 im Ehrenamt), ist freiberuflicher Autor, Karikaturist, Redner und TV-Moderator. *Prof. Dr. Lothar Seiwert* gilt als Europas führender Denker und Redner zu Fragen der Zeitautonomie, des Zeit- und Lebensmanagements. *Dagmar von Cramm* ist eine der bekanntesten Food-Journalistinnen Deutschlands. *Marion Küstenmacher* arbeitet seit 15 Jahren als Trainerin zu Themen der Persönlichkeitsentwicklung.

Werner Tiki Küstenmacher, Lothar Seiwert,
Dagmar von Cramm, Marion Küstenmacher

Noch einfacher geht's nicht

Campus Verlag
Frankfurt/New York

simplify® und simplify your life® sind eingetragene Marken
der VNR Verlag für die Deutsche Wirtschaft AG, Bonn

Best of simplify enthält eine Auswahl der wertvollsten Tipps aus den
Bänden *simplify your life, simplify your time, simplify Diät* und
simplify your love.

ISBN 978-3-593-39540-1

Das Werk einschließlich aller seiner Teile ist urheberrechtlich geschützt.
Jede Verwertung ist ohne Zustimmung des Verlags unzulässig. Das gilt
insbesondere für Vervielfältigungen, Übersetzungen, Mikroverfilmungen
und die Einspeicherung und Verarbeitung in elektronischen Systemen.
Copyright © 2011 Campus Verlag GmbH, Frankfurt am Main.
Umschlaggestaltung: R. M. E, Roland Eschlbeck
Alle Illustrationen: © Werner Tiki Küstenmacher
Redaktion: Nicole Hölsken, Langenfeld
Satz: Fotosatz L. Huhn, Linsengericht
Gesetzt aus der Syntax und der Sabon
Druck und Bindung: CPI – Ebner & Spiegel, Ulm
Gedruckt auf Papier aus zertifizierten Rohstoffen (FSC/PEFC).
Printed in Germany

Dieses Buch ist auch als E-Book erschienen.
www.campus.de

Inhalt

Ein Jahrzehnt mehr Leichtigkeit im Leben 7

Vereinfachen Sie Ihre Umgebung 9
  simplify-Idee: Ent-rümpeln Sie Ihre Wohnung 9
  simplify-Idee: Ent-fernen Sie Ihre Geldblockaden 23
  simplify-Idee: Ent-schulden Sie sich 29
  simplify-Idee: Ent-werfen Sie Ihre eigene Sicht
        vom Reichtum 33

Vereinfachen Sie Ihre Zeit 38
  simplify-Idee: Ent-spannen Sie Ihren Umgang mit der Zeit . . 39
  simplify-Idee: Ent-hüllen Sie Ihren Time-Typ 57
  simplify-Idee: Ent-schleunigen Sie Ihren hektischen Alltag
        mit Hilfe der *simplify*-TIME-Tools 86

Vereinfachen Sie Ihre Gesundheit 106
  simplify-Idee: Ent-locken Sie Ihrem Körper Glücksstoffe . . 107
  simplify-Idee: Ent-zünden Sie Ihre Begeisterung 109
  simplify-Idee: Ent-krampfen Sie das Thema Fitness 112
  simplify-Idee: Ent-spannen Sie sich optimal 115
  simplify-Idee: Ent-ledigen Sie sich alter Ess-Gewohnheiten 121
  simplify-Idee: Ent-lasten Sie Ihren Körper durch
        vereinfachte Ernährung 139

Vereinfachen Sie Ihre Beziehung 158
  simplify-Idee: Ent-inseln Sie sich 158
  simplify-Idee: Ent-ärgern Sie sich 162

5

simplify-Idee: Ent-decken Sie die Wohnungen der Liebe . . 167

simplify-Idee: Ent-hüllen Sie Ihr Selbst – Der Turm 171

simplify-Idee: Ent-grenzen Sie Ihr Ich – Das Liebeszelt . . . 181

simplify-Idee: Ent-wickeln Sie eine lebendige Partnerschaft –
Der Gutshof 191

simplify-Idee: Ent-machten Sie die bösen Mächte –
Der Finsterwald 214

simplify-Idee: Ent-hüllen Sie die königliche Liebe –
Das Schloss 243

Vereinfachen Sie sich selbst 256

simplify-Idee: Ent-decken Sie Ihr Lebensziel 256

simplify-Idee: Ent-wickeln Sie Ihre Stärken 259

simplify-Idee: Ent-lasten Sie Ihr Gewissen 261

simplify-Idee: Ent-rätseln Sie sich selbst 263

Ein Jahrzehnt mehr Leichtigkeit im Leben

Liebe Leserin, lieber Leser,

ten years after: Was hat sich getan im ersten Jahrzehnt des neuen Jahrtausends, seitdem es das Buch *simplify your life* gibt? Eins ist sicher: Die Sehnsucht nach Einfachheit hat nicht nachgelassen. *simplify* ist zu einem Megatrend und Megawunsch geworden. Zugleich hat die Kompliziertheit unserer Welt in diesen zehn verrückten Jahren aberwitzige Ausmaße angenommen. Die Weltwirtschaft ist in ein paar heftige Krisen geraten, ökologische und soziale Gefahren lauern überall; und das seit eh und je.

Darüber könnte man jammern, endlos darüber lesen und schreiben. *simplify* dagegen heißt: Machen Sie das nicht! Konzentrieren Sie sich auf das, was Ihrem menschlichen Maß entspricht. Auch inmitten irrster Verflechtungen, sinnwidriger Verschwörungstheorien und absurdester Ungerechtigkeiten bleiben wir Menschen. Wesen, die auf einfache Signale reagieren.

Dem einen trauen wir, dem anderen nicht. Wir freuen uns über einfache Dinge und haben einfache Träume. Wir möchten lieben und geliebt werden. Wir sind froh, wenn wir in der Wohnung wissen, wo unsere Sachen sind. Wir möchten uns wohl fühlen in unserer Haut und gut aussehen. Wir möchten Zeit haben für uns und andere. Wir wollen uns frei fühlen und nicht andauernd müssen müssen. Wir möchten uns selbst verstehen und ein Ziel haben, das größer ist als unser eigenes kurzes Leben.

Aus dem dicken gelben *simplify*-Buch, das in über 30 Ländern der Erde erschienen ist, ist mittlerweile eine kleine Buchfamilie geworden. Zum zehnten Jubiläum haben wir die ganze *simplify*-Mischpoke zusammengerufen und jeden gebeten, das Beste aus seinem Fachge-

biet beizusteuern. Herausgekommen ist ein vereinfachtes Vereinfachungsbuch, ein *Greatest-Hits*-Album für ein einfacheres und glücklicheres Leben, die große *simplify*-Kreuzfahrt durch den mal vom Sturm gepeitschten, mal in der Flaute dahindümpelnden Alltag.

Über jeder Seite steht ganz groß und unsichtbar: »Ja! Es geht!« Die Kompliziertheiten dieses Daseins müssen Sie nicht länger hinnehmen! Sie können etwas dagegen tun. Jetzt gleich – in kleinen, sofort umsetzbaren und menschenfreundlichen Schritten. Sie dürfen leben statt gelebt zu werden.

Probieren Sie es aus: Es hat bei so vielen Menschen schon geklappt, da wird es auch bei Ihnen klappen. Das wünscht und verspricht Ihnen im Namen aller *simplify*-Autorinnen und -Autoren

Ihr
Werner Tiki Küstenmacher

Vereinfachen Sie Ihre Umgebung

simplify-Idee: Entrümpeln Sie Ihre Wohnung

Die Folgen von Gerümpel – und wie Sie sie vermeiden

Befreien Sie sich von Ballast, denn fliegen können Sie nur mit leichtem Gepäck. Unnütze Dinge in Wohnung und Büro belasten die Seele mehr, als viele ahnen. Ihr Bewusstsein hat gelernt, über ungeordnete Regale oder mit alten Sachen vollgestopfte Zimmer hinwegzusehen. Ihr Unterbewusstsein aber ist damit überfordert und belastet. Frei ist es erst, wenn das Zeug aus dem Haus ist.

Chronische Unordnung ist nicht nur unpraktisch, wenn jemand den Raum putzen möchte. Zu viele und zu unsystematisch angehäufte Dinge sind ein dauerhafter Frontalangriff auf Ihren Körper und Ihre Seele. Ihr Bewusstsein lernt im Lauf der Zeit, damit fertig zu werden – Ihr Unterbewusstsein nicht. Lesen Sie hier die durch zahlreiche Studien erhärteten negativen Auswirkungen von Gerümpel auf Ihr Leben.

Angst vor der Zukunft

Gerümpel bremst Ihre Entwicklung, denn oft sind die abgelagerten Dinge mit Erinnerungen verbunden und halten Sie so in der Vergangenheit fest.

Unser *simplify*-Rat: Denken Sie dankbar an die Menschen, die mit den Gegenständen in Ihrer Umgebung verbunden sind. Heben Sie pro

Person ein besonders schönes oder wertvolles Erinnerungsstück auf, und geben Sie den Rest weg. Wenn Sie mehr Raum für neue Gegenstände haben, schafft das Raum für mehr Zukunft in Ihrem Leben.

Übergewicht

Kein Witz: Gerümpel kann dick machen. Diese kuriose Entdeckung hat die britische Entrümpelungsspezialistin *Karen Kingston* über viele Jahre hinweg gemacht: Übergewicht hat häufig zu tun mit emotionaler »Verstopfung«: So wie Sie Gefühle nicht loslassen können und alte Erinnerungsstücke horten, hält auch Ihr Körper den Stoffwechsel zurück und schaltet auf »Sammeln«.

Unser *simplify*-Rat: Beginnen Sie mit einer Diät für Ihre verstopfte Wohnung. Die eigene Diät ist dann der logische nächste Schritt. Eine Frau sagte es so: »In der leeren Wohnung konnte ich mich einfach nicht mehr so vollstopfen.«

Aufschieberitis

Einen ähnlichen Zusammenhang gibt es zwischen dem Chaos in Ihrer unmittelbaren Umgebung und Ihrer Motivation zum Arbeiten: Unordnung begünstigt Aufschieberitis. Gerümpel bindet Energie und verhindert Konzentration.

Unser *simplify*-Rat: Räumen Sie bei besonderer Arbeitsbelastung unbedingt als Erstes den Schreibtisch und dessen Umgebung auf. Die dafür aufgewendete Zeit wird durch konzentrierteres, fröhlicheres und schnelleres Arbeiten mehr als wettgemacht. Betrachten Sie Ihren Schreibtisch als Abbild Ihres Gehirns: Was auf dem Schreibtisch steht, haben Sie im Kopf. Ein aufgeräumter Tisch ist ein geordneter Geist. Nach einer beherzten Aufräumaktion staunen die meisten Menschen über neue Kräfte.

Finanzielle Probleme

Gerümpel kostet vor allem Geld. Passionierte »Alles-Sammler« meinen, damit Geld zu sparen. Es lässt sich aber nachweisen, dass bei ihnen viel Kapital gebunden liegt für Dinge, »die sie vielleicht einmal brauchen könnten«. Sie sind anfällig für Sonderangebote und kaufen Dinge, die sie gar nicht brauchen. Alles-Sammler wenden außerdem Geld auf für Aufbewahrungsmöglichkeiten (Regale, Koffer, Schränke, Kisten, bis hin zu An- und Ausbauten im Haus). Am meisten Geld kostet Gerümpel

aber dadurch, dass Sammlernaturen beruflich häufig in schlecht bezahlten Positionen stecken bleiben.

Unser *simplify*-Rat: Entrümpeln Sie! Fangen Sie damit am besten noch heute an. Wie, verraten wir Ihnen gleich hier, im nächsten Abschnitt.

Die besten Entrümpelungsmethoden

Wir sind umgeben vom Chaos, das beherrscht wird von den Drachen der Urflut. So stellten sich die alten Babylonier die Welt vor. In diesem Urdurcheinander gibt es eine kleine Luftblase – unsere bewohnte Erde. Aber wenn man nicht aufpasst, kann das Chaos jederzeit und überall wieder eindringen.

Eine Vorstellung, die unsere Alltagserfahrung recht schön beschreibt: Ordnung ist kein Naturereignis. Normal ist das Chaos, und gegen das müssen wir tagtäglich ankämpfen. Auf der anderen Seite kann Aufräumen und Putzen zur ungesunden Manie und damit zum Lebensinhalt werden.

Einfachheit bedeutet, den goldenen Mittelweg zwischen Chaos und Zwanghaftigkeit zu finden: eine gewisse Grund-Unordnung gelassen hinnehmen, aber gegenüber den Chaosdrachen nicht kapitulieren.

Fangen Sie klein an

Nicht den Wald roden, sondern eine Bresche schlagen, heißt die Devise. Erledigen Sie lieber jeden Tag nur eine Schublade oder ein einzelnes Regalfach, als dass Sie sich gewaltige Aktionen aufbürden (»Keller total entrümpeln«, »Großreinemachen in allen Kleiderschränken«). Teilen Sie sich die Arbeit in kleine bekömmliche Etappen auf. Sonst verlieren Sie die Lust, und das Chaos ist doch wieder stärker als Sie.

Wählen Sie *eine* abgeschlossene Einheit aus, bei der Sie anfangen. Als Einheit gilt etwa eine Schublade, ein Regalbrett, ein Aktenkorb, eine Kiste, ein Becher. Dann geht es in fünf Schritten weiter:

1. Ganz oder gar nicht Räumen Sie die entsprechende Einheit (Regal, Schublade, Schrankfach, Schreibtischplatte) komplett leer.

2. Lass es glänzen Putzen Sie die leere Einheit blitzblank, und freuen Sie sich, wie schön das bald alles aussehen wird.

3. Die magischen Drei Teilen Sie den ehemaligen Inhalt (der ja noch auf dem Boden liegt) in drei Haufen auf:

Wunderbar Auf den Haufen mit diesem schönen Namen kommt, was gut verwendbar und funktionsfähig ist. Es wird schön ordentlich in den Aufbewahrungsort zurückgestellt. Aber seien Sie kritisch. Eine bewährte Denkhilfe ist die Frage: »Habe ich das in den letzten beiden Jahren ein einziges Mal benutzt?«

Echter Müll Auf diesem Haufen landet, was kaputt ist, überholt, überflüssig oder was seit mindestens einem Jahr nicht mehr benutzt wurde. Der Haufen wird fachgerecht entsorgt und entsprechend vorsortiert in Restmüll, Altpapier usw.

Das Fragezeichen Wenn die Entscheidung zwischen Müll und Wunderbar schwer fällt, landet es auf dem Haufen Fragezeichen. Diese

Sachen werden in einen Karton verpackt (mit Aufschrift, was drin ist!) und in den Keller, Speicher oder die Garage gebracht. Dort lagern sie und können notfalls aktiviert werden. Schauen Sie diese Kisten etwa alle sechs Monate durch – Sie werden staunen, wie viele Dinge sich inzwischen erledigt haben und leichten Herzens entsorgt werden können. Was ein ganzes Jahr lang nicht gebraucht wurde, wird auf jeden Fall umgewandelt in die Kategorie Müll.

4. Gleiches zu Gleichem Fassen Sie kleine Dinge in Schachteln und anderen Behältern zusammen. In Messie-Selbsthilfegruppen sehr beliebt sind alle möglichen Behälter, die sich gut beschriften lassen sowie Trennwände für Schubladen.

5. Hurra! Freuen Sie sich über jede kleine Ordnungsinsel (und klagen Sie nicht darüber, wie viel noch zu tun ist).

Hilfsmittel

Natürlich können Sie sich noch weitere Hilfsmittel zunutze machen: Nutzen Sie beispielsweise den *Schatztruheneffekt*. Schaffen Sie sich professionelle Aufbewahrungssysteme an. Sparen Sie dabei nicht, sondern setzen Sie auf Qualität.

In billigen Kisten sammeln Sie tendenziell mehr, weil Ihr Unterbewusstsein weiß, dass der Aufbewahrungsplatz wenig kostet. Bei Systemen, für die Sie mehr Geld ausgegeben haben, sortiert Ihr Unterbewusstsein schon im Vorfeld aus – in die wertvolle »Schatztruhe« kommen nur wertvolle Sachen.

Suchen Sie sich Helfer. Was Sie allein immer vor sich herschieben – mit einem Leidensgenossen, der zu Ihnen kommt, packen Sie's. Oder Sie *renovieren* die Wohnung. Natürlich nicht auf einmal, sondern Zimmer für Zimmer. Dazu müssen Sie vorübergehend aus dem Zimmer ausziehen, und zwar komplett. Die Methode ist aufwändig, aber sehr wirksam, denn Sie sind gezwungen, jeden Gegenstand in Ihrem Zimmer in die Hand zu nehmen und die oben beschriebene Entscheidung »Wunderbar – Müll – Fragezeichen« zu treffen.

Außerdem wichtig: Werden Sie »*oberflächenbewusst*«. Alle Arten von Tischen, Regalen, Fensterbrettern, ja fast jede horizontale Fläche ziehen wie magisch Überflüssiges an. Auch der Fußboden, die größte horizontale Fläche, ist gefährdet. Vereinfachen Sie Ihr Leben, indem Sie horizontale Ablageflächen verringern und die restlichen freihalten.

Der *Couchtisch* (im Englischen »coffee table«) ist eine sinnvolle Ablage während der Tee- oder Kaffeestunde. Auch der *Esstisch* ist ausnahmslos reserviert fürs Essen (und eventuell abends für Karten- oder Brettspiele). Die *Küchenarbeitsplatte* ist, wie der Name schon sagt, der Arbeit vorbehalten. Erfreuen Sie sich daran, Fenster weit öffnen zu können. Dazu müssen die *Fensterbretter* frei bleiben. Fassen Sie Blumentöpfe besser in Ständern zusammen, als sie einzeln auf den Fensterbrettern aufzureihen.

Erklären Sie zudem ein Zimmer Ihrer Wohnung zum *simplify*-Zimmer: Probieren Sie in wenigstens einem Raum Ihrer Wohnung Minimalismus aus. Experimentieren Sie in wenigstens einem Zimmer, ob Sie sich auch ohne all die verschiedenen »Dinge« wohlfühlen können. Ein außergewöhnlich karg, aber geschmackvoll eingerichteter Raum hat möglicherweise für Sie eine besonders beruhigende Wirkung.

Überdenken Sie etwaige Sammlungen kritisch

Eine eigene Sammlung aufbauen ist ein wunderbares Hobby, dem Sie zu Recht Zeit und Platz einräumen. Aufheben dagegen ist das unsystematische Horten von Dingen, von denen Sie sich eigentlich trennen könnten. Sie brauchen sie nicht zum Leben, ihre Pflege kostet Zeit und Platz. Motive fürs eigentlich unnötige Aufheben gibt es viele: Respekt (vor denen, die sie uns gegeben oder vererbt haben), als Vorsichtsmaßnahme für schlechte Zeiten, eventuelle Wiederverwertbarkeit, ehemals hoher Anschaffungspreis oder der Vererbungsgedanke (»das soll einmal der nächsten Generation gehören«).

Dinge, auf die eines der genannten Motive zutrifft, sollten Sie radikal aussortieren. Statt einer wahllosen Mischung aus wertvollen und unwichtigen Erinnerungsstücken haben Sie dann nur noch eine klar begrenzte Auswahl zu versorgen – eine echte Sammlung, an der Sie sich ganz anders freuen können.

Schenken Sie mit warmen Händen

Gehen Sie durch Ihre Wohnung und sammeln Sie alles, was Sie für jemand anderen aufbewahren. Dann geben oder verschicken Sie diese Dinge an die betreffenden Personen (aber fragen Sie, ob die es überhaupt haben wollen). Das »Geben mit warmen Händen« ist eine der lohnendsten Arten, sich von Ballast zu befreien.

Behalten Sie nur das Beste. Lassen Sie Qualität vor Quantität gehen. Bevorzugen Sie die einfache Form, die der Funktion dient.

Gewinnen Sie Lebensqualität durch Wegwerfen

Geben Sie vor allem alte Zeitungen, Zeitschriften und auch Bücher großzügig ins Altpapier. Rechnen Sie beim Wegschmeißen mit: Es dauert etwa vier Stunden, um eine 1 Zentimeter dicke Zeitschrift komplett durchzulesen.

Die Wohnung als Spiegel Ihrer Seele

Nachdem Sie in irgendeinem Zimmer Ihren *simplify*-Weg begonnen und hoffentlich Gefallen am Ergebnis gefunden haben, können Sie nun Ihre Wohnung systematisch durchgehen und Raum für Raum optimieren.

Die *simplify*-Grundidee lautet dabei: Ihre Wohnung oder Ihr Haus ist eine dreidimensionale Repräsentation Ihres Lebens. Ihre Innenwelt und Ihre Außenwelt entsprechen sich. Die wichtigste Voraussetzung für eine positive Wohnumgebung ist das Entrümpeln, die Entfernung von unnötigen Dingen. Gehen Sie jedes Zimmer Ihrer Wohnung durch und entdecken Sie die Verbindung zwischen sich und Ihren Wohnräumen.

Keller oder Abstellräume: Vergangenheit und Unbewusstes

Wenn Sie besonders viele unaufgeräumte Sachen im Keller lagern, ist das ein Symbol für ungelöste Aufgaben, die Sie mit sich herumschleppen. Sie wissen ja: Gegenstände, die Sie nicht wegwerfen, »weil sie noch einmal gebraucht werden könnten«, sind Fesseln an die Vergangenheit.

Gerümpel im Keller kann auch direkte seelische Auswirkungen haben: Depressionen, Antriebslosigkeit und Melancholie.

Selbstverständlich ist der Keller ein guter Lagerraum. Aber nur für Sachen, die Sie wenigstens einmal im Jahr benutzen. Ordnen Sie alles so an, dass jeder Gegenstand direkt erreichbar ist (also nicht erst die Tischtennisplatte weggeräumt werden muss, um an die Skiausrüstung zu kommen) und dass Luft und Energie dazwischen zirkulieren können. Ein aufgeräumter, heller und luftiger Keller macht Sie heiter, mutig und versetzt Sie in eine positive Grundstimmung.

Der Dachboden: Ideen und Zukunft

Ein vollgestopfter Speicher behindert Ihre persönlichen und beruflichen Entwicklungsmöglichkeiten. Er wirkt wie ein Deckel, der Ihren Lebensbaum an der Entfaltung hindert. Wenn Sie Ihren Dachboden von alten Souvenirs, Erinnerungsstücken, abgetragenen Kleidern und anderem befreien, werden Sie neue Perspektiven entdecken, von denen Sie bisher nicht zu träumen wagten.

Ein schön ausgebautes Dachgeschoss ist zudem der beste Raum für kreative Tätigkeiten wie Malen oder Schreiben.

Eingangsbereich: Ihr Verhältnis zu anderen Menschen

So wie sich Ihre Wohnung beim Eintreten gegenüber fremden Menschen präsentiert, so wollen auch Sie selbst auf andere wirken. Sehen Sie mit den Augen eines anderen: verstellte Wege durch herunterhängende Pflanzen, ein unleserliches Namensschild, Altpapierstapel, eine überfüllte Garderobe, herumliegende Schuhe, Handschuhe, Schals und Mützen.

Halten Sie den Eingangsbereich frei und gestalten Sie ihn einladend. Schon bald werden Sie neue gute Freunde gewinnen und auch sich selbst beim Betreten Ihrer Wohnung freuen – eine gute Voraussetzung, um offener und gastfreundlicher zu werden.

Türen: Ihre Offenheit

Achten Sie darauf, dass sich alle Türen – vor allem die Eingangstür – weit öffnen lassen. Bringen Sie ein gut lesbares, gepflegtes und freundliches Namensschild an Ihrem Eingang an. Wir haben es probiert: Mit gut funktionierenden Türen geht auch die Arbeit leichter von der Hand!

Wohnzimmer: Ihr Herz

Ob Sie wollen oder nicht: Ihr Selbstbild wird maßgeblich vom Zustand Ihres Hauptwohnraums beeinflusst. Ein aseptisch aufgeräumtes Wohnzimmer ist dabei ebenso schädlich wie ein chaotisches oder verschmutztes. Ihr Wohnraum sollte eine »Mitte« haben, etwa einen attraktiven (Couch-)Tisch, um den man sich gern versammelt. Vermeiden Sie, dass der Fernseher zum Zentrum des Zimmers wird. Schieben Sie ihn zur Seite oder verstecken Sie ihn hinter einem Paravent. Mit Pflanzen und dekorativen Gegenständen können Sie dafür sorgen, dass die Aufmerksamkeit der Bewohner im Raum bleibt. Gutes, nicht blendendes Licht und bequeme Sitze helfen, dass alle gern in diesem Raum sind.

Richten Sie sich dort auch für sich selbst einen Platz ein, an dem Sie gern alleine sitzen. Ein Platz, an dem Sie mit sich und Ihrer Behausung zufrieden sind.

Küche: Ihr Bauch

Der Raum, in dem Sie Ihre Nahrung zubereiten, ist in besonderer Weise verbunden mit Ihren inneren Organen. In keinem Raum einer Wohnung ist der »Umsatz« von Gegenständen so hoch wie in der Küche: Teller, Tassen, Gläser und Besteck werden täglich mehrmals herausgenommen, benutzt, gesäubert und einsortiert. In den unzugänglicheren Zonen der Regale und Schränke aber nimmt der Umsatz meist rapide ab. Unbenutztes Geschirr und Lebensmittel mit längst abgelaufenem Haltbarkeitsdatum bilden eine ungesunde »Bremsschicht«.

Nach einer Totalentrümpelung der Küchenschränke fühlen sich Menschen manchmal buchstäblich leichter: Das Verdauungssystem arbeitet besser, überflüssige Pfunde verschwinden.

Entsorgen Sie aus Ihrer Küche dabei alles, was Sie ein Jahr lang nicht benutzt haben; überfällige Nahrungsmittel; Tassen ohne Untertasse und Kannen ohne Deckel (und umgekehrt); Porzellankannen (im Zeitalter der Thermoskanne überholt). Küchengeräte wie zum Beispiel Waffeleisen oder Raclettegrill, die nur alle zwei Monate (oder seltener) benutzt werden, wandern in Keller oder Kammer. Ebenso Festtagsgeschirr oder zusammengewürfelte Gläser, die Sie nur bei besonderen Anlässen benötigen. Im Vergleich zu den normalen Kochutensilien werden die Gerätschaften fürs Backen eher selten gebraucht. Achten Sie darauf, dass Teigrolle, Backgewürze oder Kuchenformen nicht die besten Plätze in den Schränken blockieren.

Fassen Sie Dinge zu sinnvollen Gruppen in Behältern zusammen. Etwa Wurst, Käse und Gurken fürs Abendessen im Kühlschrank; Backpulver, Vanillezucker, Soßenpulver im Essensregal.

Die Hängeschränke direkt über der Spülmaschine sind die »1a-Lage« für Ihr am häufigsten benutztes Geschirr. Falls Sie hier Glasschränke haben und darin eigentlich Großmutters Feiertagsservice ausstellen wollten – vergessen Sie's. Innerhalb der Hängeschränke gilt: oft Gebrauchtes unten, seltener Benutztes oben. In den Unterschrank neben der Spülmaschine gehören Reinigungspulver, Klarspüler und Entkalkersalz.

Fußboden: Ihre Finanzen

Dinge, die auf dem Boden herumliegen, signalisieren Chaos. Sie werden staunen, wie ordentlich ein Zimmer allein dadurch wirkt, wenn nur der Boden vollständig freigeräumt ist. Volle Regale, Schränke oder Wände wirken längst nicht so schlimm. Die Shaker, eine strenge amerikanische religiöse Gemeinschaft aus dem 19. Jahrhundert, haben daraus eine Kultur gemacht und prinzipiell alles an die Wand verbannt: Besen, Kleider und Stühle hingen (nach ihrer Benutzung) an einer Leiste mit Haken, die in allen Zimmern einheitlich umlief.

Shakermöbel gehören in der »Simple Chic«-Bewegung der amerikanischen Upper Class zu den Kultgegenständen.

Eine verblüffende Beobachtung: Menschen mit derartig zugestellter Bodenfläche haben fast immer finanzielle Probleme. Ihr »Wohlstand« ist offenbar abhängig von der Standfläche, die für Sie selbst zur Verfügung steht. Freie, weite Bodenflächen waren schon immer ein Symbol für Reichtum und sind es in Bankgebäuden auch heute noch. Chefzimmer und Chefschreibtische werden heute bewusst leer gehalten.

Betrachten Sie in allen Räumen den Fußboden und räumen Sie ihn so weit wie möglich frei. Erfinden Sie neue Aufbewahrungsmöglichkeiten, besorgen Sie sich Regale, Stehsammler, Kisten. Stellen Sie gegebenenfalls neue Möbel auf und nutzen Sie Haken, um Gegenstände hängend aufzubewahren. Vermeiden Sie auch herumliegende Kabel. Fassen Sie sie zu Strängen zusammen oder binden Sie sie hoch. Gut geeignet sind dafür die kleinen Drahtstückchen, mit denen neue Kabel in der Verkaufspackung zusammengehalten werden.

Kleiderschränke: Ihr Körper

Viele Menschen, die vorhaben abzunehmen, behalten in ihrem Schrank Kleidungsstücke, die zu eng sind, um sie nach gelungener Schlankheitskur wieder zu tragen. Die Erfahrung zeigt, dass das fast niemals klappt. Machen Sie es anders herum: Geben Sie alle zu engen Sachen weg und kaufen Sie sich bequeme Kleidung, in der Sie sich so wohl fühlen, wie Sie zurzeit sind. Die beste Voraussetzung für erfolgreiches Abspecken ist ein positives Verhältnis zu Ihrem Körper. Ein Bauch, den Sie hassen, bleibt aus Trotz.

Natürlich empfiehlt es sich, auch die Garderobe zu vereinfachen. Auch hier können wir nach der oben beschriebenen Dreierregel verfahren.

Das beste Viertel Alle Sachen, die Sie in den letzten acht Wochen oft getragen haben, hängen Sie ganz links auf die Stange, alle häufig getragenen Pullover, T-Shirts usw. kommen in ein spezielles Fach. Dazu die Kleidungsstücke, die nicht der aktuellen Jahreszeit entsprechen, von denen Sie aber sagen können: Das würde ich sofort anziehen, wenn es draußen entsprechend warm oder kalt wäre. Die so ausgewählten Stücke sind Ihre Lieblingssachen. Sie machen selten mehr als ein Viertel Ihrer Gesamtgarderobe aus.

Die Platzverschwender Alle Sachen, die Sie länger als ein Jahr nicht angezogen haben, werden Sie mit einer Wahrscheinlichkeit von 98 Prozent auch künftig nicht anziehen. Diesem ungeliebten Anteil Ihrer Garderobe stellen Sie zu viel Platz zur Verfügung. Also: Mustern Sie sie aus!

Der Neubeginn Jetzt beginnt der kreative Teil. Studieren Sie Ihre Lieblingssachen aus dem »besten Viertel«. Was macht sie so tragbar für Sie? Ist es der Schnitt, die Größe, die Farbe, das Material? Daraus ergeben sich die Kriterien für Ihr persönliches *simplify*-Programm, nach dem Sie Ihre neue Garderobe systematisch aufbauen können.

Die *simplify*-Grundgarderobe ist klassisch und nicht auf eine Saison zugeschnitten. Bei den Accessoires dagegen (Krawatten, Tücher, Schmuck) können Sie mit dem aktuellen Trend gehen und Akzente setzen.

Badezimmer: Ihre innere Mitte

Der Raum, in dem Sie sich um Ihren Körper kümmern, sollte eine Umgebung sein, in der Sie zentriert und ungestört sein können. Verstauen Sie die vielen Fläschchen, Tuben und anderen typischen Badezimmerutensilien möglichst hinter Türen und gestalten Sie den freien Raum mit Pflanzen und anderen Gegenständen, die Sie mögen. Neue Handtücher in einer schönen Farbe sind die preiswerteste Badrenovierung.

Schlafzimmer: Ihre Intimität

Traditionellerweise ist der Schlafraum einer Wohnung für Gäste tabu. Deswegen wird er häufig missbraucht als Abstellzimmer für alles, was anderswo stört. Dabei benötigen Sie gerade in dem Raum, in dem Sie die Nacht verbringen, Harmonie und Ordnung. Werfen Sie klassische

Quellen negativer Emotionen hinaus: schmutzige Wäsche, Kisten mit alten Sachen, kaputte Gegenstände. Lagern Sie nichts unter dem Bett, höchstens Bettwäsche und Bettdecken. In einem geordneten Schlafzimmer wird Ihr Schlaf tiefer und häufig auch Ihr Liebesleben intensiver.

Garage: Ihre Mobilität

Wenn Ihre Garage so voll ist, dass Sie Ihr teures Auto im Freien parken, nur damit es Ihre Skier, Schubkarren und Surfbretter warm und trocken haben – dann ist das ein Alarmzeichen. Sie »stecken fest«. Faustregel: Je leichter Sie Ihren Wagen in Ihrer Garage unterbringen, um so beweglicher bleiben Sie geistig und körperlich.

In keinem Raum können Sie das Shaker-Prinzip so konsequent einsetzen wie in der Garage: Hängen Sie so viel wie möglich an die Wand! Winterreifen, Dachgepäckträger, Werkzeug. Kanister, Putzmittel und vieles andere ist am besten auf Regalbrettern aufgehoben.

Tragbares Gerümpel: Ihre Belastungen

Aktenkoffer, Handtaschen, Hosentaschen – je voller gepackt, desto klarer sind sie ein Symbol für allerlei Bürden, mit denen Ihr Leben belastet ist. Wenn Sie gerade so schön auf Entschlackungskurs sind – durchforsten Sie auch Ihre Taschen. Gehen Sie in Ihren Alltag mit leichtem Gepäck. Um dauerhaft Ordnung in Ihre Hand- und Aktentaschen zu bringen, brauchen Sie Ihren Tascheninhalt nur in einzelne sinnvolle Module aufzuteilen. Hier die wichtigsten sechs:

1. Geldbeutel mit Geld, Scheckkarten und Papieren
2. Erste-Hilfe-Beutel mit Kopfwehtabletten, Pflastern, Nähetui, Zahnputzzeug
3. Kinder spezial mit Schnuller, Minispielzeug, Kinderpflaster, Notfallsalbe etc.
4. Mini-Büro mit Zeitplanbuch, Kugelschreiber, Post-Its, Klebefilm, Taschenrechner
5. möglichst abgespeckter Schlüsselbund
6. Handy

Der größte Vorteil des Modulsystems: Sie brauchen nur die Module mitzunehmen, die Sie tatsächlich benötigen.

Treppe: Ihre Entfaltungsmöglichkeiten

Wenn Sie in einem mehrgeschossigen Haus wohnen, kennen Sie sicher die Häufchen, die sich auf den Treppenabsätzen ablagern. Dort legt man hin, was man bei der nächsten Gelegenheit mit ins andere Stockwerk nehmen möchte. Diese Depots können zu einer Keimzelle neuer Unordnung werden. In chaotischen Behausungen verkommen die Treppen häufig zu einer großen Ablagefläche. Die heimliche Botschaft an Ihre Seele lautet: Der »Weg nach oben« ist versperrt.

Vereinbaren Sie mit allen Mitbewohnern, dass nur Gegenstände auf die Treppe gestellt werden dürfen, die so bald wie möglich ins nächste Geschoss mitgenommen werden sollen. Wer nach oben geht und die Hände frei hat, muss mitnehmen, was auf den Stufen steht.

Die sechs goldenen Ordnungsregeln

simplify-Ordnung ist so lange toll, wie Sie sie erhalten. Hängen Sie sich für die Anfangszeit folgende sechs goldenen *simplify*-Ordnungsregeln gut sichtbar an Ihre Pinnwand, notfalls in jeden *simplify*-Raum:

1. Wenn du etwas herausnimmst, lege es wieder zurück.
2. Wenn du etwas öffnest, schließe es wieder.
3. Wenn dir etwas heruntergefallen ist, hebe es wieder auf.
4. Wenn du etwas heruntergenommen hast, hänge es wieder auf.
5. Wenn du etwas nachkaufen willst, schreibe es sofort auf.
6. Wenn du etwas reparieren musst, tue es innerhalb einer Woche.

simplify-Idee: Ent-fernen Sie Ihre Geldblockaden

So wie in der Welt der Sachen das Gerümpel im Weg herumsteht und Sie an Ihrer eigenen Entfaltung hindert, so sind es beim Thema Geld Ihre Geldgedanken und Geldgefühle.

»Wenn ich erst einmal reich bin, dann bin ich glücklich!« Das ist ein Satz, der in aller Regel unglücklich macht. Wenn Sie jetzt unglücklich sind und darauf hoffen, in der Zukunft durch mehr Geld glücklicher zu werden, dann hoffen Sie vergebens.

Unser *simplify*-Rat: Drehen Sie die alte Reihenfolge von Glück und Reichtum um: »Wenn ich glücklich bin, habe ich die Chance, reich zu werden.« Einen guten Hinweis für das richtige Maß des eigenen Reichtums gibt ein tibetisches Sprichwort: Reich ist ein Mensch dann, wenn er weiß, dass er genug besitzt.

Leisten Sie sich das, woran Ihnen wirklich etwas liegt – und schaffen Sie es erst dann an, wenn das Geld dafür da ist. Die meisten Menschen verschwenden zu viel Zeit auf den Wunsch, das Leben solle anders sein, als es ist. Der Schlüssel zum Glück aber liegt darin, das Erreichte genießen zu können – auch wenn es von außen als noch so wenig erscheint.

Emotionale Barrieren

In keinem anderen Text habe ich die *simplify*-Idee so schön zusammengefasst gefunden wie in zwei kurzen Versen aus dem Alten Testament, also dem jüdischen Teil der Bibel. Das Gebet des Jabez findet sich gut versteckt mitten in einem langwierigen Geschlechtsregister im 1. Buch der Chronik in Kapitel 4, Vers 9 und 10 (und blieb daher viele Jahrhunderte praktisch unbekannt).

Jabez heißt auf deutsch »Schmerz«, und im jüdischen Denken hat der Name eine gleichsam schicksalhafte Bedeutung. Ein Mann mit einem solchen Namen trägt eine große Bürde. Jabez hatte schlechte Aussichten, aber er fand einen Weg: Er flehte Gott derart intensiv an,

Das Gebet des Jabez

Segne, ja segne mich und erweitere mein Gebiet. Lass deine Hand mit mir sein und halte Schmerz und Unglück von mir fern.

(1. Chronik 4, 10)

dass sein kurzes vierteiliges Gebet vom Verfasser der Chronik in die Liste aufgenommen wurde. Lernen Sie die vier Bitten des Jabez und ihre verblüffenden Bedeutungen kennen. Schauen wir uns die einzelnen Teile des Gebets einmal genauer an:

»Segne, ja segne mich!« Eine solche Bitte ist eigentlich verpönt. Man bittet nicht für sich, sondern für andere. Der *simplify*-Weg (nicht nur beim Thema Geld, aber dort auch) beginnt mit der Überzeugung: Es ist genug für alle da, also auch für mich. Trennen Sie sich von der archaischen Vorstellung, dass Wohlstand bedeutet, jemand anderem etwas wegzunehmen. Reichtum im guten Sinn bedeutet nicht umverteilen, sondern Werte schaffen. Die Jabez-Bitte um Segen verändert den Blick. Sie sehen nicht mehr auf das, was fehlt, sondern auf das, was wächst, blüht und gedeiht. Dazu ist es häufig nötig, gegen den Strom der allgemeinen Medienmeinung zu schwimmen.

»Erweitere mein Gebiet!« Das bedeutet zu fragen: Könnte es nicht sein, dass ich zu mehr bestimmt bin? Die Bitte um ein erweitertes Gebiet kann der Schritt zu einer ganz neuen Einstellung zum Leben werden. Das »erweiterte Gebiet« bedeutete beim alten Jabez zunächst mehr Weideland, also mehr Wohlstand. Es bedeutet aber auch, Grenzen zu sprengen, über das Gewohnte hinaus zu denken, die eigenen Möglichkeiten zu nutzen, über den Tellerrand zu sehen.

»Lass deine Hand mit mir sein!« Wer Grenzen überschreitet, verlässt die Bequemlichkeitszone: neue Herausforderungen im Beruf, mehr Arbeit, neue Aufträge. Das bedeutet auch so manche neue Gefahr, und manchmal mag es einem vorkommen, als habe sich der Segen in eine Last verwandelt. Darum ist der dritte Teil des Jabez-Gebets unverzichtbar: Lassen Sie sich helfen! Trauen Sie sich zu rufen: »Das schaffe ich nicht allein!« Die Hand, von der die Rede ist, kann die Hand Ihrer Verwandten sein, Ihrer Freunde oder die Ihres Lebenspartners. Es kann auch durchaus die Hand einer höheren Macht sein.

»Halte Schmerz und Unglück von mir fern!« Die vierte Bitte des Jabez kann in Krisensituationen von unschätzbarem Wert sein. Sie bedeutet: Ja, es gibt Schmerz und Unglück in dieser Welt, aber ich muss es nicht auf mich nehmen. Aus dieser Krise muss kein Absturz werden, aus dieser Zusammenballung schlimmer Ereignisse keine Katastrophe, aus dieser miesen Phase kein verkorkstes Leben.

»Und Gott ließ geschehen, worum er bat.« Beim Beten kommt es nicht in erster Linie auf den Adressaten an, sondern auf Sie, den Absender. Indem Sie etwas losschicken, lassen Sie sich los. Deshalb ist das Gebet des Jabez (oder ein anderes Gebet) so wirksam und so gut geeignet für Krisensituationen – nicht nur, aber auch für finanzielle. Wenn Sie anstelle von »Geld« an »Segen« denken, haben Sie schon viel gewonnen.

Mut und Gelassenheit

Der *simplify*-Weg enthält beim Thema Finanzen ein scheinbares Paradox: Sie können nur dann mehr Geld verdienen, wenn Sie es loslassen können. Sobald Sie sich an Geld klammern, ist Ihnen der Weg zum Reichtum verwehrt.

Loslassen ist dabei etwas anderes als Gleichgültigkeit. Viele Menschen sagen: »Geld ist mir egal.« Damit errichten sie eine Blockade gegenüber dem Reichtum: »Eigentlich will ich Geld gar nicht.« Der Gelassene dagegen sagt: »Ich will hart arbeiten, alle Möglichkeiten nutzen, alle meine Fähigkeiten einsetzen, um erfolgreich zu werden. Wenn es aber nicht gelingt, komme ich damit auch klar.«

Fassen Sie mutige Gedanken und schreiben Sie sie in mutigen Sätzen auf: »Ja, ich habe Schulden, aber Millionen von Menschen haben ihre Schulden abtragen können, und ich kann das auch.« »Es gibt viele Menschen mit ähnlichen Fähigkeiten wie ich, die viel mehr verdienen als ich jetzt. Ich werde bald zu ihnen gehören.«

Mentale Barrieren

Sie haben die wichtigsten emotionalen Blockaden in Ihrem Herzen entdeckt und sich so weit wie möglich von ihnen verabschiedet. Nun sollten Sie als nächsten Schritt aufspüren, welche Denkblockaden gegenüber Geld und Vermögen sich in Ihrem Kopf verbergen. Hier die häufigsten vier Hürden in Ihren Gedanken und Urteilen.

Elternsprüche

Es gibt eine ganze Reihe unterschwelliger Weisheiten, die uns anerzogen wurden: »Man kann nicht ehrlich zu Reichtum kommen.« »Wer zu Geld kommt, verliert seine Freunde.« »Geld macht nicht glücklich.« Und viele andere Sprüche, mit denen sich schlecht bezahlte Arbeiter jahrhundertelang getröstet haben. »Reichtum« ist dadurch für viele Menschen ein negativer Begriff geworden, auch wenn sie die einzelnen Annehmlichkeiten des Wohlstands durchaus zu schätzen wissen.

Unser *simplify*-Rat: Sprechen Sie nicht von »Reichtum« oder »viel Geld«, sondern von »finanzieller Unabhängigkeit«.

Was-wenn-Ängste

Wer vor seinem geistigen Auge stets das Scheitern sieht, wird bald tatsächlich scheitern. Fast alle Geschichten erfolgreicher Geschäftsleute beginnen damit, dass sie etwas aufgegeben und sich in ein Wagnis gestürzt haben. Aber sie hatten dabei nicht das Scheitern, sondern eine große Vision vor Augen.

Unser *simplify*-Rat: Malen Sie sich ein klares, angenehmes Bild vor Augen – ein positiv formuliertes Lebensziel, das Sie erreichen wollen.

Der Lotto-Traum

Doch Vorsicht – es gibt auch Visionen, die blockieren. Dazu gehören Träume vom »großen Glück«. Das Problem an solchen Fantasien: Sie setzen in Ihnen keine Aktivität in Gang, sondern verurteilen Sie im Gegenteil zum passiven Warten und Hoffen.

Unser *simplify*-Rat: Bestellen Sie Lotto und Glücksspiele ab. Nehmen Sie sich stattdessen vor, innerhalb eines Jahres so viel Geld zusätzlich zu verdienen, wie ein Fünfer im Lotto bringt. Erfolgreiche Menschen waren immer Täter und haben sich nie mit der Opferrolle begnügt.

Selbstentschuldigungen

Das sind Sätze wie »Ich würde gerne …, aber …« Bedenken Sie: Beide Hälften des Satzes kommen von Ihnen, der Wunsch und die Entschuldigung. Solche Sätze verdeutlichen die Tatsache: Sie stehen sich selbst im Weg. Die Kraft Ihrer Sehnsüchte wird von niemand anderem gebremst als von Ihnen selbst. Sie können entweder Entschuldigungen vorbringen oder Geld verdienen, aber nicht beides. Erfolgreiche Menschen haben die gleichen »Gerne, aber«-Gedanken. Doch sie vertrauen darauf, dass die erste Wunsch-Hälfte stärker ist.

Unser *simplify*-Rat: Formulieren Sie Ihre Sehnsüchte um. Sagen Sie »Ich würde gerne …, und das erreiche ich, indem ich …«

Entwickeln Sie eine neue Sichtweise

Geld ist Wirklichkeit

Manche Menschen haben die Sorge, dass das Geld zu wichtig wird in ihrem Leben. Sie fürchten, dass es zum Götzen wird, und nicht nur die Bibel warnt vor dem »ungerechten Mammon«. Wer aber innerlich das Geld ablehnt, tut sich schwer, welches zu verdienen und es zu behalten. Sie können sich Geld wünschen, es wollen oder viele Ideen zum Geldverdienen haben – Einnahmen auf dem Konto entstehen nur durch Ihr Handeln. Die brillantesten Ideen und der stärkste Wille machen nicht reich, wenn ihnen nicht die ausdauernde, manchmal langweilige, schwerfällige und mühsame »erdnahe« Arbeit folgt.

Weil Geld verbunden ist mit der Realität, ist es ein Gradmesser für Ihre Verwurzelung in der Wirklichkeit. Es ist ein gutes Barometer für die »Erdung« Ihres Lebens. »Geldprobleme«, so bringt es der Lebensberater und Bankkaufmann *Hajo Banzhaf* auf den Punkt, »sind Wirklichkeitsprobleme.« In vielen Sätzen lässt sich der Begriff »Geld« durch das Wort »Realität« ersetzen. »Ich hatte so tolle Ideen, mir hat nur das Geld gefehlt« bedeutet: »... mir hat nur der Bezug zur Realität gefehlt.« Selbst ein tadelnder Satz wie »Der macht das nur wegen des Geldes« klingt in der Übersetzung gar nicht mehr so negativ: »Der konzentriert sich voll und ganz auf die Wirklichkeit.«

Wahrer Reichtum

Trotz dieser positiven Sichtweise dürfen Sie nicht vergessen, dass wahrer Reichtum nicht vom Geld oder von unserem Besitz abhängt. Viele Menschen denken, sie fühlen sich dann reich, wenn sie viel besitzen. Wirklich reich aber werden wir durch die Anerkennung der Menschen um uns herum. Hängen Sie Ihr Herz deshalb nicht an Dinge, sondern an Menschen. Am wichtigsten in Ihrem Leben ist das, was Sie nicht für Geld kaufen können: Ihr Partner, Ihre Kinder, Ihre Familie. Die Dinge, die Sie für Geld kaufen können, dürfen Ihnen nicht den Blick auf die Menschen verstellen.

Geld eröffnet Chancen

Auf dem Weg zu wahrem Reichtum folgen Sie der *simplify*-Devise: Weniger Sachen, mehr Geld. Damit investieren Sie nicht in die Gegenwart, sondern in die Zukunft. Geld, das in Umlauf ist, vermehrt sich – gleichgültig, ob es in Aktien angelegt ist, in Immobilien oder in einer eigenen Firma. Selbst wenn Sie Ihren Verdienst ohne Zinsen in einem Schuhkarton sammeln würden – Geld bedeutet Möglichkeiten. Dinge dagegen bedeuten eine getroffene Entscheidung und das Ende Ihrer Wahlfreiheit.

Geld, das für Dinge ausgegeben wird, die nicht selbst wieder Geld erzeugen, ist tot. Der vitale Kreislauf des Geldes wird so durchbrochen. Daher sind die zuvor beschriebenen Entrümpelungsaktionen auch für die Verbesserung Ihrer finanziellen Situation wichtig.

Aber auch übertriebene Sparsamkeit hemmt den Fluss des Geldes.

Sobald Sie Angst haben, deswegen kein Geld mehr ausgeben und nur an sich denken, bremsen Sie den Kreislauf. Eine Gesellschaft, in der jeder Geld hortet, bleibt arm. Die Jahre 2002 bis 2006 waren in Deutschland von dieser Grundenergie geprägt (»Geiz ist geil«) und haben tatsächlich zu spürbaren Einbrüchen in vielen Wirtschaftsbereichen geführt, vor allem im Einzelhandel. Eine Gesellschaft, in der jeder Geld in Umlauf bringt, hält den Fluss in Gang, und alle sind dadurch miteinander verbunden (lateinisch: Konjunktur).

Viele Selbstständige kennen das auch phasenweise: Wenn die Einnahmen ausbleiben, wird man sparsam. Die Kontakte werden weniger, und die eigene Zurückhaltung überträgt sich auf die Kunden – ein Teufelskreis. Besser wäre es, gerade in Krisenzeiten in Werbung, Kontakte und PR zu investieren. Außerdem ist die Versuchung groß, in finanziell engen Zeiten verzweifelt jeden Auftrag anzunehmen. Aber dabei verliert man den Überblick für die wirklich lukrativen langfristigen Perspektiven.

»Finanziell unabhängig« werden – das bedeutet, so viel Geld zu besitzen, dass es nur selten zum zentralen Thema Ihres Lebens werden muss. Das erreichen Sie, indem Ihr Einkommen deutlich über Ihren Bedürfnissen liegt.

*Unser simplify-*Rat: Entweder schrauben Sie Ihre Bedürfnisse herunter oder Ihre Einnahmen herauf. Die folgenden *simplify-*Ideen bauen auf diesem Grundgedanken auf.

*simplify-*Idee: Ent-schulden Sie sich

Der Schuldenstress und seine Ursachen

Das Grundgefühl »Mein Leben ist so kompliziert!« entspringt häufig einem chronisch überzogenen Konto. Dauerhafte Konsumschulden (also Schulden, die über Immobilienkredite hinausgehen) sind wie Unordnung in Sachen Geld:

Es fängt mit einem kleinen Überziehungskredit an, und daraus erwachsen ständig andere.

Die meisten Menschen haben einen relativ konstanten inneren Kontostand. Meistens ist dieser innere Saldo identisch mit dem Kreditrahmen der Bank: Wer 8 000 Euro Überziehungskredit eingeräumt bekam, laviert die überwiegende Zeit mit Schulden in dieser Größenordnung herum. Das Unterbewusste steuert recht genau den Punkt an, bis zu dem man gehen kann. Wer sein Konto nicht überziehen darf, tut es auch nicht und kommt im Großen und Ganzen mit seinem Geld aus.

Unser *simplify*-Rat: Setzen Sie Ihren »inneren Kontostand« auf einen positiven Betrag. Schreiben Sie in den Ordner, in dem Sie Ihre Kontoauszüge abheften, in Großbuchstaben: »GUTHABEN-RAHMEN MINDESTENS 1 000 EURO«. Sorgen Sie dafür, dass Ihr Konto nie unter diese Grenze sinkt. Das Geldinstitut hätte es lieber, Sie würden Ihre 1 000 Euro mit mickrigen 4 Prozent anlegen und pro Jahr 40 Euro Zinsen kassieren, bei einem Minus auf Ihrem Konto aber die für die Bank lukrativen 18 Prozent Überziehungszinsen zahlen. Widerstehen Sie dieser Versuchung, und sorgen Sie für ein Polster – sowohl auf Ihrem Konto als auch in Ihrem Geldbeutel.

Ein über Monate oder gar Jahre stark überzogenes Girokonto verursacht Stress, bewusst oder unbewusst. Ein gut gefülltes Konto oder ein Geldbeutel voller Bargeld dagegen vermittelt Wohlbefinden. Unglückliche Menschen sorgen instinktiv für ein Minus auf dem Konto. Ihre unbewussten und »unsichtbaren« Sorgen, Ängste und Zweifel werden auf diese Weise sichtbar – als Minuszahlen auf dem Kontoauszug. Ihre Seele steuert unbewusst, ob Ihre Kontoauszüge Soll oder Haben ausweisen. Der Geldberater *Ralph Tegtmeier* geht davon aus, dass Geld eine unmittelbare Veräußerlichung inner-seelischer Prozesse ist. Äußere und innere Realität können auf Dauer also nur dann zusammenpassen, wenn man sich seinen seelischen Schwierigkeiten stellt.

Wege aus dem Schuldenloch

Jeder Schuldenberg lässt sich abbauen, auch wenn es am Anfang unmöglich erscheint. Aus Menschen, die dazu die Kraft hatten, sind später häufig Millionäre geworden, denn sie haben dabei die Macht ihres eigenen Willens entdeckt. Hier die wichtigsten Schritte:

1. Stellen Sie sich der Wahrheit Erzählen Sie anderen von Ihren Schulden – natürlich nicht jedem, aber mehreren Menschen, denen Sie vertrauen können. Sie werden merken, dass Schulden nichts Außergewöhnliches sind und Sie nicht der Einzige, der welche hat. Das hilft gegen Ihre Scham.

2. Geben Sie nicht mehr Geld aus, als Sie haben Hände weg von allen Konsumkrediten, denen keine preisstabilen Sicherheiten gegenüberstehen. Eine Reise oder eine Wohnzimmereinrichtung auf Pump – lassen Sie sich dazu nicht verführen! Schon der beliebte Autokredit kann gefährlich werden.

3. Zahlen Sie bar Ladenketten sind verrückt danach, Lesestationen für Scheckkarten aufzustellen. Denn im Schnitt geben Kunden doppelt so viel Geld aus, wenn sie keine Geldscheine auf den Tisch legen müssen. Ein Geldbeutel ist die einfachste Art, den Überblick über die persönliche Finanzsituation zu behalten.

4. Schlachten Sie Ihre Sparschweine Haben Sie Sparbücher? Ausländisches Bargeld? Sonstige Mittel, die Sie schnell zu Barem machen können? Dann nichts wie aufs Girokonto damit, denn dort zahlen Sie die mit Abstand höchsten Schuldzinsen, die so schnell wie möglich verringert werden müssen.

5. Durchforsten Sie die Abbuchungen auf Ihrem Konto Nach Angaben der bayerischen Verbraucherberatung werden einzelnen Kunden pro Jahr bis zu 800 Euro »überflüssige Posten« vom Konto abgebucht: Prämien für überversicherte Risiken, irrtümliche Beiträge für Vereine, aus denen man schon ausgetreten ist, oder Spenden für Organisationen, mit denen man sich längst nicht mehr identifiziert. Gehen Sie die Buchungen des vergangenen Jahres kritisch durch. Beenden Sie laufende Verpflichtungen, am besten per Einschreiben.

6. Reduzieren Sie Ihren Lebensstil Machen Sie, solange Sie Schulden haben, einen Sport aus dem Sparen. Stellen Sie größere Anschaf-

fungen zurück. Kaufen Sie preiswertere Lebensmittel. Essen Sie nicht mehr im Restaurant. Fahren Sie nicht mehr Taxi. Verzichten Sie auf allen Luxus. Schalten Sie auf »Notaggregat«. Eine wichtige Sparmöglichkeit ist ein kleineres Auto.

7. **Gewöhnen Sie sich nicht an rote Zahlen** Befreien Sie sich jetzt aus der Schuldenspirale. Wer sich erst einmal an ein Soll auf dem Kontoauszug gewöhnt hat, wirtschaftet in der Regel unbekümmert weiter wie bisher und kommt aus dem ungesunden Strudel nie mehr heraus. Je früher Sie gegensteuern, umso besser.

8. **Sehen Sie Ihre Bank nicht als Feind** Arbeiten Sie mit Ihrem Bankberater einen realistischen Plan aus, wie Sie Ihre Schulden abtragen können. Niemand ist daran so interessiert wie Ihre Bank. Sie sollten dabei monatlich nicht nur ein bisschen, sondern so viel wie möglich zahlen.

9. **Jeder Euro zählt** Hart arbeitende Menschen meinen meist, es sei wichtiger, die Einnahmen zu steigern, als die Ausgaben zu senken. Menschen, die mit Geld umgehen können, tun beides! Nutzen Sie die Ersparnis zum Aufbau eines Vermögens.

10. **Schichten Sie Ihre Schulden um** Falls Sie ein Haus oder eine Eigentumswohnung besitzen und gleichzeitig Ihr Konto oft überziehen, können Sie von den Zinsen im Hypothekengewerbe profitieren, die immer unter denen für Konsumkredite liegen.

11. **Die Zwei-Berge-Regel** Auch wenn Sie hohe Schulden haben, müssen Sie unbedingt sparen, um ein Vermögen aufzubauen.

Während Sie mit der einen Hälfte Ihrer Einkünfte den Schuldenberg langsam abtragen, bauen Sie mit der anderen Hälfte allmählich einen Guthabenberg auf und legen Sie ihn konservativ an, damit er ein wenig Zinsen bringt. Das Entscheidende ist dabei gar nicht der Zinsgewinn, sondern das gute Gefühl, nach dem dauernden Bergab wieder etwas wachsen zu sehen. Eines nicht so fernen Tages werden beide Berge gleich hoch sein – und Sie können alle Schulden auf einen Schlag abbezahlen.

12. **Lernen Sie daraus** Leben Sie, wenn Sie Ihre Schulden abbezahlt haben, zunächst weiter sehr sparsam. Legen Sie das gewonnene Geld für Ihre Zukunft auf sichere Weise an. Betrachten Sie Ihre

Schuldenphase als wichtige Lehrzeit. Das Lernziel dabei: So etwas darf mir nie wieder passieren!

Schulden können ein Signal dafür sein, dass Sie unbewusst mit einem Vorfahren verbunden sind, der ungerecht behandelt wurde. Hier kann Ihnen die systemische Psychotherapie helfen, dass Ihr Unbewusstes Sie nicht gleich wieder in die nächste Schuldenfalle steuert.

Der effektivste Spartipp wäre, ganz aufs Auto zu verzichten. Aber das ist nur selten möglich, und außerdem ist uns der fahrbare Untersatz ans Herz gewachsen. Hier eine clevere Zwischenlösung: Verkaufen Sie Ihr altes Auto im Sommer, und organisieren Sie das Eintreffen des Neuen so, dass Sie zwei bis drei Monate ohne Auto sind. In der warmen Jahreszeit ist das praktikabel, Sie sparen Geld und leben einmal probeweise ohne. Sie werden staunen, was es für Alternativen gibt: öffentliche Verkehrsmittel, Taxis, Flugreisen, Fahrräder, freundliche Nachbarn und Mietwagen.

simplify-Idee: Ent-werfen Sie Ihre eigene Sicht vom Reichtum

Wenn Sie begonnen haben, unsinnige Schulden abzubauen und auf dem guten Weg sind, dass Geld für Sie nicht mehr im Mittelpunkt steht – dann sollten Sie zum Schluss dafür sorgen, dass das alles so bleibt. Das beginnt wieder in Ihrem Kopf. Trennen Sie sich von der Vorstellung, Reichtum habe etwas mit Geld zu tun. Ein Mensch mit dem Bewusstsein von Reichtum wird sich auch mit relativ wenig Geld und Besitz als reich empfinden.

Sie können jetzt – in diesem Moment, während Sie dieses Buch lesen – reich werden. Ganz einfach indem Sie zu sich sagen: »Ich bin reich.« Wenn Sie das jetzt nicht sagen können, werden Sie es auch in 10 Jahren nicht tun – gleichgültig, wie viel Sie bis dahin verdient oder verloren haben. Mit den folgenden Tipps werden Sie Ihren materiellen Besitz unter Kontrolle haben und eine neue Dimension von Reichtum erleben.

Schreiben Sie Ihre Ausgaben auf

Durch die schriftliche Form verdeutlichen Sie sich den Vorgang des Geldausgebens an sich. So manche unsinnige Spontanausgabe unterbleibt, weil Ihr Unbewusstes weiß: »Oh je, morgen wird mein Blick auf meine Ausgabenliste fallen und ich werde diesen Unsinn bereuen!« Bleiben Sie reich und gleichzeitig bescheiden – Ihr Bewusstsein von Reichtum darf Sie nicht zu blinder Verschwendung verleiten. Wenn Sie dann auch noch stets bar zahlen, kann schon fast nichts mehr schief gehen.

Spenden Sie

Das große psychologische Paradox des Geldes: Wenn Sie Geld an Bedürftige geben, fühlen Sie sich reich. Spenden können tatsächlich dazu führen, die Ausgaben zu senken, denn um in den Augen Ihres Unbewussten reich zu bleiben, wird es Sie nach dem Spenden wirksam zu finanzieller Zurückhaltung ermahnen.

Lassen Sie sich dabei von der Vorstellung leiten: Wer Reichtum ernten will, muss Reichtum säen. Viele Menschen haben keine rechte Vorstellung, wie man das macht. Aber sie können Armut säen, indem sie mangelnde Wertschätzung säen. Das gilt insbesondere für Trinkgelder. Probieren Sie es aus: Lassen Sie bei der Abreise im Hotelzimmer 10 Euro für das Zimmermädchen liegen, und verzichten Sie dafür auf einen Drink an der Bar, ein längeres Handy-Telefonat oder irgendetwas anderes. Sie werden mit dem eigentlich unbezahlbar wertvollen Gefühl die Hoteltür hinter sich schließen, ein wirklich reicher Mensch zu sein.

Betrachten Sie ein Erbe als Geschenk

Bei keinem Ereignis ist Familienstreit so häufig vorprogrammiert wie beim Thema Erbschaft. Oft geht schon zu Lebzeiten des Erblassers das Hickhack unter den Erben los: Aha, Petra pflegt den alten Onkel Gustav nur, um im Testament großzügig bedacht zu werden.

Der kluge Rat des Münchner Psychotherapeuten *Jakob Schneider*: Betrachten Sie geerbtes Geld oder andere Besitztümer, die Sie nicht selbst mit eigener Arbeit erwirtschaftet haben, grundsätzlich als Geschenk. Nur dann können Sie bei aufkommenden Streitigkeiten ehrlich auf Ihren Anteil verzichten.

Handeln Sie finanziell immer fair

Machen Sie sich Freunde, indem Sie sie finanziell fair behandeln. Eine »kleine Großzügigkeit« an der richtigen Stelle kann für die Beziehung zu einem Handwerker, einem Lieferanten oder sonst einem Dienstleister Wunder bewirken.

Sie säen Armut, wenn Sie Rechnungen nicht oder erst nach langer Wartezeit bezahlen. Wer anderen nicht gibt, was ihnen zusteht, wird früher oder später auch selbst nicht bekommen, was ihm zusteht. Bedenken Sie: Wer eine Rechnung nicht zahlt, steht nicht souverän »über« dem schnöden Geld, sondern klammert sich an seine Cents, bis zur dritten Mahnung. Neurotisches Festhalten aber kann nicht reich machen. Eine amerikanische Untersuchung hat ergeben, dass Unternehmen, die prompt Rechnungen bezahlen, keineswegs als »dumm«, sondern als »nobel« und erfolgreich gelten.

Armut sät aber auch, wer Dinge kauft, die er sich nicht leisten und deren Rechnungen er nicht bezahlen kann. Er beleidigt seine Gläubiger, indem er ihnen nicht gibt, was ihnen zusteht.

Nutzen Sie die Kraft der Gedanken

Gönnen Sie anderen Menschen ihren Besitz. Wünschen Sie ihnen, dass er sich vermehrt. Wünschen Sie ihnen Glück und Gesundheit. Das gilt besonders für Menschen, die mehr haben als Sie. Einem Bettler von Herzen Reichtum zu wünschen, ist keine große Kunst. Ihrem Chef oder einem Multimillionär Reichtum zu wünschen, fällt Ihnen sicher schon schwerer.

Denken Sie nicht mit Hass oder Neid an Menschen, die genug haben. Denn was Sie denken, wird für Sie Wirklichkeit: Wenn Sie Wohlstand und Geld hassen, werden Wohlstand und Geld auch weiterhin nicht zu Ihnen kommen. Wer Geld hasst, denkt damit letztlich auch schlecht über sich selbst und seine Arbeitskraft. Er traut sich nichts mehr zu und verdient daher auch nichts – der Kreislauf ist geschlossen.

Machen Sie sich klar: Ihre Arbeit ist das, was Sie von ihr denken. Ihre Kunden sind das, was Sie von Ihnen denken. Die Wirtschaftslage ist das, was Sie von ihr denken. Natürlich kann nicht jeder Mensch auf der Erde Multimillionär werden. Aber betrachten Sie einen reichen Menschen nicht als jemanden, der Ihnen etwas wegnimmt, sondern als potenziellen guten Kunden oder Spender.

Die Art und Weise, wie Sie über Ihre finanziellen Angelegenheiten denken, verändert Ihre Wirklichkeit mehr als Sie sich träumen lassen.

Manchmal mag es Ihnen so erscheinen, als wandere das Geld überall hin, nur nicht zu Ihnen. Sobald Sie davon aufrichtig überzeugt sind, wird es auch tatsächlich nicht mehr zu Ihnen kommen. Ihr Unbewusstes wird dafür sorgen, dass Sie sich im Beruf karrierefeindlich benehmen, dass Sie Ihr Geld falsch anlegen usw.

Betrachten Sie sich als Akteur in Ihrem Leben und nicht als Opfer. Und behalten Sie bei allem den Humor, so wie die Schauspielerin *Mae West,* die zum Thema Geld die klare Aussage machte: »Ich war reich und ich war arm, und glauben Sie mir, reich ist besser.«

Sparen Sie sich reich

Sparen Sie einen festen Betrag am Monatsanfang Dieser Rat ist die Basisidee des Geldberaters *Bodo Schäfer.* Er empfiehlt, das Wort »sparen« durch den Begriff »sich selbst bezahlen« zu ersetzen. Lassen Sie am Monatsanfang einen festen Betrag von Ihrem Konto abbuchen. Nur so können Sie sicher sein, dass Sie das Geld nicht anderweitig ausgeben. Wer am Monatsende das spart, »was noch übrig ist«, steht meist vor einem leeren Konto.

Nutzen Sie den Zinseffekt Wenn Sie jeden Monat 500 Euro zurücklegen und eine Geldanlage mit 8 Prozent Rendite finden (in den letzten Jahrzehnten war das bei fast allen europäischen Aktienfonds der Fall), besitzen Sie nach 20 Jahren gut 270 000 Euro (nach Abzug aller Aufschläge und Gebühren).

Fazit Entrümpeln in Geldangelegenheiten kann ein kleines Wunder bewirken. Geld ist, wie schon betont wurde, mehr als nur ein Zahlungsmittel. Ihr Verhältnis zum Geld ist ein wichtiger Aspekt Ihrer Persönlichkeit und ein wichtiger Schritt zu einem einfachen und glücklichen Leben. Wir kommen nun zu einem Aspekt, der Ihnen noch näher ist: Ihr Umgang mit der Ihnen gegebenen Zeit.

Vereinfachen Sie Ihre Zeit

Durch eine neue Sichtweise auf das Phänomen Zeit können Sie sich auf lange Sicht von Termindruck und dem dadurch entstehenden Stress verabschieden. Sie werden wieder lernen, unverplante Zeit zu genießen und ganz neue Freiräume entdecken. Die daraus resultierende Erholung gibt Ihnen neue Energie und neuen Elan. So können Sie Ihre Aufgaben mit einem Mal viel beschwingter, konzentrierter und motivierter angehen, sodass ganz neue Erfolgserlebnisse auf Sie warten.

Stellen Sie sich einmal vor, Sie wären an Bord eines Heißluftballons, getragen von einer freundlichen Uhr, weit weg vom Durcheinander und Gewimmel Ihres Alltags. Sie haben Ihren Ballast abgeworfen und schweben davon. Je mehr Abstand Sie gewinnen, desto freier können Sie atmen, desto klarer können Sie sehen: Sie lassen Ihren Blick entspannt über die Landschaft unter Ihnen schweifen, und mit dieser Distanz erkennen Sie in dem Gewimmel da unten plötzlich auch fröhliche Personen und farbenfrohe Dinge, die Ihnen wichtig sind. Dann heben Sie Ihren Blick und schauen nach vorn, und endlich, hier oben, können Sie am Horizont Ihre Ziele wieder erkennen, die Sie lange aus den Augen verloren hatten.

Der Schlüssel liegt im Abwerfen von Ballast. Hier spricht *Lothar Seiwert,* einer der führenden Experten zum Thema Zeit- und Lebensmanagement und Autor des Buches *simplify your Time* von vier großen Sandsäcken, die wir unbedingt loswerden müssen, um unbeschwert reisen zu können. Zunächst einmal müssen wir uns der *Zeit-Irrtümer* entledigen, jener Mythen und Halbwahrheiten, die uns daran hindern, ein entspanntes Verhältnis zur Zeit zu entwickeln. Anschließend müssen wir erkennen, welcher TIME-Typ wir sind, wie unsere persönliche Uhr tickt und wie unser individuelles Zeitempfinden unseren Alltag prägt. Wir befreien uns von der Vorstellung, dass Zeit für jeden das Gleiche bedeutet. Mit Hilfe der *simplify*-Time-Tools werfen wir weiteren Ballast ab, befreien uns von unliebsamen und sinnlosen Aufgaben und Verpflichtungen und steigen hinauf zur vierten und letzten Etappe unserer Zeitreise. Hier entledigen wir uns des letzten Sandsacks – der Verpflichtungen und des Perfektionismus und gestehen uns mehr Egoismus zu. Wir gestatten uns, auch einmal faul zu sein und das zu genießen, was unser Leben lebenswert macht. Dadurch kommen wir unseren eigentlichen Lebenszielen näher und entwickeln das Gefühl, Herr über uns und unsere Zeit zu sein.

simplify-Idee: Ent-spannen Sie Ihren Umgang mit der Zeit

Wir haben Sinnesorgane, um Farben, Geschmacksrichtungen, Gerüche, Geräusche oder Temperaturen wahrzunehmen. Aber: Ausgerechnet für die *Zeit* besitzen wir keine Sensoren. Unser Gehirn misst Zeit anhand von Ereignissen und Bewegungen. Je mehr passiert, je schneller wir uns bewegen, desto gedrängter gestaltet sich die Zeit. Für unsere Zeit-Irrtümer heißt das: *Wahr ist, was wir wahrnehmen.* An der Zeit liegt es also nicht, wenn wir gehetzt oder gestresst sind. Aber woran dann? Erste Antworten gibt Ihnen der kleine Überblick in Sachen Zeit-Irrtümer.

Zeit-Irrtum Nummer 1: Keine Zeit?!

Wir sehen das, was fehlt – nicht das, was wir haben: nämlich jeden Tag 24 Stunden Zeit. Die gute Nachricht ist: Wir können unsere Einstellung jederzeit ändern. Mein erster ganz einfacher *simplify*-Tipp für Sie lautet daher: Werden Sie *Zeit-Optimist!* Optimismus verändert unser Denken und Handeln. Tun Sie so, als ob Sie Zeit hätten. Untersuchungen belegen: Menschen, die glauben, dass sie Zeit haben, bewegen sich gelassener, gehen strategisch vor, wirken nach außen souveräner und erzielen im gleichen Zeitraum bessere Ergebnisse als hektische Zeit-Pessimisten. Mit anderen Worten: Wenn wir das Gefühl haben, keine Zeit zu haben, müssen wir unsere Einstellung und unser Verhalten verändern.

1. simplify-Taktik gegen Zeitdruck: Nehmen Sie Ihre Zeit persönlich Es ist leicht, anderen die Schuld für unsere Zeitprobleme zu geben. Aber nur eine Person setzt die Maßstäbe für Ihren individuellen Umgang mit der Zeit: Sie selbst! Also, gestalten Sie Ihre Zeit in Zukunft *selbstbestimmt*. Rücken Sie Ihre eigenen Wünsche und Interessen in den Mittelpunkt. Begeben Sie sich auf einen ganz besonderen Ego-Trip und schenken Sie Ihrer Zeit endlich die Aufmerksamkeit, die sie verdient.

Unser *simplify*-Rat: Ein Buch lesen, tanzen … – Fragen Sie sich: Was macht mir Spaß, und wofür möchte ich mehr Zeit haben?

- Ich möchte mehr Zeit für mich haben.
- Ich möchte mehr Zeit mit meiner Familie verbringen.
- Ich möchte mehr Zeit in meine Weiterbildung investieren.
- Ich möchte mehr Zeit …

Wenn Sie wissen, wofür Sie gerne mehr Zeit hätten, sollten Sie umgehend damit beginnen, Ihr Zeitbudget zu entlasten.

2. simplify-Taktik gegen Zeitdruck: Weniger, aber besser! Lösen Sie sich von der Angst, etwas zu verpassen! Wählen Sie ganz bewusst aus, womit Sie Ihre Zeit verbringen möchten – oder eben nicht. Tun Sie weniger, aber dafür *das Richtige*. Schaffen Sie Freiräume für Ihr Glück. Unverplante Zeit, ein leeres Blatt im Terminkalender halten wunderbare Möglichkeiten bereit, das Leben zu genießen. Denken Sie immer daran: Wer nicht selbst genießt, wird ganz schnell ungenießbar.

Unser *simplify*-Rat: Machen Sie aus Ihrer üblichen »Must-do-Liste« eine »Not-To-do-Liste«: Überlegen Sie, was Sie ab heute nicht mehr tun werden! Welche Aufgaben können Sie sich sparen, womit vergeuden Sie Ihre Zeit? So schaffen Sie Platz für das, was Ihnen wichtig ist.

3. simplify-Taktik gegen Zeitdruck: Sparen Sie sich alle Anstrengungen, Zeit zu sparen! Ständig versuchen wir mit allerlei technischen Gerätschaften und ausgefeilten Tricks der Zeit ein Schnippchen zu schlagen. Doch Zeit kann man erleben und geben, aber nicht kaufen. Deshalb können Sie sich auch alle Sparanstrengungen sparen. Versuchen Sie lieber, die Zeit auf Ihre Seite zu bringen. Machen Sie die Uhr zu Ihrem Freund.

Zeit-Irrtum Nr. 2: Schneller ist besser!

Unser Alltag ist ganz schön *schnell* geworden. Nur wer sein Leben frisiert, nur wer auf der Überholspur lebt, gilt als effizient und vital. Sicher, die meisten von uns lieben das Tempo. Wir genießen den Kick bei 200 Stundenkilometern auf der Autobahn oder das prickelnde Gefühl bei einer steilen Off-Pisten-Abfahrt. Doch wenn der Geschwindigkeitsrausch unser Leben bestimmt, rasen wir irgendwann ungebremst in den Abgrund.

Am laufenden Band mit Rudi Carrell war eine der beliebtesten Samstagabendshows in den 1970er Jahren. Vielleicht erinnern Sie sich: Der Gewinner saß in einem großen Korbsessel vor einem Förderband. Zuerst langsam, dann immer schneller liefen unterschiedlichste Dinge an ihm vorbei – vom Ananasschäler bis zur Waschmaschine. Die Dinge, die er sich gemerkt hatte, durfte er später mit nach Hause nehmen. Dabei verzettelten sich viele Kandidaten in dem Bemühen, möglichst viel zu bekommen, sodass ihre Ausbeute eher kläglich war. Wer sich hingegen auf einige wenige Sachen konzentrierte, konnte sich über schöne Gewinne freuen.

Ein wenig ähnelt unser Leben einem solchen *laufenden Band* – nonstop ziehen Aufgaben, Termine und Verpflichtungen an uns vorbei. Weil alles gleich wichtig erscheint, möchten wir auch alles machen. Da dies nicht zu schaffen ist, fällt irgendwann alles hinten runter. Hier hilft nur eins: Immer mal wieder das Band stoppen. Am besten, Sie machen es wie Balu der Bär im *Dschungelbuch*: »Probier's mal mit Gemütlichkeit …«

Entdecken Sie die Vorzüge eines unaufgeregten Lebens. »Tausche Karriere gegen erfülltes Leben«, lautet das Motto der *Downshifter*.

Slow Living

Lassen Sie sich Zeit! Machen Sie *Slow Living* zu Ihrem Lebenskonzept – nicht nur in Bezug auf Ihr eigenes Tempo. Verzichten Sie auf die Anschaffung ständig neuer Konsumartikel. Klar macht es Spaß, sich hin und wieder etwas Neues zu gönnen – aber die Basics sollten Sie schon über Jahre gerne nutzen.

Slow reisen, langsam schauen

Der vierwöchige Jahresurlaub in der Sommerfrische ist für die meisten von uns allenfalls noch eine schöne Kindheitserinnerung. Heute halten uns Kurztrips, Last-Minute-Reisen und Eventferien auch in der schönsten Zeit des Jahres auf Trab.

Entdecken Sie den Sinn des Reisens wieder neu – fliegen Sie nicht einfach über Länder und Kontinente hinweg. Wer langsam guckt, sieht mehr. Auf einer Zugfahrt kommt man viel leichter mit Menschen ins Gespräch als zwischen zwei Staus auf einer Autobahnraststätte. Verzichten Sie auf das Pflichtbesichtigungsprogramm und austauschbare Luxusherbergen. Nutzen Sie stattdessen die Möglichkeit, sich vom hektischen Alltag abzukuppeln.

Unser *simplify*-Rat: Machen Sie doch öfter mal eine Fahrt ins Blaue – ohne verbindliche Zeitpläne. Legen Sie Ihre Routen nur grob fest, und halten Sie, wo es Ihnen gefällt. Genießen Sie das Essen in einem kleinen Landgasthof, und wenn Sie vielleicht ein Glas Wein mehr gekostet haben, dann bleiben Sie einfach über Nacht: Sie haben ja Zeit und verpassen nichts!

Slow Eating

Früher waren die Lebensmittel knapp – heute ist es die Zeit. Zwischen zweieinhalb und vier Minuten, so haben Studien ergeben, dauert eine Fast-Food-Mahlzeit. Nach spätestens zehn Minuten hat man das Lokal wieder verlassen. Häufig nehmen wir uns nicht einmal mehr die Zeit, um uns zu setzen. Wir bestellen am Dine & Drive Schalter und essen beim Fahren. In den USA gibt es sogar eine Hamburger-Kette mit dem bezeichnenden Namen *Eat and Run*.

Doch die Wiederentdeckung des Genusses ist auf dem Vormarsch. So kann sich die internationale *Slow-Food-Bewegung*, die vor über 20 Jahren als Gegentrend zum uniformen Essen gegründet wurde, über stetig wachsende Mitgliederzahlen freuen. Immer mehr Menschen versuchen, dem hektischen Alltagstreiben ganz bewusst eine langsame Esskultur entgegenzusetzen. Dabei geht es nicht nur um delikaten Gaumenkitzel: Die Zubereitung der Speisen spielt eine ebenso wichtige Rolle wie das gemütliche Zusammensitzen. Und aus der vermeintlichen Verschwendung von Zeit für Kochen und Essen wird ein »Auskosten von Zeit«.

Unser *simplify*-Rat: Genuss zum Minipreis, mit wenig Aufwand und ganz viel Spaß? Das geht! Machen Sie Kochen einfach zu einem Gruppenerlebnis. Verabreden Sie sich mit Freunden, um die Zutaten einzukaufen, bereiten Sie das Essen gemeinsam zu, und tafeln Sie dann zusammen nach Herzenslust. Wetten, dass auch das anschließende »Klarschiff machen« richtig flott geht?

Runterschalten, entschleunigen, einfach nur den Moment genießen: Wenn Sie zwischendurch regelmäßig etwas Geschwindigkeit rausnehmen, werden Sie sehr bald merken, wie gut Ihnen das tut. Machen Sie jeden Tag *eine Sache* etwas langsamer als gewöhnlich: Stellen Sie sich im Supermarkt an die Kasse mit der längsten Schlange. Trinken Sie ein Glas Wasser in winzigen Schlückchen.

Genießen Sie einmal pro Woche einen *langsamen Abend*. Der Fernseher bleibt aus, legen Sie stattdessen schöne Musik auf und tun Sie Dinge, für die Sie sonst kaum Zeit finden: Schreiben Sie Grußkarten an Freunde und Verwandte – einfach so, ohne besonderen Anlass. Bringen Sie gemeinsam mit Ihren Kindern die Buntstifte-Kiste auf Vordermann, oder versuchen Sie sich an Großmutters Rezept für selbst gemachten Brombeerwein …

Zeit-Irrtum Nr. 3: Wer viel macht, hat Erfolg!

Zeit zum Luftholen

Eine Menge Termine sind kein Beleg für ein erfülltes Leben. Und spätestens, wenn sich ein Berg von Verpflichtungen vor Ihnen auftürmt, dem Sie sich nicht mehr gewachsen fühlen, brauchen Sie ein ganz anderes Terminverständnis.

Weniger, aber besser! lautet die *simplify*-Formel für Zeit-Harmonie in Ihrem Kalender und in Ihrem Leben. Aber wie so oft gilt auch hier: Hüten Sie sich vor dem anderen Extrem. Es geht nicht nur um Verzicht, sondern um qualitative Verbesserungen. Das gilt sowohl im Job als auch in der Freizeit. Ein vollgestopfter Timer lässt uns keinen Raum für Erholung, Kreativität und Lebensfreude. Wer sich an der *simplify*-Formel orientiert, richtet seinen Blick selbstbewusst auf die eigenen Bedürfnisse.

Fünf *simplify*-Strategien zum Luftholen

Schon mit ein paar kleinen Tricks können Sie sich und Ihrem Kalender etwas Luft verschaffen:

1. Verzichten Sie konsequent auf halbherzige Verabredungen, wie das Vertriebler-Treffen, wo doch nur jeder viel redet, aber wenig sagt.
2. Tauschen Sie mit Kollegen oder Bekannten Tätigkeiten, die Ihnen leicht von der Hand gehen, gegen Arbeiten, die Ihnen schwer fallen: Statistiken aufbereiten gegen einen Artikel in der Firmenzeitschrift, Kuchenbacken für den Schulbasar gegen einen Vortrag über Lebenskunst.

---

3. Streichen Sie Ihren Namen aus möglichst vielen Rundschreibenlisten und CC-Verteilern: Was wirklich wichtig ist, erfahren Sie ohnehin.
4. Planen Sie Meetings und Besprechungen in größeren Zeitabständen.
5. Legen Sie sich ein schönes oder auch witziges »Bitte nicht stören«-Schild für Ihre Bürotür zu. Und benutzen Sie es!

Unverplante Zeit ist rar und kostbar. Haben Sie kein schlechtes Gewissen, wenn Sie mal einen Termin ausfallen lassen. Es ist okay, nicht überall dabei zu sein. Statt auch an den Wochenenden von einem Event zum nächsten zu hetzen, machen Sie es sich doch einfach zu Hause so richtig gemütlich.

Realistische Zeitplanung

Gerade mal 20 Minuten hat der Klempner gebraucht, um den kaputten Wasserhahn auszutauschen, doch auf der Rechnung setzt er eine Stunde an – unverschämt? Nein, realistisch. Ein cleverer Handwerker bedenkt auch die Zeiten, die für das Abholen aus dem Lager, die Anfahrt zum Kunden, den Einbau und die Rückfahrt in den Betrieb anfallen. So werden aus 20 Minuten Arbeitszeit im Einsatzplan leicht zwei Stunden.

simplify-Strategie für Zeit-Realisten

Eine realistische Zeitplanung braucht verlässliche Daten. Finden Sie heraus, wie viel Zeit Sie in der Regel für bestimmte Aktivitäten benötigen. Halten Sie die Resultate in einer Liste fest:

1 Seite Bericht verfassen	= 40 Minuten
Ablage machen	= 30 Minuten
E-Mails bearbeiten	= 90 Minuten

Kreativ sein	= 60 Minuten
Ordnung schaffen	= 15 Minuten
_____	=
_____	=
_____	=
_____	=
_____	=

Übertragen Sie diese Aktivitätenzeiten in Ihren Kalender, vielleicht in einer bestimmten Farbe. Ganz wichtig: Behandeln Sie diese Einträge wie »richtige« Termine. Dann wird sich Ihr Kalender nicht mehr wahllos mit anderen Aufgaben und Verabredungen füllen.

Wie ist es bei Ihnen? Berücksichtigen Sie bei Ihrer Zeitplanung Aktivitäten wie Mails beantworten, Ablage machen und neue Ideen entwickeln? Oder tragen Sie nur »richtige« Termine in Ihren Kalender ein? Kein Eintrag heißt dann: Hier passt noch was rein? Klar, dass damit Stress vorprogrammiert ist. Besser, Sie ermitteln Ihre tatsächliche Kapazitätsauslastung – nicht nur den Zeitbedarf für die Kalendereinträge.

Konzentrieren statt verlieren

Rezept abholen, Druckerpatrone kaufen, Kaffeemaschine entkalken, Geburtstagskarte besorgen. Häufig schwirren unzählige kleine Aufgaben in unserem Kopf herum. Eigentlich passen sie nicht so recht in unseren Terminplan, aber sie warten darauf, erledigt zu werden und stören unsere Konzentration. Da gibt's nur eins: Raus aus dem Kopf und *aufschreiben*. Wirklich erfolgreiche Menschen verzetteln sich auch bei zahlreichen Engagements nicht. Sie verlieren sich nicht in unwichtigen Details, sondern konzentrieren sich auf die wirklich wichtigen Dinge. Aber woher weiß man, was man tun oder lassen sollte? Hier gibt es zwei einfache *simplify*-Regeln:

1. Das Wichtigste bei Ihrer Zeitplanung sind Sie selbst!
2. Deshalb sollte Ihr Kalender bei möglichst vielen Terminen *Ihre* Wünsche und Ziele berücksichtigen.

Was macht man mit kostbaren Dingen? Man geht sorgfältig mit ihnen um. Wer seine Zeit überlegt einteilt, hat nicht nur bessere Karriere-chancen, sondern auch mehr Freiräume für Freunde, Familie und vor allem mehr Zeit für sich selbst. Im Buddhismus bedeutet Disziplin *Konzentration auf das Wesentliche*! Also: Gehen Sie diszipliniert mit Ihrer Zeit um. Widmen Sie sich den Dingen, die Ihnen wirklich wich-tig sind. Bleiben Sie auf der Erfolgsspur – mit voller Konzentration!

Zeit-Irrtum Nr. 4: Internet und Co. sind echte Zeitsparer

Handy, Internet und Co. beherrschen als digitale Zeitdiebe unseren Alltag. Wir ertrinken in einer Informations- und Datenflut. 2008 wurden nach Schätzungen des amerikanischen Meinungsforschungs-instituts IDC weltweit etwa 210 Milliarden E-Mails pro Tag ver-schickt. Und all das will auch gelesen und bearbeitet werden! So bleibt uns immer weniger Reflexions- und Reaktionszeit, und wir fühlen uns zunehmend gehetzt. Gefragt sind deshalb clevere Strate-gien zur *zeitweiligen Unerreichbarkeit*. Wir müssen technisch aus-schalten, um uns über einen längeren Zeitraum auf wichtige Dinge konzentrieren zu können.

Drei *simplify*-Strategien zum Bewältigen der E-Mail-Flut

1. Nehmen Sie sich höchstens zwei- bis dreimal am Tag gezielt Zeit für die Beantwortung Ihrer Mails.
2. Kommunizieren Sie nicht mit Ihrem Schreibtisch-Nachbarn via Mail. Sprechen Sie ihn lieber direkt an – das geht meist schnel-ler und ist einfach netter!

3. Starten Sie morgens nicht gleich den Computer und rufen Ihre Mails ab. Überlegen Sie zunächst kurz, was für den Tag ansteht. Machen Sie sich gegebenenfalls einige handschriftliche Notizen, die Sie den ganzen Tag über an das Wesentliche erinnern.

Handy und Co.

Längst geht es nicht mehr allein um die E-Mail-Schwemme – die könnten wir vielleicht noch in den Griff bekommen. Problematisch sind die parallel hereinprasselnden Informationen via Internet, Instant Messaging, Handy, RSS-Feeds und Co. Um dieser Informationsflut Herr zu werden reicht es nicht aus, sein Handy auszuschalten. Gefragt ist ein verantwortungsvoller Umgang mit den technischen Möglichkeiten, die uns zur Verfügung stehen.

Fünf *simplify*-Strategien für Ihr persönliches Off

1. Legen Sie nicht schon beim Frühstück Ihr Handy auf den Tisch. Schalten Sie es erst ein, wenn Sie im Büro sind.
2. Gehen Sie in der Mittagspause spazieren, aber lassen Sie Ihr Handy auf dem Schreibtisch zurück.
3. Legen Sie sich ein privates Handy zu – der Aufwand lohnt sich. Bleiben Sie mit Ihrem Dienstapparat nur während der üblichen Bürozeiten erreichbar, und geben Sie Ihre private Handynummer nur an Familie und Freunde weiter.
4. Erklären Sie mindestens einen Abend in der Woche handyfrei. Damit niemand aus der Familie in Versuchung gerät, sollten Sie die kleinen technischen Störenfriede irgendwo deponieren, wo niemand rankann.
5. Lassen Sie Ihr Handy wie in der guten alten Telefonzeit ruhig mal klingeln. Wenn man früher keine Lust hatte zu reagieren, war man eben nicht zu Hause.

Wählen Sie die technischen Errungenschaften, mit denen Sie sich umgeben wollen, mit Bedacht aus. Fragen Sie sich immer »Wie viel ist nötig?« und nicht »Wie viel ist möglich?« Denn Technik sollte Ihr Leben erleichtern und nicht zusätzlich stressen.

Entdecken Sie den Charme von traditionellen Gerätschaften wieder neu. Vielleicht legen Sie sich für zu Hause ein altes Telefon mit Wählscheibe zu? Das hat weniger mit Nostalgie als mit Gedächtnistraining zu tun. Denn ganz ehrlich: Haben Sie die Telefonnummern Ihrer Freunde oder der Familie noch im Kopf? Oder wissen Sie vielleicht nicht mal mehr Ihre eigene Mobilnummer? – Ist doch alles gespeichert!

Zeitirrtum Nr. 5: Multitasking bringt Zeitgewinn!

Wissenschaftliche Studien haben längst bewiesen: Wer immer alles auf einmal erledigt, braucht viel länger, ist wesentlich unkonzentrierter und macht deutlich mehr Fehler. Und eine New Yorker Beratungsfirma rechnet vor, dass der US-amerikanischen Wirtschaft durch Multitasking jährlich knapp 600 Milliarden Dollar verloren gehen. Dennoch erledigen die meisten von uns im Job und im Privatleben nach wie vor vieles nebenher und nebenbei. Das ist umso verwunderlicher, weil Multitasking nicht nur der Wirtschaft, sondern auch der Gesundheit schadet: Zu den Nebenwirkungen zählen Verspannungen, Kopfschmerzen, Unruhe, Stress und im schlimmsten Fall sogar Burnout.

Das menschliche Gehirn ist der *Mehrfachbelastung* einfach nicht gewachsen. Warum ist das so? Genetisch gesehen werden wir mit einem ähnlichen Gehirn geboren wie die Steinzeitmenschen vor über 40 000 Jahren. Doch: Während es in der Steinzeit relativ beschaulich zuging, strömen heutzutage unendlich viele komplexe Informationen gleichzeitig auf uns ein. Es ist, als ob wir mit einem Denkapparat aus der Steinzeit plötzlich im Web-Zeitalter gelandet wären.

Wie wenig wir Menschen dafür gemacht sind, mehrere Dinge parallel zu erledigen, zeigt auch eine viel beachtete Studie von Forschern des Londoner King's College. Die Wissenschaftler ließen zwei Versuchsgruppen dieselben Aufgaben erledigen: Die eine Gruppe sollte während der Arbeit einige E-Mails lesen; die andere rauchte vor Arbeitsbeginn einen Joint. Das erstaunliche Ergebnis: Die Kiffer erzielten bessere Resultate als die Testpersonen, die gleichzeitig mit ihren Mails beschäftigt waren! Mit Multitasking kann man also keine Zeit sparen, im Gegenteil: *Multitasking kostet Zeit.*

Gerade bei wichtigen Aufgaben, die viel Konzentration erfordern, sollten Sie auf Multitasking verzichten. Hier gilt: *Monotasking hat Vorfahrt.* Machen Sie *lieber eine Sache* schnell und gründlich, statt mehrere Dinge nur halb und oberflächlich. Erledigen Sie komplexe Aufgaben immer schön der Reihe nach. Hier ein paar Tipps, die Ihnen das erleichtern:

Prioritäten statt Multitasking

Wer weiß, welche Aufgabe am wichtigsten ist, kann ihr auch in hektischen Situationen seine volle Aufmerksamkeit widmen. Deshalb ist es unerlässlich, *klare Prioritäten* zu setzen. Und das ist eigentlich ganz leicht. Versuchen Sie es doch einfach einmal mit Tagesprioritäten: Wählen Sie jeden Tag zwei oder drei Top-Aufgaben aus Ihrer To-do-Liste, und räumen Sie diesen Tätigkeiten absolute Priorität ein. Konzentrieren Sie sich voll und ganz darauf. So hat Multitasking keine Chance, und Sie können sicher sein, dass Sie selbst an echten Stresstagen das Wichtigste schaffen.

Störungsfrei statt Multitasking

Oft tappen wir in die Multitasking-Falle, weil andere uns ablenken oder stören. Da hilft nur eins: cleveres Unterbrechungsmanagement. Schreiben Sie alle Unterbrechungen auf. Erstellen Sie eine Liste, um herauszufinden, warum und wie oft Sie unterbrochen werden. Gehen Sie Ihre Liste durch und überlegen Sie, was Sie tun können, um Unterbrechungen in Zukunft möglichst zu vermeiden: Anrufbeantworter einschalten, Home-Office-Tage einlegen oder störungsfreie Zeiten mit den Kollegen vereinbaren.

Entspannung statt Multitasking

Auch nach Feierabend oder am Wochenende bringt Multitasking nichts als Hektik und Überlastung. Erteilen Sie *Freizeitstress* deshalb eine klare Absage, und verzichten Sie hier konsequent auf Multitasking. Sicher ist das zunächst gar nicht so leicht. Auf Dauer hilft es Ihnen aber, sich Zeit für die Dinge zu nehmen, die Ihnen wirklich wichtig sind. Gönnen Sie sich das gute Gefühl, wenn die anfängliche Anspannung einer wunderbaren inneren Ruhe weicht. Lernen Sie, Ihre freie Zeit wieder ganz entspannt zu genießen.

Zeitirrtum Nr. 6: Pausen sind überflüssig

Wir glauben, wer erfolgreich sein will, muss rund um die Uhr schuften. Doch Effizienz und Kreativität kann man weder erzwingen noch durch eiserne Disziplin ersetzen. Menschen sind keine Maschinen. Niemand kann den ganzen Tag auf vollen Touren powern. Ohne Pausen gibt es keine Leistung: Eigentlich spürt und weiß das jeder. Dennoch gönnen wir uns kaum Auszeiten. Dabei können uns schon *kleine Pausen* jede Menge Kraft und Energie schenken. Und: Dass Pausen für Karriere und Gesundheit viel wichtiger sind als Stress und Überstunden, zeigen uns viele erfolgreiche Vorbilder – allen voran *Winston Churchill* oder *Bill Clinton*, die beide selbst in den größten Krisensituationen nur höchst selten ihren Mittagsschlaf ausfallen ließen.

Richtig Pause machen

Pausen macht man am besten dann, wenn man noch Reserven hat. Wer eine Auszeit braucht, hat den richtigen Zeitpunkt eigentlich schon verpasst. Das ist wie mit dem Trinken: Der Körper reagiert erst dann

mit Durstgefühlen, wenn er dringend Flüssigkeit benötigt. Sein Auto tankt man ja auch nicht erst, wenn der Motor schon stottert.

Gerade wenn wir stark unter Druck stehen und noch jede Menge Arbeit vor uns liegt, sollten wir nicht einfach weiterpowern. Normalerweise brauchen wir nach 90, spätestens nach 120 Minuten eine Pause. Warum? Ganz einfach: Jeder Mensch durchläuft im Zwei-Stunden-Rhythmus eine ganz bestimmte Energiekurve. Zunächst steigt die Leistung an. Nach etwa 90 Minuten erreichen wir unsere Hochphase. Dann folgt ein konstanter Leistungsabfall, der nach ungefähr 120 Minuten in einem Tief mündet. Jetzt ist es höchste *Zeit für eine Auszeit.* Das signalisiert uns der Körper durch

- innere Unruhe und Konzentrationsprobleme,
- abschweifende Gedanken und Tagräume,
- Müdigkeit und Gähnen,
- den Wunsch, sich zu recken und zu strecken,
- Appetit auf einen kleinen Imbiss,
- das Bedürfnis, aufzustehen und herumzulaufen,
- Kopf- und Nackenschmerzen,
- Muskelverspannungen,
- brennende oder gerötete Augen.

Trotz Zwei-Stunden-Rhythmus und Energiekurve hat es keinen Sinn, sich an starre Erholungszeiten zu halten. Denn wann genau wir eine Pause nötig haben, hängt auch von der jeweiligen Arbeitsbelastung ab. Generell gilt: Je anstrengender und anspruchsvoller eine Tätigkeit ist, desto öfter sollten Sie sich eine Auszeit gönnen. Am besten, Sie finden selbst heraus, wie oft Sie eine Pause brauchen. Achten Sie in den nächsten Tagen genau darauf, wann Körper und Geist sich eine kleine Rast wünschen. Sie werden sehen: Schon bald wissen Sie, was Ihnen gut tut.

Auch bei der Länge der Pausen hat jeder seinen ganz eigenen Rhythmus. Generell gilt: *Mehrere kurze Pausen* sind wirkungsvoller und erholsamer als eine längere Auszeit. Der größte Erholungseffekt setzt in den ersten Pausenminuten ein. Zudem findet man nach kürzeren Unterbrechungen viel leichter wieder zur Arbeit zurück. Gerade für kleine Auszeiten bietet unser Arbeitsalltag viele Gelegenheiten, die man einfach beim Schopf ergreifen muss. Hier ein paar Tipps:

- einen Apfel oder eine Banane essen,
- sich strecken, dehnen, lockern,
- Fenster öffnen, rausschauen und tief durchatmen,
- ein paar Schritte gehen,
- ein Glas Wasser trinken,
- Augenmassage,
- Füße hochlegen und Augen schließen.

Bis Sie Ihren *persönlichen Pausenrhythmus* gefunden haben, wird es ein bisschen dauern. Damit Sie Ihre Pausen nicht vergessen, können Sie sich Ihren Pausenapfel demonstrativ auf den Schreibtisch legen oder Ihre Auszeiten im Outlook-Tageskalender einblocken.

Fünf *simplify*-Strategien für clevere Pausen

1. Schalten Sie bewusst ab. Unterbrechen Sie die Arbeit komplett, nutzen Sie die Auszeit gezielt zur Erholung.
2. Finden Sie Ihren persönlichen Rhythmus. Wenn Sie Ihren Arbeits- und Erholungsrhythmus kennen, können Sie Ihre Pausen viel besser gestalten.
3. Gehen Sie auf Abstand zum Job. Verlassen Sie in der Pause Schreibtisch oder Arbeitsplatz.
4. Sorgen Sie in der Pause für Ausgleich zu Ihrer beruflichen Tätigkeit. Falls Sie den ganzen Tag vor dem PC sitzen, verschaffen Sie sich ein bisschen Bewegung.
5. Achten Sie auf gesunde Pausen-Snacks. Ein Pausenimbiss macht nur fit, wenn er außer Kalorien auch Vitamine und Mineralstoffe liefert.

Totalpause

Legen Sie öfter mal eine Totalpause ein: Machen Sie zwei Minuten lang absolut gar nichts! Stellen Sie sich ans geöffnete Fenster, und schauen Sie einfach in die Ferne. Oder schließen Sie die Augen, und zählen Sie ganz langsam bis 120. Das bringt Entspannung pur.

Mittagspause

Lassen Sie Ihre Mittagspause nicht ausfallen. Eine längere Auszeit pro Tag sollte sich jeder gönnen. Besonders wichtig: Nutzen Sie Ihre Mittagspause nicht nur zum Essen, sondern gehen Sie einige Schritte um den Block, oder drehen Sie eine kleine Runde auf Ihren Inlinern. Die Extraportion Bewegung macht den Kopf frei und sorgt dafür, dass Sie fit für den zweiten Teil des Tages sind.

Schlafpause

Lange Zeit wurde er belächelt: der Mittagsschlaf. Das sei doch nur was für kleine Kinder oder alte Leute. Inzwischen weiß man jedoch, dass ein kurzes mittägliches Nickerchen ungeheure Energie bringt. So verbessert sich die Leistungsfähigkeit um etwa 35 Prozent, die Fehlerquote sinkt, und auch das Unfallrisiko wird deutlich geringer. Kein Wunder, dass der so genannte *Power-Nap* in vielen amerikanischen und japanischen Unternehmen ein echtes Muss ist. Probieren Sie aus, ob auch Ihnen ein kurzes mittägliches Schläfchen zu mehr Power verhilft.

Bildschirmpause

Unsere Augen liefern 80 Prozent des gesamten Inputs für unser Gehirn. Es lohnt sich also, auch den Augen hin und wieder eine Pause zu gönnen und Entspannungsübungen gegen *Augenstress* zu machen. Besonders entspannend für die Augen ist das so genannte *Palmieren*: Reiben Sie Ihre Handflächen kräftig aneinander, damit sie richtig warm werden. Bedecken Sie dann Ihre geschlossenen Augen mit den hohlen Handflächen. Stützen Sie Ihre Ellenbogen bequem auf dem Tisch ab. Bleiben Sie mindestens zwei Minuten in dieser Haltung – das ist Balsam für Ihre Augen und hilft wunderbar gegen Stress.

Bewegungspause

Wer den ganzen Tag am Schreibtisch sitzt, sollte unbedingt die eine oder andere Bewegungspause einlegen. Das ist sogar während der

Arbeit möglich: Machen Sie es sich zur Gewohnheit, aufzustehen, sobald das Telefon klingelt, und führen Sie Ihre Telefongespräche immer im Stehen. Lesen Sie Ihre Post, während Sie im Büro auf- und abgehen. Quartieren Sie Drucker und Kopierer aus. Das sorgt für bessere Luft im Büro und verschafft Ihnen jede Menge Zusatzbewegung!

Freizeitpause

Sorgen Sie nicht nur während des Arbeitstags für ausreichende Pausen, nehmen Sie sich auch nach Feierabend und am Wochenende nicht zu viel vor. Je weniger Zeit Sie verplanen, desto mehr Freiraum bleibt Ihnen für Erholungspausen. Nur so können Sie genügend Kraft und Energie für den Alltag tanken.

Zeitirrtum Nr. 7: Trödeln ist nur was für Faule!

»Faul sein ist wunderschön!« Erinnern Sie sich noch an das Lied aus *Pippi Langstrumpf*? Eigentlich wollen wir doch alle so sein wie unsere kleine Heldin aus Kindertagen – stark, mutig, frech und manchmal auch ein bisschen faul. Aber irgendwie bleibt uns keine Zeit fürs Nichtstun. Im Job strampeln wir uns ab, und in der Freizeit geht der Stress dann weiter: Einkaufsmarathon fürs Wochenende, Powerwalking für die Traumfigur, Städtetrip für die Horizonterweiterung ... Dabei ist es so wichtig, dass wir hin und wieder auf unser kleines inneres Faultier hören und unsere Zeit nach Herzenslust vertrödeln!

Wir alle brauchen Auszeiten vom permanenten Getriebensein. Wer für die richtige Dosis Faulheit in seinem Leben sorgt, gewinnt Abstand von den Anforderungen des Alltags und entdeckt ein völlig neues Zeit- und Lebensgefühl. Faulsein und Nichtstun sind alles andere als verschwenderischer Luxus. In neurobiologischen Experimenten haben Hirnforscher herausgefunden, dass wir dringend Mußeeinheiten benötigen, um die Informationen, die permanent auf uns einstürmen, zu verarbeiten. Diese Ruhepausen nutzt das Hirn, um seine Netzwerke aus Nervenzellen neu zu organisieren, das Erlebte zu ordnen und zu verarbeiten. Einfach mal die Seele baumeln lassen und *Tagträumen*: Das ist es, was sich unser Gehirn wünscht! Zum Glück gibt es unser inneres kleines Faultier, das uns immer wieder daran erinnert, wie wichtig es ist, zwischendurch mal abzuschalten und ganz entspannt in den Tag hinein zu leben. Es zeigt uns, dass Nichtstun nicht verwerflich ist, sondern das beste Mittel, um nicht völlig vom Alltag aufgefressen zu werden.

Tipps für Faultiere

Wer sich ab und zu eine Auszeit gönnt, hat Ideen, ist entspannter und fröhlicher, kurzum: ein glücklicherer Mensch.

Leider ist es gar nicht so einfach, der Hektik des Alltags und dem eigenen Getriebensein zu entkommen. Die anderen, das eigene schlechte Gewissen und die Angst, etwas zu verpassen, drängen uns zum Tun. »Nichtstun ist harte Arbeit!« hat schon Oscar Wilde bemerkt. Hören Sie also auf Ihr inneres Faultier, und schaffen Sie als Erstes Ihre Schuldgefühle ab. Der Mensch ist nicht dazu geboren, rund um die Uhr zu arbeiten! Selbst der liebe Gott hat nur sechs Tage gearbeitet und dann geruht.

Falls auch Sie bei der Vorstellung, Ihr Pflichtgefühl zu ignorieren und einfach faul zu sein, Gewissensbisse beschleichen, sollten Sie es mit sanftem Entzug versuchen. Wie wäre es zum Beispiel mit den folgenden *simplify*-Strategien für mehr Müßiggang und Lebensfreude?

Vier *simplify*-Strategien für mehr Müßiggang und Lebensfreude

1. Nehmen Sie sich immer wieder Zeit, um einfach aus dem Fenster zu schauen und zu träumen. Denn: Tagträume sind keinesfalls reine Zeitverschwendung, sie tun uns gut. Beim Tagträumen kommt das Unbewusste an die Oberfläche – das ist Balsam für die Seele und die Kreativität.

2. Gönnen Sie sich nach einer anstrengenden Projektphase einen freien Nachmittag – ganz ohne Grund, nur für sich. Gehen Sie spazieren, stöbern Sie im Buchladen, oder sehen Sie sich einen Film an. Tun Sie etwas, das nichts, aber auch gar nichts mit Ihrem Job zu tun hat und kein bisschen zu Ihrer weiteren Karriere beitragen wird.
3. Lassen Sie einen Abend in der Woche unverplant. Genießen Sie nach der Arbeit einen heißen Tee. Schauen Sie gemütlich zu, wie der Dampf ganz langsam aus der Tasse emporsteigt, und fragen Sie sich: Wozu hätte ich jetzt Lust? Musik hören? Alte Fotos anschauen? Oder einen alten Freund anrufen und ein bisschen schwatzen?
4. Tun Sie einen Sonntagmorgen lang rein gar nichts: Ausschlafen, endlos frühstücken, in Zeitschriften stöbern, alte Liebesbriefe lesen, den Wolken nachgucken … das ist Entspannung pur.

simplify-Idee: Ent-hüllen Sie Ihren TIME-Typ

Es gibt so etwas wie einen roten Faden, der sich durch unser Verhalten zieht: wie wir unseren Job organisieren, wie wir in alltäglichen Situationen reagieren, was uns Freude macht und was uns wichtig ist – das alles ist zum großen Teil *Typsache*. Natürlich zeigt sich dieser rote Faden auch bei unserem *Umgang mit der Zeit*.

Rechnet Ihr Chef damit, dass Sie seine Präsentation noch schnell auf Vordermann bringen? Erwartet die Freundin, dass Sie mal wieder die besten Ideen für die Geburtstagsfete liefern? Denken die Kollegen, dass Sie die Probleme beim neuen Projekt zielstrebig anpacken? Freuen sich die Kumpels im Verein schon jetzt, dass Sie das Kassenbuch fehlerfrei und absolut korrekt vorlegen werden?

Sie wollen wissen, warum das so ist? Ganz einfach: Die anderen haben Ihre besonderen Stärken längst erkannt. Vielleicht sollten Sie dieser Sache einmal nachgehen und herausfinden, welcher TIME-Typ

Sie sind? Das wird Ihnen helfen, Ihre Stärken noch genauer kennenzulernen und besser mit kleinen Schwachstellen in Sachen Zeitmanagement umzugehen.

Reine Typsache: Der *simplify*-TIME-Test

Bitte lesen Sie die folgenden Aussagen in Ruhe durch. Entscheiden Sie jeweils *spontan*, was auf Sie zutrifft. Es gibt keine »falschen« oder »richtigen« Antworten. Denn mit unseren *simplify*-TIME-Typen befinden Sie sich immer in bester Gesellschaft. Jeder von ihnen verfügt über wunderbare Stärken, eignet sich für bestimmte Aufgaben und hat seine ganz persönliche Einstellung zu Ordnung oder Freizeitgestaltung. Es sind Menschen, mit denen wir tagtäglich zu tun haben. Kurzum: Es sind Menschen wie du und ich.

Teamarbeit

Ich liebe es, in der Gruppe Ideen zu entwickeln – je mehr, desto besser. **(B)**

Teamarbeit ist okay, wenn dadurch ein Projekt schneller vorankommt. **(A)**

Wenn im Team Unentschlossenheit herrscht, übernehme ich gerne die Pole-Position. **(C)**

Bei komplizierten Projekten arbeite ich lieber ganz in Ruhe – ohne Teamtrubel. **(D)**

Pünktlichkeit

Eigentlich möchte ich pünktlich sein, aber oft kommt im letzten Moment noch etwas dazwischen. **(A)**

Sicher ist sicher! Ich bin lieber immer ein bisschen früher da. **(D)**

Meine Termine habe ich im Griff. Ich bin immer pünktlich. **(C)**

Ich erscheine bei Verabredungen oft auf den letzten Drücker – aber ich bin pünktlich. **(B)**

58

Prioritäten

Ich mag mich nicht gerne festlegen – für mich sind viele Aufgaben gleich wichtig. **(B)**

Ich arbeite gerne an mehreren wichtigen Projekten gleichzeitig, da ist das mit den Prioritäten dann so eine Sache. **(C)**

Ich halte mich nicht lange damit auf, Prioritäten zu setzen – ich starte lieber gleich voll durch. **(A)**

Prioritäten sind wichtig für mich. Sie sind das beste Mittel, um meine Zeit richtig zu planen. **(D)**

Delegieren

Aufgaben abgeben – damit habe ich kein Problem. Dann kann ich mich um das Wesentliche kümmern. **(C)**

Ich liebe Action und arbeite gerne schnell. Da brauche ich keine Unterstützung. **(A)**

Delegieren geht nicht: Ich habe die besten Ideen, wenn ich an mehreren Projekten gleichzeitig arbeite. **(B)**

Aufgaben abgeben? Ich bin mir nicht sicher, ob sie dann auch wirklich gut erledigt werden. **(D)**

Planung

Terminpläne engen mich ein. Ich brauche Freiräume, um meine Kreativität ausleben zu können. **(B)**

Ich plane meinen Tag sehr genau und mag es nicht, wenn etwas meine Pläne durcheinanderwirbelt. **(D)**

Natürlich plane ich meinen Tag. Aber manchmal nehme ich mir ein bisschen zu viel vor. **(C)**

Ich bevorzuge eine grobe Terminplanung, so kann ich bei neuen Herausforderungen schnell reagieren. **(A)**

Neinsagen

Ich will niemanden verärgern, deshalb sage ich lieber Ja als Nein. **(D)**

Ich helfe anderen gerne, sodass ich es oft nicht fertig bringe, eine Bitte abzuschlagen. **(B)**

Mich reizen neue Aufgaben, darum stimme ich zu, ohne lange zu überlegen.	A
Wenn mir etwas nicht wichtig ist, sage ich ganz klar Nein. Damit habe ich kein Problem.	C

Ordnung

Kreatives Chaos inspiriert mich – penibel Ordnung zu halten, ist mir zu fad.	B
Ordnung ist mir wichtig. Wenn ich im Chaos versinke, kann ich nicht richtig arbeiten.	D
Über Ordnung mache ich mir keine großen Gedanken. Wenn es sein muss, räume ich schnell auf.	A
Wenn es hoch hergeht, hab ich schon mal einen chaotischen Schreibtisch. Sonst bin ich recht ordentlich.	C

A, B, C oder D?

Addieren Sie nun, wie oft Sie A, B, C oder D zugestimmt haben. Die Kategorie mit den meisten Treffern verrät Ihnen Ihren ganz persönlichen TIME-Typ:

A = Alles muss schnell gehen: Das kennzeichnet den rasanten *Turbo-Typ*.

B = Brainstormen statt planen. Als kreativer *Ideen-Typ* setzen Sie auf spontane Entscheidungen.

C = Chancen nutzen und die Dinge voranbringen: Der *Manager-Typ* ist ein echter Macher.

D = Details sind wichtig, das hat der *Exakt-Typ* längst erkannt. Denn: Oft machen Kleinigkeiten den großen Unterschied.

... was sagt der Test?

Sind Sie überrascht? Oder ist alles wie erwartet? Natürlich gibt der *simplify*-TIME-Test nur eine grobe Einschätzung. Wir haben von allen Typen etwas; kaum einer ist ein *Ideen-* oder *Manager-Typ* in Reinkultur. Wer jedoch mehr über sich weiß, kann dieses Wissen nutzen, um seine Zeit in Zukunft besser zu planen und viel gelassener an die Dinge heranzugehen. Und wer mehr über die anderen TIME-Typen weiß, hat die Chance, sich mit ihnen zusammenzutun und echte Erfolgsteams zu bilden. Am besten, Sie lesen gleich mal nach, wo die Stärken Ihres persönlichen *simplify*-TIME-Typs liegen und holen sich speziell auf Ihre Zeitpersönlichkeit zugeschnittene Tipps, mit denen Sie Ihren Alltag ganz einfach in den Griff bekommen.

Die *simplify*-TIME-Typen im Überblick

Ganz schön flott:
Der Turbo-Typ

- Schneller Denker
- Direkter Durchstarter
- Engagiertes Multitalent
- Flexibler Zeitjongleur
- Wertvoller Helfer
- Informierter Laptop-Nomade
- Aktiver Teamplayer

Kreativität pur:
Der Ideen-Typ

- Engagierter Ideenfinder
- Einfühlsamer Gesprächspartner
- Kreativer Zeitoptimist
- Brillanter Brainstormer
- Unkonventioneller Aufräumer
- Überzeugter Netzdenker
- Schlagkräftiger Last-Minute-Joker

**Alles im Blick:
Der Manager-Typ**

- Energischer Macher
- Effizienter Zeitoptimierer
- Ehrgeiziger Zielerreicher
- Echtes Energiebündel
- Beherzter Problemlöser
- Geschickter Delegierer
- Konsequenter Neinsager

**Immer ganz genau:
Der Exakt-Typ**

- Begeisterter Bessermacher
- Cleverer Spezialist
- Vorausschauender Organisator
- Umsichtiger Risikomanager
- Klarer Analyst
- Gewissenhafter Zeitplaner
- Qualitätsbewusster Detailarbeiter

Der Turbo-Typ

Er liebt nichts so sehr wie die *Geschwindigkeit*: schneller, höher, weiter – in der Welt der Superlative fühlt sich der *Turbo-Typ* zu Hause. Er packt die Dinge tatkräftig und voller Schwung an. *Zeitdruck* ist kein Problem für ihn, im Gegenteil: Wenn die Zeit knapp wird, blüht er erst richtig auf, arbeitet auf vollen Touren und bringt Höchstleistungen! Kein Wunder, dass er nichts von Langsamkeit hält und Geduld nicht gerade zu seinen Stärken zählt. Er will nicht warten und macht alles sofort. Und dabei kann es schon mal vorkommen, dass er vergisst, klare Prioritäten zu setzen, und sich verzettelt. Er lebt einfach gerne auf der Überholspur, ist dauernd aktiv und gönnt sich kaum Zeit zum Abschalten und Entspannen.

Er steht schon morgens unter Strom und kommt meist auf den letzten Drücker ins Büro. *Schnell und viel:* Getreu diesem Motto setzt der Turbo-Typ auf alles, was Zeit spart. Und seine Mobilität lässt er sich einiges kosten. Sein Arbeitsplatz beeindruckt mit dem modernsten technischen Equipment: Hochleistungsrechner, topaktuelle Applikationen sowie Blackberry und Co. sorgen für optimalen Datenfluss. Klar, dass auch in der Wohnung High Tech Trumpf ist: Die Kaffeemaschine steuert er über USB-Port, die Rollläden über eine automatische Zeitschaltuhr, und die Mikrowelle signalisiert dem DVD-Player, dass die Pizza fertig ist.

Und was macht der Mensch, wenn er einmal frei hat? Natürlich eine ganze Menge. Denn einfach nichts tun, liegt ihm nicht. Er braucht Action und pflegt schnelle Hobbys wie Bungeejumping, Crossbiken oder Tiefschneefahren.

Stärken unter der Lupe

Nehmen wir den Turbo-Typ einmal genauer unter die Lupe und befassen uns gleichzeitig mit der Frage, an welcher Stelle er seinen Umgang mit der Zeit noch verbessern könnte.

Schneller Denker

Wenn es irgendwo hakt, läuft der Turbo-Typ zur Höchstform auf. Er verfügt über eine schnelle Auffassungsgabe und hat für jedes Problem eine Lösung im Kopf. Besonders in festgefahrenen Situationen ist dieses Talent einfach ideal.

Leider hapert es beim Turbo-Typ an der *Umsetzung*. Er nimmt sich meist nicht die Zeit, um Konzepte zu entwickeln und Pläne reifen zu lassen. Es interessiert ihn weniger, ob sein Vorschlag auch funktioniert – er rast lieber zur nächsten Baustelle weiter.

Unser *simplify*-Rat: Problem erkannt – Problem gelöst – das klappt nur, wenn Sie sich ausreichend Zeit für ein Projekt nehmen. Eigentlich sind es nur drei Dinge, die Sie beachten müssen:

1. Situation analysieren
2. Möglichkeiten aufzeigen
3. Lösungsschritte festlegen

Natürlich wird man nicht von heute auf morgen ein perfekter Problemlöser. Aber Sie lernen doch gerne neue Dinge kennen – also, probieren Sie es einfach aus.

Direkter Durchstarter

Aufschieberitis ist nicht sein Ding. Er braucht keinen Adrenalinschub kurz vor dem letzten Termin, um wirklich gut zu sein. Er handelt nach dem Prinzip: Wer anfängt, hat die erste Hürde schon überwunden.

Und leider setzt der Turbo-Typ mit seinem Aktionismus nicht nur sich selbst, sondern auch seine Mitmenschen unter Druck.

Unser *simplify*-Rat: Keiner kann alles erledigen. Wer nicht im To-do-Chaos versinken möchte, muss seine Aktivitäten gezielt auswählen. Und hier gilt – Wichtigkeit hat Vorfahrt! Wenn Sie keine »Strafpunkte« einfahren wollen, sollten Sie folgendermaßen vorgehen:

1. Überblick verschaffen
2. To-do-Liste mit klaren Prioritäten erstellen
3. das Wichtigste zuerst erledigen

Denken Sie immer daran: Wer seine Aufgaben nur im Kopf hat, hat seine Zeit nicht im Griff.

Engagiertes Multitalent

Der Turbo-Typ hat gerne viel um die Ohren, Herausforderungen sind die Würze seines Alltags. Ständig bemüht er sich, sein Bestes zu geben: Termine von früh bis spät, Überstunden? – Kein Problem. Bevor er sich geschlagen gibt, arbeitet er lieber die Nächte durch.

Unser *simplify*-Rat: Schalten Sie zwischendurch in den Energiesparmodus. Auch Turbo-Power-Typen müssen ihre Akkus wieder aufladen. Freiraum gewinnen durch Delegation, lautet Ihr Zauberwort für einen entspannten Umgang mit Zeit und Kraft. Statt immer nur von einer Aktivität zur nächsten zu rasen, verbringen Sie öfters einen gemütlichen Abend zu Hause.

Flexibler Zeitjongleur

Der Turbo-Typ ist spontan und trifft seine Entscheidungen meist aus dem Bauch heraus. Er verliert keine Zeit damit, alle Eventualitäten abzuschätzen und jedes mögliche Ergebnis im Geiste durchzurechnen. Blitzschnell entscheidet sein sechster Sinn. – Und das zahlt sich häufig auch aus: Mit dem Gespür für gute Gelegenheiten zieht er manches lukrative Projekt an Land. Ganz flexibler Zeitjongleur, findet er in seinem Kalender immer noch ein Plätzchen für einen interessanten Termin. Doch genau hier liegt auch sein Problem. Terminfreie Lücken füllt er, ohne groß nachzudenken, und auch Doppelbelegungen nimmt er in Kauf: »Ich schau mal schnell vorbei.« Klar, dass das auf Dauer nicht gut gehen kann.

Unser *simplify*-Rat: Bevor Sie wieder mal »ganz schnell« etwas tun, sollten Sie immer erst überlegen, wie lange es tatsächlich dauern wird. Nutzen Sie die mobilen Möglichkeiten digitaler Zeitplanung: Aufgaben und ihren Zeitbedarf definieren, Termine koordinieren, Pläne kontrollieren – hierfür sind Outlook, Mind-Manager und Co. wunderbare Hilfsmittel.

Wertvoller Helfer in Sachen Technik

Wer den Turbo-Typ als Kollegen hat, kann sich glücklich schätzen, denn alles, was mit Technik zu tun hat, ist sein Metier.

Als *Tempomacher* in Sachen technische Innovation kennt er die neuesten Programme und Anwendungen, seine animierten Projektpräsentationen haben Kultstatus. Selbstverständlich, dass er seinen computergestressten Mitmenschen gerne und kompetent unter die Arme greift. Doch manchmal schießt er dabei übers Ziel hinaus. Er bringt nicht nur Outlook zum Laufen, sondern installiert gleich ungefragt noch einige zusätzliche Applikationen. Und damit provoziert er sofort den nächsten Technikstress herauf.

Unser *simplify*-Rat: Lassen Sie Ihr Leben nicht von immer komplexer werdenden elektronischen Hilfsmitteln bestimmen. Je mehr Funktionen Sie abdecken wollen, desto mehr Zeit müssen Sie auch aufwenden, bis Sie alles optimal bedienen und nutzen können. Und desto größer ist die Gefahr, sich zu verzetteln – ganz nach dem Motto: »Still confused, but on a higher technological level.«

Informierter Laptop-Nomade

Immer mobil, auf allen Kanälen unterwegs und vor allem – ständig erreichbar: Virtuos beherrscht der Turbo-Typ die modernsten Kommunikationsmittel. Er kann überall auf sämtliche Kommunikationsdaten zugreifen – rund um die Uhr an jedem Tag der Woche. Doch wer schneller arbeitet, ist nicht unbedingt produktiver.

Unser *simplify*-Rat: Moderne Kommunikationsmittel erfordern Selbstdisziplin. Versuchen Sie, Informationen zu bündeln und Unterbrechungen durch E-Mails oder Anrufe möglichst einzugrenzen. Sie allein bestimmen über Ihre Erreichbarkeit! Machen Sie sich bewusst, dass Sie nicht umgehend auf jede Mail oder SMS reagieren müssen. Trennen Sie private und dienstliche Kommunikation – am besten durch unterschiedliche Geräte. Und achten Sie auf regelmäßige Pausen und Auszeiten.

Aktiver Teamplayer

Er ist kein einsamer Macher. Der Turbo-Typ engagiert sich gerne in zahlreichen Arbeitsgruppen. Klar, dass Online-Meetings, Webcastings und virtuelle Teams seine ganz besonderen Favoriten sind. Damit liegt er voll im Trend: Immer mehr Unternehmen setzen auf »chatten statt jetten«, um Zeit und Geld zu sparen. Dass diese Rechnung oft nicht aufgeht, bekommt der Turbo-Typ massiv zu spüren – jede Menge zusätzliche E-Mails, viele unproduktive Talkrunden und überflüssige Telefonate. Hier gibt es nur eins: *simplify* your Meetings!

Unser *simplify*-Rat: Sie müssen nicht überall den virtuellen Beisitzer mimen. Gönnen Sie sich mindestens zwei Tage pro Woche ohne Telefonkonferenz und Co.

So klappt es mit dem Turbo-Typ

Wenn Ihr Chef, Mitarbeiter, Kollege oder Partner ein Turbo-Typ ist, machen Sie sich bewusst: Für ihn zählt alles, was *schnell* ist.

Sicher ist es nicht einfach, mit dem umtriebigen Zeitgenossen Schritt zu halten, ohne selbst aus der Puste zu kommen. Aber das müssen Sie auch gar nicht. Die wichtigste und einfachste Regel im Umgang mit einem Turbo-Typ lautet: *Ruhe bewahren*. Lassen Sie sich von seinem Tempo nicht überrollen, sondern helfen Sie ihm, klare Prioritäten zu setzen, und vereinbaren Sie konkrete Termine für gemeinsame Projekte.

Starke Kombinationen: Gemeinsam besser

Für ein optimales Zeitmanagement muss der Turbo-Typ also immer mal wieder das Tempo rausnehmen. Ideal ist es, wenn es gelingt, seine eigenen *Stärken* mit denen anderer zu *kombinieren*. Und hier bieten sich alle drei anderen TIME-Typen an.

Das perfekte Pendant zum schnellen Allesmacher ist der *Exakt-Typ*. Er arbeitet eher langsam, aber sehr beständig und zuverlässig. Routine- und Detailarbeiten schrecken ihn nicht – im Gegenteil. In der Regel ist er gut organisiert und geht eine Sache nach der anderen an. Wenn der Turbo-Typ den exakten Kollegen mit seinem Schwung etwas aus seinen eingefahrenen Gleisen befreit und ihm eine ehrliche Wertschätzung entgegenbringt, kann dieses ungleiche Gespann Erstaunliches bewirken.

Um sich den Rücken von zusätzlichen Aufgaben frei zu halten, sollte sich der Turbo-Typ mit dem *Manager-Typ* zusammentun. Denn von ihm kann er lernen, Aufgaben zu delegieren oder Nein zu sagen.

In Sachen Neues ausprobieren, »spinnen« und ungewöhnliche Wege beschreiten sind sich Turbo- und *Ideen-Typ* sehr ähnlich. Wenn sie in einem Brainstorming aufeinander treffen, prasselt ein wahres kreatives Ideenfeuerwerk mit vielen überraschenden Aspekten auf die anderen nieder.

Der Ideen-Typ

»Das Leben ist wie eine Schachtel Pralinen, man weiß nie, was man bekommt.« Dieses Zitat aus dem oscarprämierten Spielfilm *Forrest Gump* könnte auch sein Lebensmotto sein. Der *Ideen-Typ* lässt sich gerne von den großen und kleinen Herausforderungen des Alltags überraschen, das macht sein Leben prickelnder. Feste Routinen, klare Strukturen und langfristige Planungen empfindet er als Gängelei. Er geht die Dinge intuitiv an und hat immer mehrere Projekte gleichzeitig in Arbeit. Klar, dass er nur ungern Prioritäten setzt, denn er liebt es, spontan Neues auszuprobieren. Schlimm? Nicht wirklich.

Von seinem Schreibtisch fühlt sich so manches angezogen: Post-its mit Arztterminen oder Telefonnummern für dringende Rückrufe buhlen um den Platz auf Arbeitslampe oder Monitor. Auch zerknitterte Zettel mit Notizen, Kaffeetassen und eine wilde Stiftesammlung fühlen sich hier gut aufgehoben.

Minimalismus ist nicht sein Ding. Der Ideen-Typ schöpft gerne aus dem Vollen – auch in seiner Freizeit. Hobbys wie Kochen, Schreiben oder Tanzen geben ihm das Gefühl, etwas in seinem eigenen Rhythmus tun zu können. Und das braucht er auch. Denn er kämpft häufig gegen Zeitstress und das Gefühl, fremdbestimmt zu sein.

Stärken unter der Lupe

Mit Kreativität ist es so wie mit den meisten Dingen: Sie kann unser Leben sehr bereichern – vorausgesetzt, die Dosis stimmt. Schauen wir uns den Ideen-Typ also einmal genauer an.

Engagierter Querdenker

Ohne diesen Typ würden wir vielleicht immer noch auf Bäumen hocken und vom wärmenden Feuer in der Höhle träumen. Der Ideen-Typ verharrt nicht in eingefahrenen Bahnen; Fantasie und die Lust, Neues auszuprobieren, machen sein Leben aus. Damals wie heute ist sein findiges Köpfchen ein echter Gewinn. Unser kreativer Zeitgenosse schaut gerne über den Tellerrand hinaus. Selbst wenn etwas auf den ersten Blick komisch anmutet, kann ihn das nicht davon abbringen, eine Sache weiterzuverfolgen.

Trotzdem sollte der Ideen-Typ eines immer bedenken: Eine gewisse Hartnäckigkeit ist unabdingbar, um erfolgreich zu sein. Doch wenn Sie sich zu sehr in eine Aufgabe verbeißen, laufen Sie Gefahr, alles um sich herum zu vergessen – vor allem die Zeit.

Unser *simplify*-Rat: Wenn Kreativität zum Zwang wird, kann das ganz schnell zu Stress führen. Die Folge: Man ist komplett blockiert. Deshalb ist es wichtig, dass Sie Ihre Gedanken immer mal wieder bewusst in eine andere Richtung lenken, wenn Sie an einem wichtigen Projekt arbeiten. Oder anders gesagt: Aufhören zur rechten Zeit spart jede Menge Energie. Erledigen Sie zum Beispiel en bloc einige Routinearbeiten oder Aufgaben, die Ihnen schnell von der Hand gehen. Das macht den Kopf frei und gibt Ihnen das schöne Gefühl, etwas geschafft zu haben.

Einfühlsamer Gesprächspartner

Er ist ein lebensfroher und liebenswerter Zeitgenosse – so gar nicht der Typ des leidenden kreativen Genies. Der Ideen-Typ interessiert sich dafür, wie seine Mitmenschen denken und fühlen. Beziehungen sind ihm wichtiger als Pünktlichkeit, ein Schwätzchen mit Kollegen zieht er jederzeit der längst überfälligen Statistik vor.

Leider bringt ihn diese wichtige soziale Kompetenz auch häufig in die Bredouille: Es fällt ihm schwer, eine Bitte um Unterstützung abzuschlagen. Wenn die anderen dann längst im Feierabend sind, hechelt der Ideen-Typ hektisch seinen Terminen hinterher.

Kreativer Zeitoptimist

Der Ideen-Typ hat einen offenen Geist und liebt die Freiheit. Er lässt sich nicht gerne in ein starres Selbstmanagement-System pressen. Allein die Vorstellung, einen Terminplan zu führen, schnürt ihm die Luft ab. Sollte es allerdings nicht, denn Untersuchungen belegen ganz klar: Wer nicht plant, hat keine Orientierung und verliert sich in unwichtigen Details. Zeitplanung muss sein, so viel steht fest. Doch die gute Nachricht für alle, die bislang damit gar nichts am Hut haben, lautet: *Zeitplanung kann auch anders sein.*

Unser *simplify*-Rat: Gute Ideen sind meist einfach, man muss nur darauf kommen. Das gilt auch für Ihre Zeitplanung. Prioritäten setzen ist nicht Ihr Ding? Die Alternative: *Clever aufschieben!* Picken Sie sich jeden Tag zwei oder drei Aufgaben heraus, die Sie dann konzentriert angehen – der Rest muss warten. Oft stellt sich später heraus, dass einiges sich in der Zwischenzeit bereits erledigt hat.

Halbe Sachen machen – für Sie undenkbar? Dennoch liegt genau hier der Schlüssel für Ihre Freiräume: Blocken Sie 50 Prozent des Tages als belegt. Die sind tabu. So werden Sie automatisch weniger zusätzliche Arbeiten annehmen und haben noch genügend Zeit, um Chancen spontan wahrzunehmen.

Brillanter Brainstormer

Dem Ideen-Typ macht es Spaß, Ideen zu entwickeln – und noch mehr Spaß macht ihm das in einer Gruppe.

Mit seinem Optimismus und seiner Begeisterung ist er ein echter Gewinn für jedes Brainstorming. Losgelöst von Zwängen wie Kosten oder Aufwand sprudeln die Vorschläge nur so aus ihm heraus. Denn die oberste Regel beim Ideenfinden lautet: Quantität geht vor Qualität. Doch mehr als maximal 30 Minuten täglich sollte sich der Ideen-Typ fürs Brainstormen nicht genehmigen, sonst mündet das Ganze schnell in negativer Produktivität.

Unser *simplify*-Rat: Ideen sind gefragt. Aber es muss nicht immer die große Grübelgruppe sein. Die simpelste Kreativtechnik ist: Ideen aufschreiben. Oft kommen die besten Einfälle, wenn man sich gar nicht mit einem Problem beschäftigt – beim Staubsaugen, unter der Dusche oder bei einem Spaziergang. Sammeln Sie alles, was Ihnen auf- und einfällt in einem speziellen Notizbuch. So geht keine Idee verloren, und Sie haben den Kopf frei, um sich auf das zu konzentrieren, was Sie unbedingt erledigen müssen.

Unkonventioneller Aufräumer

Kreatives Chaos oder chaotisches Durcheinander? Die Ansichten darüber sind sehr individuell. Der Ideen-Typ lebt gerne *unkonventionell*. Ordnung setzt er mit Stillstand gleich. Und die Wissenschaft gibt ihm recht. Chaosforscher bestätigten: Unordnung auf dem Schreibtisch bedeutet nicht automatisch Chaos im Kopf.

Unser *simplify*-Rat: Aufräumen war gestern, kreative Gestaltung ist heute. Ein Büro muss nicht perfekt sein, um gut zu funktionieren. Schaffen Sie Ordnung, die zu Ihnen passt: Verhelfen Sie ungewöhnlichen Aufbewahrungsorten oder überraschenden Ablagesystemen zu neuer Anerkennung. Denn alles Nützliche gibt es auch in einer attraktiven Verpackung – die 50iger-Jahre-Blechdose für Notizen, der große Überseekoffer für Aktenordner. Was Spaß macht, gelingt leicht. Das gilt auch für das Thema Ordnung.

Überzeugter Netzdenker

Auch wenn ihm der Ruf eines Chaoten anhängt, im Kommunizieren von Ideen ist er äußerst effektiv und mitreißend. Er denkt in Netzen und setzt in der Regel auf Verbündete, um Projekte erfolgreich durchzuziehen.

Geld steht beim Engagement des Ideen-Typs nicht im Vordergrund – er will etwas bewegen. Was er tut, soll eine Wirkung bei den Menschen haben, egal, worum es geht. Doch um erfolgreich gegen den Strom zu schwimmen, genügen kühne Geistesblitze und Mut allein nicht. Eine realistische Einschätzung hilft, Zeit und Energieaufwand im Auge zu behalten.

Schlagkräftiger Last-Minute-Joker

Der Ideen-Typ wird gerne als Last-Minute-Joker eingesetzt. Denn eine seine besonderen Stärken ist es, sich dem Rhythmus eines Projekts übergangslos anzupassen. Er kann sich umsichtig in bestehende Strukturen einfügen und dennoch frischen Wind in die Gruppe bringen. Seinem Engagement tut es keinen Abbruch, dass er als Ideen-Feuerwehr eingesetzt wird – im Gegenteil: Er liebt es, kurz vor Abpfiff durchzustarten.

Unser *simplify*-Rat: Investieren Sie Ihre Zeit und Energie nicht, nur weil jemand anderes meint, Sie könnten etwas besonders gut. Finden Sie heraus, was Ihnen wichtig ist. Alles, was Sie dazu tun müssen, ist sich anzusehen, was im Moment Ihre Zeit und Energie bindet. Wie fühlt sich das für Sie an? Nicht gut? Dann sollten Sie sich damit beschäftigen, welchen neuen Weg Sie einschlagen möchten. Ob Stammplatz oder Ersatzbank: Das Richtige zu tun, ist immer eine Sache der Selbstwertschätzung.

So klappt es mit dem Ideen-Typ

Bücher, in denen es seitenlang keine Überraschung gibt, legen wir bald gelangweilt zur Seite, Partys mit ermüdenden Gesprächen kehren wir möglichst schnell den Rücken. Die meisten von uns finden *Spontaneität* und eine kleine Portion Chaos ganz spannend. Wir bewundern spontane Menschen, schätzen sie für ihre offene und unkonventionelle Art – solange, bis wir ein Projekt gemeinsam durchziehen müssen ... Was tun, wenn Ihr Chef, Mitarbeiter, Kollege oder Partner ein Ideen-Typ ist?

Nichts ist unmöglich – nutzen Sie das Motto des Ideen-Typs. Machen Sie ihm klar, dass terminorientiertes Arbeiten und Kreativität sich nicht ausschließen.

Starke Kombination: Gemeinsam besser

Apple-Chef *Steve Jobs,* so heißt es, war in seiner Jugend äußerst unstet und abenteuerlustig. Sein Studium schmiss er nach dem ersten Semester, lieber lungerte er bei den Garagenbastlern im Silicon Valley herum und eignete sich schnell ein umfangreiches Computerwissen an. Vermutlich wäre er nie so erfolgreich geworden, wenn er nicht *Steve Wozniak* getroffen hätte. Denn der setzte die verrückten Ideen von Jobs um. Ein geniales Team! Grund genug also nachzuspüren, was unsere TIME-Typen gemeinsam stark macht.

Ideen- und *Exakt-Typ* können ein ebensolches Dream-Team abgeben wie Jobs und Wozniak. Denn wer könnte eine unausgereifte Idee wohl besser auf ihre Umsetzungsmöglichkeiten überprüfen als der realistische, detailorientierte Exakt-Typ? Und wer könnte einen eher risikoscheuen Kollegen besser motivieren als der Ideen-Typ?

Wenn es um Ergebnisse und minimalen Aufwand geht, ist der *Manager-Typ* ein interessanter Gefährte. Er segelt auf Erfolgskurs, irgendwelche Zweifel können ihn nicht aufhalten. Seine Ziele hat er immer vor Augen – für den Ideen-Typ, der sich gerne in Kreativität verliert, eine gute Ergänzung. Der wiederum kann die mangelnde Sensibilität, die der Manager-Typ anderen gegenüber an den Tag legt, wunderbar ausgleichen.

Gleich und Gleich gesellt sich gern: Zumindest für längere Paarbeziehungen stimmen Forscher diesem Sprichwort zu. Und bei unseren TIME-Typen? In puncto Neugierde, Offenheit und Risikobereitschaft sind sich Ideen- und *Turbo-Typ* sehr ähnlich. Kreativität hat bei diesem Team absolute Priorität. Und beide brauchen Unterstützung, damit es ihnen gelingt, ihre Pläne in die Tat umzusetzen.

Der Manager-Typ

Viel zu tun? Ja – einfach herrlich! Der *Manager-Typ* ist voller Energie und Tatendrang. Er ist der geborene Macher. Sein Motto lautet: »Es gibt nichts Gutes, außer man tut es!« Höchstleistungen bringen, Erfolge einfahren, weiterkommen – genau das treibt ihn an. Er hat Spaß daran, seine Pläne ohne Umschweife umzusetzen.

Wer will schon seine Zeit mit Peanuts verplempern? Der Manager-Typ bestimmt nicht. Sein Zauberwort heißt – *delegieren*. Er gibt gerne die Richtung vor und sagt den anderen, wo es langgeht. Ganz wichtig ist dem Manager-Typ, dass er jede einzelne Minute optimal nutzen kann. Deshalb beschäftigt er sich mit großem Vergnügen mit Zeitmanagement und freut sich über neue Tipps, um seinen übervollen Terminkalender besser in den Griff zu bekommen.

Seinen Arbeitsplatz erkennt man auf den ersten Blick. Der Schreibtisch ist mindestens genauso durchgestylt wie der Tagesablauf; überflüssigen Schnickschnack wie alte Urlaubspostkarten, Schokoriegel oder kaputte Kugelschreiber sucht man hier vergeblich. Dafür gibt es jede Menge High-Tech-Accessoires: Das brandneue Handy passt perfekt zum XXL-Flachbildschirm und zum digitalen Bilderrahmen mit den Familienfotos. Moderne Technik wird gezielt eingesetzt, um noch erfolgreicher zu arbeiten. Terminkalender und Designuhr geben ganz klar den Ton an. Alles ist funktional, sehr edel und ordentlich.

Auch im Privatleben liebt der Manager-Typ das Besondere: Seine Wohnung ist repräsentativ, reduziert und genau auf die eigenen Bedürfnisse abgestimmt. Hier trifft man auf die perfekte Mischung aus Minimalismus, Stil und High Tech. Der Manager-Typ arbeitet viel und gerne, deshalb ist seine Freizeit äußerst knapp. Doch er weiß sie zu nutzen. Ob in der Theaterpause oder auf dem Golfplatz: Der Manager-Typ ist immer auf der Suche nach Kontakten, die seine Karriere voranbringen. Bei seinen sportlichen Aktivitäten legt er jede Menge Ehrgeiz an den Tag. Er ist ein Wettkampftyp, der den Vergleich mit anderen sucht und nicht als Verlierer vom Platz gehen will.

Stärken unter der Lupe

Geht nicht – gibt's nicht! Der Manager-Typ erweckt seine Ideen auch unter widrigen Umständen zum Leben. Werfen wir also nun einen genaueren Blick auf seine Stärken.

Tatkräftiger Umsetzer

Der Manager-Typ weiß: Auch der beste Einfall ist nichts wert, wenn man ihn nicht verwirklicht. Deshalb fackelt er nicht lange und setzt seine Ideen konsequent um. Von Bedenkenträgern, Zweiflern oder Schwarzsehern lässt er sich nicht einschüchtern: *No risk, no fun!* Manchmal verwechselt er allerdings Tatendrang mit Leichtsinn und stürzt sich unbedacht in ziemlich abenteuerliche Vorhaben.

Da der Manager-Typ gerne an mehreren Projekten *gleichzeitig* arbeitet, kann es schon mal vorkommen, dass er kräftig Überstunden machen muss, um alles hinzubekommen. Aber davon lässt er sich nicht abschrecken. Im Gegenteil: Es motiviert ihn, auch das Unmögliche möglich zu machen. Und wenn er das dann wieder Mal geschafft hat, verleiht ihm der Erfolg frischen Schwung, um gleich die nächsten Projektideen anzupacken.

Unser *simplify*-Rat: Sie finden es toll, auf Hochtouren an mehreren Projekten gleichzeitig zu arbeiten – aber ganz ehrlich: Manchmal ist das schon ziemlich stressig! Stürzen Sie sich nicht immer gleich auf jede neue Idee. Und besinnen Sie sich auf Ihre beiden großen Stärken: Neinsagen und Delegieren.

Effizienter Zeitoptimierer

Der Manager-Typ will vor allem eins: *möglichst effizient arbeiten.* Da ist gute Organisation natürlich ein Muss. Timer, Pocket-PC oder Smartphone gehören zu seinen wichtigsten Arbeitsutensilien. Sämtliche Termine werden genau festgehalten, jede noch so kleine Lücke im Zeitplan wird genutzt. Wenn ein Termin kurzfristig abgesagt wird, dann hat der Manager-Typ ganz bestimmt eine wichtige Ersatzaufgabe parat. Auch Wartezeiten überbrückt er spielend: Für den Fall der Fälle hat er einen dicken Stapel Akten und Berichte zum Durcharbeiten dabei. Ungenutzte Leerlaufzeiten machen ihn nervös; er möchte seine Zeit stets produktiv nutzen.

Unser *simplify*-Rat: Es macht Ihnen großen Spaß, viel zu arbeiten und viel zu leisten. Aber: Sie müssen nicht jede Minute Ihres Tages sinnvoll nutzen! Manchmal tut es gut, für einen kurzen Moment loszulassen, den Job zu vergessen und in aller Ruhe über dieses und jenes nachzudenken. Genau dazu sind Warte- und Leerlaufzeiten die ideale Gelegenheit.

Ehrgeiziger Zielerreicher

Der Manager-Typ hat ehrgeizige Ziele – und er verwirklicht sie auch. Er weiß: Von nix kommt nix! Jede Woche drei neue Kunden gewinnen, das innovative Produkt in nur sechs Monaten auf den Markt bringen, den Umsatz um 10 Prozent steigern: Je unerreichbarer ein Vorhaben scheint, desto mehr legt sich der Manager-Typ ins Zeug. Er verschreibt sich seinen Zielen mit Haut und Haaren und versteht es meisterhaft, auch andere für seine Pläne zu begeistern.

Widerstände auf dem Weg zum Ziel schafft der Manager-Typ mit großem Kampfgeist beiseite. Resigniert die Segel streichen? Das kommt für ihn absolut nicht in Frage! Er gibt niemals vorschnell auf und lässt erst locker, wenn sich der gewünschte Erfolg eingestellt hat. Manchmal verrennt er sich jedoch. Dann hält er verbissen an Zielen fest, die einfach nicht zu erreichen sind.

Unser *simplify*-Rat: Die aussichtslosen Fälle sind die, für die es sich am meisten zu kämpfen lohnt? Achtung: Wer gegen Windmühlen anrennt, kann nur verlieren. Deshalb sollten Sie *rechtzeitig loslassen* und unrealistische Ziele aufgeben. Keine Sorge, damit verlieren Sie nicht Ihr Gesicht. Im Gegenteil: Wenn Sie sich von unerreichbaren Zielen verabschieden, können Sie sich auf lohnenswertere Projekte konzentrieren.

Echtes Energiebündel

Morgens ist er meist der Erste im Büro, und abends bleibt er gerne mal ein bisschen länger. Endlose To-do-Listen, E-Mail-Flut und Aufgabenberge – was andere an den Rand des Wahnsinns treibt, lässt den Manager-Typ ziemlich kalt. Er ist extrem belastbar und fest überzeugt: Ein gesundes Maß an Stress ist die beste Motivation!

Übers Wochenende schnell mal nach New York? Warum eigentlich nicht?! Für den Manager-Typ gibt es nichts Schlimmeres als Langeweile. Auch in seiner knappen freien Zeit hat er nur ein Motto – *Action!* Auf dem Tennisplatz, beim Joggen oder Golfspielen beweist er gerne, wie viel Power in ihm steckt. Wenn er sich so richtig verausgabt, kann er herrlich abschalten und den stressigen Job hinter sich lassen.

Unser *simplify*-Rat: Einfach so auf dem Sofa liegen? Das ist ganz und gar nicht Ihr Ding. Aber ab und zu braucht jeder ganz entspannte Auszeiten. Nutzen Sie Ihr Organisationstalent, und planen Sie ganz bewusst *Zeiten zum Nichtstun* ein. Sie werden sehen: Sie verlieren keine Zeit, sondern gewinnen frische Energie für neue Herausforderungen!

Beherzter Problemlöser

Wenn es Schwierigkeiten gibt, weiß der Manager-Typ meist sofort, wo es hakt. Er hat einen scharfen Blick für Fehler und analysiert alles blitzschnell. In der Regel hat er schon nach kurzer Zeit eine ebenso einfache wie geniale Lösung parat. Wenn er jedoch den Erfolg eines Projekts durch Mitarbeiter oder Kollegen gefährdet sieht, kann er gnadenlos kritisieren. Dass er die anderen dabei vor den Kopf stößt, interessiert ihn dann herzlich wenig.

Unser *simplify*-Rat: Am liebsten lösen Sie Probleme schnell und im Alleingang. Und meist haben Sie auch Erfolg damit. Wenn es jedoch um komplizierte Dinge und langfristige Entscheidungen geht, sollten Sie nicht auf den Rat anderer verzichten. Je mehr kluge Köpfe sich einklinken, desto besser. Im Team ist es viel einfacher, auch einmal querzudenken und Herausforderungen mit viel Einfallsreichtum zu meistern.

Geschickter Delegierer

Was man richtig gut und gerne tut, selbst erledigen, den Rest getrost den anderen überlassen – das ist sein Erfolgsgeheimnis. Im Gegensatz zu den meisten Menschen fällt es ihm kein bisschen schwer, Aufgaben abzugeben. Ein Dirigent würde ja auch nicht auf die Idee kommen, alle Instrumente in seinem Orchester selbst zu spielen ...

Wer kann mir etwas abnehmen? Der Manager-Typ hat seine *Delegationsliste* immer griffbereit. Sie hilft ihm, sich nebensächliche Dinge vom Hals zu schaffen und so Zeit für seine Kernaufgaben zu gewinnen. Manchmal übertreibt er es allerdings mit dem Delegieren und überfrachtet andere mit Aufgaben und Projekten.

Unser *simplify*-Rat: Aufgaben abgeben – das ist kein Problem für Sie. Aber wirklich loslassen, das fällt Ihnen bei wichtigen Projekten doch nicht ganz so leicht. Hier werden Sie zum Kontroll-Freak und schauen den anderen ständig über die Schulter. Aber das demotiviert. Erteilen Sie klare Aufträge und setzen Sie eindeutige Fristen. Und dann lassen Sie den anderen bei der Erledigung so viel Freiraum wie möglich.

Konsequenter Neinsager

Schlechtes Gewissen? Helfersyndrom? Harmoniefalle? Der Manager-Typ versucht erst gar nicht, *everybody's darling* zu sein. Wozu auch? Er ist Realist und hat längst erkannt: Jasager zahlen einen hohen Preis. Sie stecken ihre ganze Energie in die Wünsche anderer, vernachlässigen ihre eigenen Bedürfnisse und werden ganz schnell ausgenutzt. Das kann dem Manager-Typ nicht passieren. Er ist selbstbewusst genug, um klipp und klar Nein zu sagen.

Der Manager-Typ weiß ganz genau, was er will. Er hat keine Scheu, seinen eigenen Zielen und Prioritäten Vorfahrt zu geben. Ein halbherziges, zähneknirschendes Ja wird man von ihm nicht hören.

So klappt es mit dem Manager-Typ

Wenn Ihr Kollege, Vorgesetzter oder Lebensgefährte ein Manager-Typ ist, dürfen Sie sich nicht von ihm überrollen lassen: Setzen Sie klare Grenzen. Reden Sie nicht lange um den heißen Brei herum. Sagen Sie ganz offen, was machbar ist und was nicht. Für ein gut begründetes Nein und sachliche Argumente hat der Manager-Typ immer ein offenes Ohr. Handeln Sie realistische To-do-Listen und Terminvorgaben aus. Akzeptieren Sie nicht, dass er Sie ständig bei der Arbeit unterbricht. Treten Sie ihm selbstbewusst entgegen. Lassen Sie nicht zu, dass er einfach über Ihre Zeit bestimmt, sondern verteidigen Sie konsequent Ihre Tagesplanung. Das beeindruckt den Manager-Typ und macht Ihnen die Zusammenarbeit mit ihm viel leichter.

Starke Kombination: Gemeinsam besser

Der klassische Manager-Typ würde am liebsten alles Wichtige im Alleingang erledigen. Doch bei den vielen Projekten, die er am Laufen hat, ist das wirklich nicht zu schaffen. Deshalb sollte er sich auch bei Topaufgaben öfter die Unterstützung der anderen TIME-Typen sichern. Das bedeutet nicht, dass er den anderen einfach nur unliebsame Aufgaben abtreten soll. Teamwork ist die bessere Lösung. Denn wenn jeder das macht, was er am besten kann, dann profitieren alle.

Vorschnelle Entscheidungen können beim Manager-Typen gern zu herben Enttäuschungen führen. Damit ihm das nicht passiert, sollte er sich bei wichtigen Projekten unbedingt mit dem *Exakt*-Typ zusammentun. Er liebt es, Fakten zu prüfen, auf Details zu achten und alles ganz genau zu durchdenken. Der Tatendrang des Manager-Typs und das akribisches Vorgehen des Exakten sind die ideale Kombination, um Ideen zügig, aber überlegt zu verwirklichen.

Der Manager-Typ hat ehrgeizige Ziele, die er auf dem schnellsten Weg realisieren will. Aber ist der kürzeste Weg wirklich immer auch der beste? Um das herauszufinden, sollte er sich öfter mal mit dem *Ideen-Typ* austauschen. Die zupackende Art des Managers und die Kreativität des Ideen-Typs machen die beiden zu einem unschlagbaren Team, wenn es darum geht, ganz neue Perspektiven

zu entdecken und wahrhaft geniale Pläne zu entwickeln und umzusetzen.

Wie schafft man es, riesige Aufgabenstapel in kurzer Zeit wegzu-
arbeiten? Was kann man tun, um Aufträge ohne große Verzögerung
abzuwickeln? Bei manchen Aufgaben und Projekten geht es in erster
Linie darum, schnell zu sein. Wenn der Manager-Typ sich bei solchen
Aufgaben auch noch die Unterstützung des *Turbo-Typs* sichert, dann
stechen die beiden die Konkurrenz in Sachen Tempo garantiert aus.

Der Exakt-Typ

100 Prozent? Das kann ja jeder! Beim *Exakt-Typ* darf es schon ein
bisschen mehr sein. Er liebt es, immer sein Bestes zu geben und die
Messlatte jedes Mal noch ein bisschen höher zu legen. Es macht
ihm richtig Spaß, besser zu sein als andere und ganz neue Quali-
tätsmaßstäbe zu setzen. Dabei kann er sich so sehr in eine Sache
vertiefen, dass er völlig darin aufgeht und alles um sich herum
vergisst.

Er ist die *Zuverlässigkeit* in Person. Wenn man jemanden sucht,
der eine Aufgabe absolut verlässlich und genau erledigt, dann ist er
der Richtige. Der Exakt-Typ hat einen Blick für Details und geht
systematisch an die Dinge heran. Er überlässt nichts dem Zufall
und ist ein wahres Genie, wenn es um Planung und Organisation
geht.

Der *Schreibtisch* des Exakt-Typs verrät sofort, wer hier sitzt: Kugelschreiber, Briefumschläge, Notizzettel, Radiergummi und Co. –
hier hat alles seinen Platz. Die Bleistifte sind penibel gespitzt, die
Papiere geordnet. Alles ist picobello aufgeräumt, super durchorganisiert und hochfunktional aufgebaut, und natürlich ist auch der
virtuelle Arbeitsplatz des Exakt-Typs perfekt durchorganisiert. Die
Festplatte ist tiptop aufgeräumt, der Mail-Account mustergültig.
Ordnung ist nicht nur im Job, sondern auch zu Hause für ihn das A
und O.

Wenn er seinen Lieblingspulli sucht, muss er nicht erst seinen kompletten Kleiderschrank auf den Kopf stellen. Und wenn unerwarteter

Besuch kommt, dann kann er ganz beruhigt die Tür aufmachen. Er liebt Hobbys, bei denen man nicht schnell, sondern genau sein muss. Ob beim Schach, beim Modellbau oder der Mathematik-Olympiade: Hier entwickelt er enormen Ehrgeiz und sammelt fleißig Pokale und Meistertitel.

Stärken unter der Lupe

Der Exakt-Typ überlässt nichts dem Zufall! Das hat auch Vorteile für die anderen: Es ist immer jemand da, der an Lösungen tüftelt, Fehler korrigiert und darauf achtet, dass Deadlines eingehalten werden. Nehmen wir uns seine Stärken also einmal genauer vor.

Begeisterter Bessermacher

Noch nützlicher, noch praktischer, noch effizienter: Der Exakt-Typ trägt das Bessermacher-Gen in sich. Mega-effiziente Ordnungssysteme, genial-einfache Tabellenkalkulationen oder vollautomatische Haushaltsroboter: Mit seinem Sinn fürs Praktische findet er immer eine Verbesserungsmöglichkeit. Doch manchmal schießt er dabei übers Ziel hinaus und entwickelt Dinge, die Otto Normalverbraucher gar nicht braucht.

Unser *simplify*-Rat: Wenn sich andere schon längst damit abgefunden haben, dass irgendetwas nicht richtig funktioniert, dann geben Sie nicht auf und arbeiten an Verbesserungen. Aber manchmal bringt es nichts, an Bestehendem herumzudoktern – hier muss man ganz neue Wege beschreiten. Also, nur Mut! Probieren Sie öfter etwas Neues.

Cleverer Spezialist

Durchschnittlich und austauschbar sein? Das ist ein wahrer Albtraum für den Exakt-Typ. Er möchte nicht im Mittelmaß versinken. Also versucht er erst gar nicht, auf allen Hochzeiten zu tanzen. Für ihn gilt: Spitze wird man nur durch Spezialisierung. Deshalb macht er es wie ein Profi-Sportler und konzentriert sich voll und ganz auf seine Paradedisziplin. Manche werfen dem Exakt-Typ vor, er sei unflexibel und engstirnig. Doch er ist lieber auf einem Gebiet erstklassig, als in vielen Bereichen »nur« gut.

Ob Experte für Internet-Marketing, Fachmann für Wärmepumpen oder Spezialist für Solarenergie: Sein brillantes Fachwissen ist der Trumpf im Ärmel des Exakt-Typs.

Unser *simplify*-Rat: Am liebsten tüfteln Sie an schwierigen Aufgaben, bei denen Sie Ihr Expertenwissen voll ausspielen können. Doch auch Routinearbeiten und einfachere Jobs sind eine tolle Sache. Nutzen Sie weniger anspruchsvolle Tätigkeiten, um zwischendurch ein bisschen abzuschalten. Achten Sie bei Ihrer Zeitplanung darauf, dass schwierige Aufgaben und Routinen sich abwechseln. Und: Halten Sie sich bei einfacheren Arbeiten immer an die bewährte KISS-Formel: *Keep It Short and Simple!*

Vorausschauender Organisator

Hochzeit, Urlaub oder wichtige Projekte im Job – der Exakt-Typ ist ein hervorragender Organisator. Er weiß: Das Geheimnis des Erfolgs liegt in cleverer Planung. Ohne einen detaillierten Aktionsplan läuft bei ihm gar nichts. Von der ersten Idee bis zur termingenauen Umsetzung – vom Exakt-Typ kann man sich in Sachen Projektmanagement einiges abschauen.

Einzelne Schritte, klare Prioritäten, großzügige Zeitfenster: Das liebste Planungstool des Exakt-Typs sind Checklisten, die systematisch verbessert, sorgfältig abgehakt und täglich aktualisiert werden. Planung heißt für ihn, ja nichts dem Zufall zu überlassen. Deshalb hat er meistens nicht nur einen Plan A, sondern gleich noch einen Plan B in der Schublade. Improvisation, kurzfristiges Umdisponieren und Last-Minute-Hektik sind einfach nichts für ihn.

Unser *simplify*-Rat: Niemand kann alles planen. Denken Sie immer an den berühmten Ausspruch von *John Lennon:* »Leben ist das, was passiert, während du eifrig dabei bist, andere Pläne zu machen.«

Umsichtiger Risikomanager

»Bremsklotz«, »Bedenkenträger« – solche Vorwürfe stören den Exakt-Typ nicht im Geringsten. Auch wenn ein Projekt auf den ersten Blick unheimlich interessant scheint – er lässt sich nicht zu vorschnellen Entscheidungen hinreißen. Erst wenn alle Fakten auf dem Tisch liegen und alle Unwägbarkeiten geklärt sind, gibt er sein Okay.

Unser *simplify*-Rat: Gerade im Job geraten wir immer wieder in Situationen, in denen wir blitzschnell entscheiden müssen, ohne vorher alle Fakten genau prüfen zu können. Lernen Sie, Entscheidungen zu treffen – auch wenn Ihnen weniger Informationen zur Verfügung stehen, als Ihnen lieb ist. Alles ist besser, als gar keine Entscheidung zu treffen. Denn dann überlassen Sie die weitere Entwicklung dem Zufall.

Klarer Analyst

Zahlen, Daten, Fakten, Tabellen und Statistiken: Viele finden das eher trocken und langweilig. Nicht so der Exakt-Typ – er liebt es, mit Zahlen zu jonglieren, Statistiken auszuwerten und den Dingen mit großer Ausdauer auf den Grund zu gehen. Auch schwierige Zusammenhänge erfasst er auf einen Blick. Und wenn sich ein Zahlendreher in eine Tabelle eingeschlichen hat, dann findet er ihn ganz bestimmt.

Unser *simplify*-Rat: Wenn etwas falsch oder unlogisch ist, dann erkennen Sie das sofort. Allerdings sind Sie nicht gerade zimperlich, wenn Sie den anderen ihre Fehler unter die Nase reiben. Hier sollten Sie ein bisschen mehr Fingerspitzengefühl an den Tag legen. Achten Sie darauf, kein Porzellan zu zerschlagen und die anderen nicht zu verletzen – dann werden Ihre Ratschläge noch viel besser ankommen.

Gewissenhafter Zeitplaner

Bei wichtigen Terminen ist er immer eine Viertelstunde früher da, und seine Projekte sind meist schon vor dem offiziellen Abgabetermin fertig. Der Exakt-Typ hat die *Zeit immer fest im Visier.* Wenn es um Pünktlichkeit und die fristgerechte Erledigung von Aufgaben geht, kann man sich voll und ganz auf ihn verlassen. Eine wichtige Deadline verpassen? Einfach undenkbar! Wenn er einen Termin fest zusagt, dann hält er ihn auch ein.

Der Exakt-Typ ist unglaublich *diszipliniert*, wenn es darum geht, sich an Terminvorgaben zu halten. Allerdings mag er es nicht, wenn er dabei unter Druck gerät. Er braucht ausreichend Zeit, um sich gründlich und intensiv mit seinen Aufgaben zu beschäftigen. Deshalb sind Uhren, Terminkalender und To-do-Listen etwas Wunderbares für ihn: Sie helfen ihm, unnötige Hektik zu vermeiden und die Dinge, die in seiner Verantwortung liegen, Schritt für Schritt abzuwickeln.

Unser *simplify*-Rat: Für Sie ist es unglaublich wichtig, Ihre Zeit genau zu planen, das gibt Ihrem Tag Struktur und Ihnen Sicherheit. Damit Sie immer alles pünktlich und der Reihe nach erledigen können, re-servieren Sie für die einzelnen Aufgaben sehr viel Zeit. Hier sollten Sie an das berühmte Parkinson-Gesetz denken: Jede Aufgabe dauert genau so lange, wie man dafür einplant! Vielleicht geht manches ja doch ein bisschen schneller? Probieren Sie in den nächsten Tagen aus, ob und wo Sie sehr gut mit etwas weniger Zeit auskommen.

Qualitätsbewusster Detailarbeiter

Warum sind Produkte aus Deutschland auf der ganzen Welt begehrt? Ganz klar: Weil das Label »Made in Germany« für erstklassige Qua-lität steht. Spitzenqualität ist eine wichtige Voraussetzung für Erfolg – diese Erkenntnis hat der Exakt-Typ verinnerlicht wie kein anderer. Er scheut keinen Aufwand, um den Dingen den letzten Schliff zu geben und sich so den entscheidenden Qualitätsvorsprung zu sichern.

Oft sind es winzige Einzelheiten, die das Bessere vom Guten unter-scheiden. Hier ist der Exakt-Typ in seinem Element. Sein Motto lau-tet: *Erfolg im Ganzen liegt im Detail!*

Unser *simplify*-Rat: Bisweilen führt Ihre Liebe zum Detail dazu, dass Sie das große Ganze aus dem Blick verlieren. Deshalb sollten Sie bei jeder Aufgabe schon im Vorfeld klare Qualitätsstandards festlegen. Stellen Sie sicher, dass Sie sich nicht verzetteln und fragen Sie sich: Reicht es, wenn Sie die Anfrage Ihres Kollegen schnell beantworten, oder muss alles perfekt formuliert sein? Genügt dem Kunden ein kurzes Exposé, oder braucht er einen mehrseitigen, bebilderten Angebotskatalog?

So klappt es mit dem Exakt-Typ

Sie sind immer pünktlich, überziehen keine Deadline und füllen ganz bestimmt auch ihre Steuererklärung korrekt aus. Exakt-Typen sind ohne Fehl und Tadel – und das erwarten sie auch von anderen. Da man ihre Ansprüche nur schwer erfüllen kann, ist die Zusammenarbeit mit einem exakten Chef, Mitarbeiter oder Kollegen oder das Zusammenleben mit einem exakten Partner nicht einfach. Deshalb müssen Sie bei gemeinsamen Projekten immer Ihre Hausaufgaben machen und vollen Einsatz bringen. Da man nicht alles in höchster Perfektion erledigen kann, sollten Sie zudem klare Bearbeitungsziele mit dem Exakt-Typ vereinbaren. So weiß jeder, welche Qualitätsstandards zu erfüllen sind.

Wenn Sie eine Aufgabe an den Exakt-Typ delegieren, dann sagen Sie ihm ganz genau, was Sie erwarten, um sicherzustellen, dass er nicht übers Ziel hinausschießt. Übertragen Sie ihm vor allem Jobs, bei denen ein hohes Maß an Genauigkeit gefragt ist: Hier wird er brillante Ergebnisse liefern. Ganz wichtig ist, den Exakt-Typ nicht allzu sehr unter Zeitdruck zu setzen. Vereinbaren Sie realistische Zeitlimits, bei denen das Verhältnis von Aufwand und Ergebnis stimmt. Hausaufgaben machen, Bearbeitungsziele vereinbaren und Zeitlimits setzen – das ist der Schlüssel für eine richtig gute Zusammenarbeit mit dem Exakt-Typ.

Starke Kombination: Gemeinsam besser

Teamarbeit ist eigentlich nichts für den Exakt-Typ. Mit Zahlen jonglieren, Projekte organisieren und erstklassige Qualität liefern – das ist die Welt des Exakten. Manchmal konzentriert er sich allerdings so sehr auf Details, dass ihm die Zeit davonläuft. Hier sollte er sich die Unterstützung des *Manager-Typs* holen. Er erkennt sofort, was wichtig ist und was nicht. Gemeinsam können die beiden festlegen, welche Arbeiten ganz genau gemacht werden sollen und welche »nur« gut werden müssen. Dann springt auch der Exakte über seinen Schatten und erledigt Nebensächliches nicht überperfekt.

Wenn es darum geht, Dinge zu verbessern, ist der Exakt-Typ eine Klasse für sich, an völlig neue Ideen traut er sich aber nicht so richtig ran. Warum eigentlich nicht? Vielleicht braucht er ja einfach nur einen kreativen Schubs? Dann sollte er unbedingt den *Ideen-Typ* ins Boot holen. Er hat richtig Spaß daran, auch ziemlich verrückte Pläne auszuhecken. Gemeinsam können die beiden wunderbare neue Ideen auf den Weg bringen.

Manche Aufgaben möchte der Exakt-Typ gar nicht anpacken, weil er genau weiß, dass es schwierig wird, das Ganze in kurzer Zeit abzuarbeiten. Aber dafür gibt es einen Spezialisten – den *Turbo-Typ*. Auch wenn der Exakte ungern delegiert, bei Blitzaufgaben sollte er sich unbedingt mit dem Turbo-Typ zusammentun: Dieser kann die schnellen Vorarbeiten erledigen, danach prüft der Exakte dann nur noch die allerwichtigsten Details.

simplify-Idee: Ent-schleunigen Sie Ihren hektischen Alltag mit Hilfe der *simplify*-TIME-Tools

simplify-Tool 1: Prioritäten bestimmen

Zu viele Jobs für einen Tag, zu viel Arbeit für eine Woche, zu viele Projekte für einen Monat ... Da hilft nur eins: *Prioritäten setzen.*

Die Frage ist nur, wie bringt man die offenen Posten in die richtige Reihenfolge? Ein einfaches Blatt Papier genügt – und schon bekommen die wichtigen Dinge ganz klar Vorfahrt!

Wie wichtig es ist, Prioritäten zu setzen, belegen übrigens auch die Erkenntnisse des Italieners *Vilfredo Pareto.* Der Volkswirtschaftler fand schon im 19. Jahrhundert heraus, dass 20 Prozent der Menschen 80 Prozent des Besitzes ihr Eigen nennen. Dieses Pareto-Prinzip kann auch auf den Lebensbereich des Zeitmanagements übertragen werden: 20 Prozent der Schreibtischarbeit ermöglichen etwa 80 Prozent unseres Arbeitserfolges. Mit anderen Worten: In 20 Prozent der aufgewendeten Zeit erzielen wir etwa 80 Prozent der Ergebnisse. Wenn Sie *die richtigen Prioritäten* setzen, können Sie also mit viel weniger Aufwand viel mehr Erfolg haben.

Was kommt an erster Stelle?

Oft wissen wir nicht, was das »Wichtigste« für uns ist. Deshalb überlassen wir die Auswahl unserer Prioritäten immer wieder der Hektik des Alltags, dem Willen der anderen oder sogar dem Zufall.

Bevor Sie also wild draufloslegen sollten Sie erst einmal herausfinden, was bei Ihnen an erster Stelle kommt: Der *simplify*-Prioritäten-Check hilft Ihnen dabei.

---

simlify-Prioritäten-Check
Super oder sinnlos?

Von E-Mails lesen über Meetings bis zum Fernsehschauen – schreiben Sie zehn Dinge auf, die Sie Tag für Tag tun:

1. _____

2. _____

3. _____

4. _____

5. _____

6. _____

7. _____

8. _____

9. _____

10. _____

Beantworten Sie jetzt zu jeder dieser Tätigkeiten die folgenden fünf Fragen:

- Bringt mich das meinen Zielen näher – beruflich oder privat?
- Hätte es negative Konsequenzen, wenn ich es nicht tue?
- Ist diese Sache wirklich wichtig und nicht nur eilig?
- Würde ich das auch machen, wenn ich nur noch die Hälfte meiner Zeit zur Verfügung hätte?
- Lässt mich das glücklicher, kreativer oder zufriedener werden?

Fazit: Je mehr Fragen Sie mit Ja beantwortet haben, desto wichtiger ist eine Tätigkeit für Sie.

Unser *simplify*-Rat: Prioritäten sind nicht Ihr Ding? Dann testen Sie doch mal die 1 bis 10-Methode: Geben Sie all Ihren Aufgaben und Zielen eine Note. 10 steht für absolut wichtig – 1 für total überflüssig. Achten Sie darauf, nicht alles im Mittelmaß mit 4, 5 oder 6 zu bewerten. Machen Sie klare Unterschiede: So kommen Sie Ihren Prioritäten ganz schnell auf die Spur!

Mit den *simplify*-Prioritäten werden Ihre Topaufgaben nicht mehr einfach so im Alltagstrubel untergehen. Sie gehen auf das Eisenhower-Prinzip zurück, eine Einteilung der anstehenden Aufgaben in unterschiedliche Kategorien, die der US-Präsident *Dwight D. Eisenhower* entwickelt und mit großem Erfolg praktiziert hat.

Unterteilen Sie dazu einfach alle anstehenden Tätigkeiten in vier Kategorien:

- Super-Aufgaben (wichtig und dringend)
- Später-Aufgaben (wichtig, aber nicht dringend)
- Sofort-Aufgaben (dringend, aber nicht wichtig)
- Sinnlos-Aufgaben (weder wichtig noch dringend)

Super-Aufgaben Das sind die Tätigkeiten, auf die es wirklich ankommt! Diese Dinge bringen Sie Ihren Zielen näher, und genau deshalb bekommen sie »*Prio A 1*«. Hier geht es um Ihre Karriere, große berufliche Projekte, aber auch um private Wünsche und Träume.

Sofort-Aufgaben Wie der Name schon sagt: Diese Aufgaben sollten sofort erledigt werden. Doch aufgepasst – auf den ersten Blick erkennt man oft nicht, ob eine Sache zwar eilig, aber völlig unwichtig ist. Deshalb sollten Sie sich nicht blindlings auf Sofort-Aufgaben stürzen. Überlegen Sie erst einmal, ob es sich wirklich lohnt, das Ganze tatsächlich anzugehen.

Später-Aufgaben Diese Aufgaben sind nicht unwichtig, haben aber noch Zeit. Dazu gehören Routinejobs, der übliche »Papierkram« und andere Verwaltungsarbeiten. Achtung: Oft verstecken sich in dieser Kategorie auch Super-Aufgaben, die wir deshalb nicht angehen, weil es ja nicht eilt. Doch wenn Sie wichtige Später-Aufgaben auf die lange Bank schieben, ist Hektik vorprogrammiert!

Sinnlos-Aufgaben Über diese Aufgaben muss man sich nicht lange den Kopf zerbrechen – einfach links liegen lassen und rigoros von der To-do-Liste streichen!

Praktische Umsetzung

Wie aber setzt man das Ganze in die Praxis um? Dabei hilft Ihnen das *simplify*-Aufgabenblatt: Ein einfaches Stück Papier genügt, und in wenigen Minuten haben Sie eine hilfreiche und durchdachte Prioritätenliste zur Hand. Also, los geht's:

Schritt 1 Nehmen Sie ein ganz normales DIN-A4-Blatt. Knicken Sie es zweimal, sodass sich vier große Felder ergeben. Ordnen Sie jedem Feld einen Aufgaben-Typ zu.

Schritt 2 Tragen Sie nun die entsprechenden Aufgaben in die verschiedenen Felder ein. Am besten, Sie nehmen einen Bleistift oder arbeiten mit Post-its, dann können Sie noch Änderungen vornehmen. Achtung: Überlegen Sie bei jeder Aufgabe ganz genau, in welches

Feld sie tatsächlich gehört. Versuchen Sie, möglichst viele Sinnlos-Aufgaben zu enttarnen. Und lassen Sie sich auch von eiligen, aber unwichtigen Sofort-Aufgaben nicht täuschen.

Schritt 3 Haben Sie alle Aufgaben in den entsprechenden Felder untergebracht? Dann sollten Sie Ihre Aufgabenverteilung noch einmal kritisch prüfen. Passt wirklich alles? Wenn nicht, dann können Sie die Aufgaben ruhig noch einmal verschieben.

Schritt 4 Jetzt geht es an die Feinarbeit: Streichen Sie alle Sinnlos-Aufgaben genüsslich durch. Dann nehmen Sie sich die Später-Aufgaben vor, überlegen, was Sie delegieren können, und geben den verbleibenden Später-Aufgaben einen festen Termin.

Schritt 5 Nehmen Sie sich nun die Super- und die Sofort-Aufgaben vor. Nummerieren Sie alle Aufgaben durch. Vergeben Sie eine klare Reihenfolge. Und denken Sie dabei immer daran: Das Wichtigste hat Vorfahrt!

Schritt 6 Fangen Sie an: Arbeiten Sie Ihre Aufgaben in der festgesetzten Reihenfolge ab. Widmen Sie sich mit voller Energie dem wichtigsten Punkt auf Ihrem Aufgabenblatt. Lassen Sie sich von nichts und niemandem stören. Sie werden staunen, wie produktiv Sie sein können, wenn Sie Ihre Energie voll und ganz auf Ihre Prioritäten richten.

simplify-Tool 2: Richtig planen

Mal ganz ehrlich – schaffen Sie es tatsächlich, immer alle Punkte von Ihrer To-do-Liste abzuarbeiten? Hut ab! Damit sind Sie eine absolute Ausnahme. Die meisten sind schon froh, wenn sie die Hälfte ihres Aufgabenbergs abtragen können. Der Rest bleibt liegen und muss wohl oder übel in den neuen Tag mitgenommen werden. Die Folge: Die To-do-Liste wird nicht kürzer, sondern immer länger – und irgendwann überrollen einen die offenen Posten.

Was tun? *simplify your time* empfiehlt Ihnen eine einfache Lösung: *Weniger planen, mehr erreichen!* Ja, Sie haben richtig gelesen: Wenn Sie Ihren Tag nicht bis auf die letzte Sekunde verplanen, werden Sie deutlich mehr schaffen. Finden Sie heraus, wie viel Planung Ihnen gut tut, werfen Sie Ballast ab, und befreien Sie sich konsequent von unsinnigen Beschäftigungen! Sie werden sehen – ohne Stress geht vieles auf einmal wesentlich leichter und besser.

Zugegeben, die Planung eines Tages kostet einige Minuten. Aber die Zeit kann man sich leicht zurückholen. Die Erfahrung zeigt: Wenn Sie jeden Tag acht Minuten in Ihre Planung investieren, können Sie bis zu einer Stunde sparen. *Planung hilft Ihnen, Ihre Ziele zu erreichen und Zeitinseln für die schönen Dinge des Lebens zu schaffen.* Bei *simplify your time* stehen einfache Planungsmethoden und praktische Sofort-Tipps im Mittelpunkt, die wenig Aufwand erfordern und viel bringen!

Einfache Planungstools

Die 1–2–3-Methode

Schreiben Sie gleich am Morgen die ersten drei Aufgaben, die unbedingt erledigt werden müssen, auf einen Zettel. Arbeiten Sie ein To-do nach dem anderen ab. Streichen Sie die Punkte durch, die Sie geschafft haben. Keine offenen Posten mehr auf dem Zettel? Wunderbar! Dann notieren Sie die nächsten drei Aufgaben und packen Sie die an!

Die To-do-Strategie

Schreiben Sie alle Aufgaben, die Sie erledigen müssen, auf To-do-Kärtchen. Wenn Sie alles notiert haben, dann sortieren Sie Ihre To-dos in der Reihenfolge, die optimal für Sie ist. Falls sich Änderungen ergeben, mischen Sie Ihre Karteikarten einfach neu – fertig. Und: Sobald eine Aufgabe erledigt ist, entsorgen Sie das entsprechende To-do-Kärtchen im Papierkorb, das ist ein herrlich befreiendes Gefühl!

Das Frosch-Prinzip

Erst muss man den Frosch küssen, dann bekommt man den Prinzen!

Starten Sie deshalb am Morgen mit den Aufgaben, die wichtig sind, Ihnen aber nicht besonders viel Spaß machen.

Bringen Sie Unangenehmes sofort hinter sich, dann können Sie den Rest des Tages ganz befreit genießen. Morgens hat man in der Regel den meisten Schwung und kann sich am besten konzentrieren – ideale Voraussetzungen, um schwierige Dinge mit geringem Aufwand zu schaffen.

Planungstool für höhere Ziele: AUA

Durch die bisher vorgestellten einfachen Planungstools behalten Sie in der Hektik des Tagesgeschehens den Überblick. Jetzt gilt es, dafür zu sorgen, dass Ihre Ziele und langfristigen Projekte bei der Planung nicht zu kurz kommen. Durch die drei Schritt der AUA-Methode sichern Sie sich Ihren Zeit-Erfolg:

Alles aufschreiben
Unvorhergesehenes einplanen
Abends Bilanz ziehen

Schritt 1: Alles Aufschreiben

Planen Sie schriftlich – so werden Sie nicht mehr nachts im Bett hochschrecken, weil Ihnen einfällt, was Sie tagsüber alles vergessen haben. Zudem hat das Ganze noch einen großen Vorteil: Wenn Sie eine Aufgabe erledigt haben, können Sie diesen Punkt genüsslich abhaken.

Ganz wichtig ist, dass Sie sich für ein Planungssystem entscheiden und es konsequent nutzen. Ob Sie sich bei der Planung Ihrer Lebens- und Arbeitszeit auf einen topmodernen Digital-Sekretär verlassen oder lieber auf Timer, Jahresringbuch und Co. setzen, ist allein Ihre Entscheidung: Was zählt ist, dass Sie sich wohlfühlen und gerne mit Ihrem Zeitplaner arbeiten.

Wann Sie sich Zeit für Ihre Planung nehmen, bleibt ebenfalls Ihnen überlassen. Manche notieren morgens bei einer ersten Tasse

Kaffee, was alles erledigt werden soll. Andere planen ihren Tag bereits am Vorabend. Der Vorteil: Man spielt alles schon einmal in Gedanken durch und geht so mit dem guten Gefühl schlafen, den neuen Tag bereits zu »kennen« und nicht in unbekanntes Terrain zu stolpern.

Schreiben Sie nicht nur auf, was Sie *erledigen* wollen. Fragen Sie sich auch: »Was will ich *erreichen*?« Planen Sie nicht nur Aufgaben, sondern Ziele. Notieren Sie hinter jedem To-do, was das Ziel dieser Aktion ist. Falls Sie für eine Aufgabe kein sinnvolles Ziel finden, sollten Sie den Punkt streichen. Wenn wichtige Ziele auf Ihren Zeitplänen gar nicht auftauchen, dann ergänzen Sie unbedingt Ihre Aufgabenliste.

Beachten Sie bei Ihrer Zeitplanung noch folgendes: Der Schriftsteller *Cyril Northcote Parkinson* stellte fest, dass alles immer genauso lange dauert, wie man dafür einplant. Wenn Sie also für eine Aufgabe einen Monat veranschlagen, dann werden Sie auch einen Monat brauchen. Hätten Sie sich aber nur zwei Wochen Zeit gegeben, hätten Sie es sicher auch geschafft.

Unser *simplify*-Rat: Tragen Sie neben jedem Punkt auf Ihrem Plan die Bearbeitungszeit ein. Seien Sie ruhig ein bisschen geizig mit Ihrer Zeit. Denken Sie daran: Bei den meisten Aufgaben genügt es, das Ganze »nur« gut zu machen.

Wie verspeist man am besten einen Elefanten? Ganz einfach: Stück für Stück! Auch große Projekte schaffen Sie am leichtesten, indem Sie sie bereits in der Planung in überschaubare Minischritte unterteilen.

Unser *simplify*-Rat: Am liebsten würden Sie auch die größten Projekte auf einmal durchziehen. Aber das kann gründlich schiefgehen und unnötigen Stress verursachen. Testen Sie beim nächsten Mal die Salami-Taktik. Sie werden sehen, so kommen Sie nicht nur leichter, sondern im Endeffekt sogar schneller voran.

Fassen Sie ähnliche Aufgaben auf Ihrer To-do-Liste zusammen und arbeiten Sie alles *en bloc* ab. Reservieren Sie einen Nachmittag in der

Woche für Verwaltungskram, oder richten Sie täglich Zeitblöcke für Telefonate, Mails oder Kundenanfragen ein.

Unser *simplify*-Rat: Sie lieben die Abwechslung im Tagesgeschehen. Doch wenn Sie ähnliche Arbeiten bündeln, müssen Sie sich nicht jedes Mal wieder aufs Neue in ein Thema oder Aufgabengebiet hineindenken.

Schritt 2: Unvorhergesehenes einplanen

Unverhofft kommt oft! Bei der Zeitplanung ist das schon fast so etwas wie ein Naturgesetz. Wenn Sie Ihren Tag bis auf die letzte Minute verplanen, ohne solche unvorhergesehenen Extras einzurechnen, haben Sie keine Chance, Ihre Aufgaben sorgfältig und bewusst zu erledigen. Wenn die Zeit nie reicht, muss man sich eben weniger vornehmen. Halten Sie sich an die einfache, aber bewährte *Fifty-Fifty-Regel:* Reservieren Sie 50 Prozent Ihrer Arbeitszeit für Unvorhergesehenes.

Schritt 3: Abends Bilanz ziehen

Zu einer gelungenen Zeitplanung gehört auch, ehrlich Bilanz zu ziehen. Pläne müssen nicht nur geschrieben, sondern auch in die Tat umgesetzt und überwacht werden. Nutzen Sie die Chance, aus Fehlplanungen zu lernen und Ihr Zeitmanagement Schritt für Schritt zu verbessern.

Unser *simplify*-Rat: Wenn Sie einen rabenschwarzen Tag erwischen, dann seien Sie nicht gleich total frustriert. Es kann nicht immer alles rund laufen. Sagen Sie sich: Morgen ist ein neuer Tag. Morgen habe ich wieder eine Chance, das Beste aus meinem Tag zu machen!

Große Ziele, echte Herzenswünsche und Projekte wollen von langer Hand geplant sein. Damit sich Ihr Kalender nicht nur mit eiligen Aufgaben füllt, sollten Sie vom Großen zum Kleinen planen: Reservieren Sie jeden Monat Zeit, um die kommenden Wochen zu planen, vom Messebesuch bis zur Familienfeier.

Erwarten Sie nicht, dass Sie gleich auf Anhieb perfekte Zeitpläne aufstellen und alle Zeitsorgen vergessen können. Aber mit cleverer Planung haben Sie es langfristig in der Hand, das Beste aus Ihrer Zeit zu machen.

simplify-Tool 3: Aufgaben abgeben

Sitzen Sie Tag für Tag vor einem riesigen Berg Arbeit? Sind Nachtschichten und Wochenendarbeit für Sie nichts Außergewöhnliches? Dann sollten Sie sich einmal fragen, woran das liegt. Manchmal ist die Antwort einfach: Vielen fällt es unglaublich schwer, Arbeiten abzugeben. Doch niemand kann alles allein schaffen. Wer das versucht, dem wachsen die Dinge schnell über den Kopf.

Anderen Aufgaben übertragen – das ist nicht nur Chefsache. Egal, ob im Job oder zu Hause: Auch Sie können und sollten sich Unterstützung holen. Also, nur keine falschen Hemmungen! Spannen Sie Kollegen, Familie und Freunde für sich ein. Wir zeigen Ihnen, wie Sie selbstbewusst, fair und clever delegieren. Das hilft Ihnen, loszulassen und Ihr Leben zu vereinfachen. So gewinnen Sie Zeit für die Dinge, die Ihnen wirklich wichtig sind – und das wird Ihnen gut tun!

Unser *simplify*-Rat: Nehmen wir an, Sie arbeiten an 200 Tagen im Jahr. Wenn Sie es schaffen, durch cleveres Delegieren eine Stunde am Tag einzusparen, dann wären das 200 Stunden pro Jahr. Bei einer normalen 40-Stunden-Woche würden Sie volle fünf Arbeitswochen gewinnen. Fünf Wochen mehr Zeit – einfach so. Das Fazit: Delegieren lohnt sich! Am besten, Sie rechnen gleich nach, wie viel Zeit Sie gewinnen könnten, wenn Sie die eine oder andere Aufgabe abgeben – das motiviert!

Delegieren – aber wie?

Jeder kann delegieren – dazu braucht man keinen Assistenten und keine Sekretärin. Wie wäre es zum Beispiel, wenn Sie Aufgaben mit Kollegen tauschen? Setzen Sie sich zusammen und überlegen Sie, wer was am besten kann. Verteilen Sie dann die Aufgaben neu, sodass Sie sich gegenseitig in Ihren Stärken ergänzen.

Unser *simplify*-Rat: Sie arbeiten mit Stressfaktor 10, und die Aufgaben nehmen kein Ende? Lernen Sie, rechtzeitig um Mithilfe zu bitten. Fragen Sie zum Beispiel bei Ihrem Chef nach, ob Sie nicht einen Praktikanten oder eine Praktikantin bekommen können. Das kostet wenig, bringt aber viel! Und wenn Sie Ihr eigener Boss sind – noch besser! Überlegen Sie, ob sich ein Praktikant für Sie rechnet. Und denken Sie daran: Zeit ist eigentlich unbezahlbar!

Natürlich gilt auch zu Hause: Delegieren macht alles viel einfacher! Gerade berufstätige Mütter sollten unbedingt dafür sorgen, dass alle Familienmitglieder zu einem gelungenen Miteinander beitragen.

Unser *simplify*-Rat: Beschriften Sie einen Blanko-Würfel mit den zu verteilenden Aufgaben – dann kann der Zufall die strittigen Entscheidungen fällen. Das spart Zeit und Nerven und macht sogar noch Spaß! Oder Sie übertragen ein Thema, das in der Arbeitswelt ganz normal ist, auf das Privatleben: Outsourcing. Von der »Perle« über den Fensterputzer bis zum Au-pair-Mädchen bieten viele Menschen Ihnen ihre Unterstützung an. Zwar gibt es all das natürlich nicht umsonst. Aber das sollte Ihnen Ihre Zeit schon wert sein, oder?

Delegieren – aber was?

Weg mit Routineaufgaben Routineaufgaben sind ideal zum Delegieren. Gerade Führungskräfte sollten hier rigoros sein. Wenn Sie sich in erster Linie mit Routinedingen beschäftigen, sind Sie nur ein hochbezahlter Sachbearbeiter.

Weg mit Technikaufgaben Mitarbeiter, Kollegen oder Freunde können uns eine Menge abnehmen. Doch auch Technik, Software und Co. können uns ungemein entlasten. Vom elektrischen Tacker übers Navigationssystem bis zur Schuhputzmaschine: Lassen Sie in Zukunft praktische technische Helfer für sich arbeiten.

Weg mit Einmalaufgaben Auch einmalige Aufgaben, wie das Verschicken einer Postwurfsendung oder die Organisation eines Meetings, lassen sich delegieren. Allerdings sollte der Erklärungsbedarf nicht allzu groß sein. Aber wenn das Verhältnis von Aufwand und Nutzen stimmt, dann heißt es: Nicht lange zögern und Einmalaufgaben abgeben.

Denken Sie dabei immer an die Zukunft. Ein Kollege, der einmal gelernt hat, wie man eine bestimmte Tabelle erstellt, kann Ihnen auch beim nächsten Mal zur Hand gehen. Nehmen Sie sich Zeit, Leute einzuarbeiten – die vermeintlich verlorenen Stunden holen Sie schnell wieder rein.

Weg mit Teilaufgaben Zwar ist es oft nicht machbar und auch nicht sinnvoll, ein wichtiges Projekt voll und ganz einem anderen zu überlassen. Das ist aber noch lange kein Grund, alles komplett selbst zu erledigen. *Delegieren Sie Teilschritte.* Es genügt, wenn Sie die Fäden in der Hand behalten – um die Details können sich Mitarbeiter und Kollegen kümmern.

Weg mit Fremdaufgaben Fast alle Menschen, die aufgrund herausragender Leistungen berühmt geworden sind, verdanken dies der Fähigkeit, sich voll und ganz auf ein Spezialgebiet zu konzentrieren. Delegieren Sie deshalb alle Aufgaben, die nicht zum Kern Ihrer Tätigkeit gehören. Verzetteln Sie sich nicht mit Nebensächlichem. Erledigen Sie wichtige Dinge selbst und mit Nachdruck, und geben Sie Unwichtiges konsequent ab.

Weg mit Spezialaufgaben Wenn Sie von vornherein wissen, dass Sie eine bestimmte Aufgabe nicht besonders gut erledigen können, dann sollten Sie hier erst gar nicht aktiv werden. Ob Buchhaltung oder

Fotos vom Kindergeburtstag: Ein Spezialist kann das Ganze nicht nur besser, sondern auch viel schneller erledigen als Sie selbst.

Einfach abgeben Eigentlich kann man fast alles abgeben. Es gibt nur wenige Ausnahmen, etwa Zielsetzung und Prioritätenplanung, strategische Überlegungen oder vertrauliche und familiäre Angelegenheiten. Wenn Sie mit dem Delegieren einsteigen wollen, dann sollten Sie erst einmal Bilanz ziehen: Notieren Sie, welche Aufgaben in der Regel auf Ihrer To-do-Liste stehen. Markieren Sie dann die Tätigkeiten, die Sie gerne anderen überlassen würden, mit einem farbigen Stift. Halten Sie auch fest, welche Fähigkeiten nötig sind, um das Ganze zu übernehmen.

Unser *simplify*-Rat: Erstellen Sie ein Kompetenzverzeichnis. Schreiben Sie auf, wer was besonders gut und gerne tut. Wenn Sie eine Aufgabe zu vergeben haben, dann zücken Sie Ihre Liste, und schon wissen Sie, wer dafür in Frage kommt. Ganz wichtig: Kompetenzverzeichnis regelmäßig aktualisieren und die anderen ruhig fragen, welche Dinge sie einem am liebsten abnehmen würden.

Delegieren – aber mit Vertrag

Schließen Sie einen Delegationsvertrag. Keine Sorge, Sie müssen nicht gleich zum Notar. Fünf W-Fragen helfen Ihnen beim Ab- und Weitergeben:

Der *simplify*-Delegationsvertrag

1. Was muss gemacht werden und warum?
2. Wer soll es tun?
3. Wann muss es erledigt werden?
4. Wie soll es gemacht werden?
5. Wer informiert wen, wenn etwas nicht nach Plan läuft?

Richtig delegieren bedeutet: Alles gut abklären, nicht einmischen und nur im Notfall Unterstützung geben. Was zählt, ist das Ergebnis. Wie das erreicht wird, sollte man nicht haarklein vorgeben. Es gibt immer mehrere Möglichkeiten, zum Ziel zu kommen – nicht nur Ihren Weg! Lassen Sie Ihren Helfern Raum für eigene Entscheidungen. Delegieren soll schließlich keine Beschäftigungsmaßnahme sein, sondern Ihnen echte Entlastung bringen.

---

simplify-Delegations-Check

- Reichen Sie Aufgaben nicht auf dem Weg des geringsten Widerstands an den »Schwächsten« weiter, sondern übertragen Sie das Ganze an denjenigen, der es am besten kann.
- Motivieren Sie Ihre Unterstützer, indem Sie ihnen erklären, warum es gut und wichtig ist, dass sie diese Aufgabe übernehmen.
- Wenn Sie Arbeiten abgeben, sagen Sie klar, was Sie erwarten. Stecken Sie die Rahmenbedingungen ab, kontrollieren Sie aber nicht jedes Detail.
- Falls Sie schwierige Aufgaben abgeben, sollten Sie unbedingt einen Zeitplan festlegen. Wann sollten die ersten Teilaufgaben erledigt sein? Wann muss das Endergebnis vorliegen?
- Signalisieren Sie den anderen, dass sie jederzeit mit Fragen zu Ihnen kommen können. Nehmen Sie die Aufgabe aber nur im äußersten Notfall zurück.
- Vereinbaren Sie, dass Sie regelmäßig über den Stand der Dinge informiert werden. So können Sie rechtzeitig reagieren, wenn etwas nicht nach Plan läuft.
- Geben Sie nicht nur Aufgaben, sondern auch Verantwortung ab.

Happy End

Egal, ob Sie Ihr Kind die Frühstücksbrötchen beim Bäcker holen lassen oder einem Mitarbeiter eine wichtige Projektaufgabe übertragen haben: Sparen Sie nicht mit *Lob*, wenn alles geklappt hat. Leider kommt dieser Punkt im Tagesgeschäft oft zu kurz. Doch ein ehrliches Lob ist unglaublich motivierend. Sagen Sie aber nicht nur »Danke, damit bin ich sehr zufrieden!«. Das ist nett, aber nicht gerade aussagekräftig. Werden Sie konkret: »Ich bin begeistert, wie Sie den Kunden von den Vorteilen des Produkts überzeugt haben!«

Manchmal läuft beim Delegieren nicht alles rund. Doch das ist kein Grund, frustriert die Segel zu streichen und wieder alles selbst zu erledigen! Sprechen Sie offen an, was das Problem ist, geben Sie ein konstruktives *Feedback*. Sammeln Sie gemeinsam Ideen, was in Zukunft besser gemacht werden kann. Denn auch beim Delegieren gilt: Übung macht den Meister!

simplify-Tool 4: Info-Stress abschalten

247 000 000 000, in Worten: 247 Milliarden – eine unglaubliche Zahl. So viele Mails wurden Anfang 2010 *täglich* verschickt. Doch E-Mails sind nur die Spitze des Eisbergs: Neue technische Errungenschaften wie Smartphone, Netbook oder Twitter sorgen dafür, dass der Informationsfluss immer weiter zunimmt. Aktuelle Studien gehen davon aus, dass die digitale Informationsflut jährlich um 60 Prozent wächst – Tendenz rasant steigend! Ohne Internet, E-Mail und Handy läuft heute nichts mehr; jeder zweite Deutsche kann sich ein Leben ohne Web nicht mehr vorstellen. Aber die moderne Technik hat auch Schattenseiten: Mit der Informationslawine, die jeden Tag auf uns zurollt, steigen auch Zeitdruck und Hektik. Kein Wunder, dass uns die Zeit immer schneller davonläuft und sich 40 Prozent der Deutschen einen Tag wünschen, der mindestens 30 Stunden hat. Es geht jedoch gar nicht darum, noch länger und noch mehr zu arbeiten. Was zählt, ist, die moderne Technik gezielt zu nutzen, um sich die Arbeit nicht schwerer, sondern einfacher zu machen. Oft wissen wir nicht, was wichtig ist und was nicht. Dabei ist es eigentlich ziemlich leicht, das *tägliche E-Mail-Chaos* in den Griff zu bekommen. Zum Beispiel mit der *WO-Methode*:

Weglassen
Organisieren

Weglassen

Es ist so einfach. Wer viele Mails schreibt, wird auch viele Mails bekommen. Jede E-Mail löst neue Nachrichten aus: Auf eine Anfrage folgen in der Regel Antwort, Bestätigung und Gegenbestätigung. Das sind allein drei Mails – ganz ohne großen Verteiler. Daher: *Verschicken Sie so wenige Mails wie möglich.* Verstopfen Sie Kollegen und Freunden nicht den Posteingang. Ob eine elektronische Nachricht tatsächlich nötig ist, können Sie ganz einfach mit der *Stockwerksfrage* beantworten: Würde ich diese E-Mail auch schreiben, wenn ich sie ausdrucken und zu Fuß drei Stockwerke höher ins Büro des Empfängers bringen müsste? Nein?! Dann ist die Nachricht überflüssig.

Ganz wichtig: *Gehen Sie sparsam mit der CC-Funktion um.* Überlegen Sie, wer in Ihrer Firma wirklich über was informiert werden muss. Überlassen Sie im Zweifelsfall dem Empfänger die Entscheidung, ob und an wen er eine Mail weiterleiten möchte.

Was fürs Verfassen von Mails gilt, gilt natürlich auch fürs Beantworten. Reagieren Sie nicht auf jede Mail! Fragen Sie sich immer, ob eine Antwort wirklich nötig ist. Verzichten Sie auf Kurzmittlungen wie »Danke« oder »Geht klar«.

Fassen Sie sich kurz Kommen Sie schnell zur Sache! Die Betreffzeile sollte genauso prägnant sein wie eine gute Schlagzeile in der Tageszeitung. Um Zeit zu sparen, können Sie mit Kollegen und Kunden Abkürzungen vereinbaren. So wird aus dem Betreff ersichtlich, was zu tun ist. Beispiel: »BE« für »bitte erledigen«. Oft genügt es sogar schon, wenn Sie nur die Betreffzeile nutzen. Damit der Empfänger weiß, dass er die Mail erst gar nicht öffnen muss, sollten Sie dem Betreff allerdings EOM, »End of Message«, hinzufügen.

Werden Sie Slow-Mailer Folgen Sie dem Beispiel des IBM-Forschungsmanagers *Dan Russell* und schließen Sie sich der *Slow-Mail-Bewegung* an.

- Schalten Sie Ihren Mail-Alarm ab. Sogar die Experten von IBM und Intel empfehlen, den von ihnen erfundenen Piepton abzustellen. Und für User von GoogleMail gibt es bereits die Möglichkeit, sich für 15 Minuten aus seinem Mail-Account auszusperren …

- Öffnen Sie Ihr Mail-Programm höchstens dreimal am Tag. Beginnen Sie morgens nicht gleich mit den Mails, sondern reservieren Sie den Tagesbeginn lieber für wichtige Projekte.
- Sichten Sie Ihren Posteingang zu festen Zeiten, und bearbeiten Sie alle aufgelaufenen Mails an einem Stück.

Blocken Sie Spams ab Sichern Sie Ihren Mail-Account mit einem Spam-Filter, der unliebsame Mails sofort löscht oder in einen Spam-Ordner umleitet.

- Löschen Sie alle Spam-Mails, und zwar ungelesen. Klicken Sie nicht auf Buttons wie »Newsletter abbestellen«. So verraten Sie den Spammern, dass Ihre Mail-Adresse aktiv ist. Die Folge: noch mehr Spam.
- Verwenden Sie für Downloads oder Registrierungsformulare eine Extra-Mail-Adresse oder nutzen Sie Wegwerfadressen, die es unter www.spamgourmet.com oder www.dontsendmespam.de gibt.
- Seien Sie vorsichtig bei Gewinnspielen. Meist wollen die Spammer so nur an Ihre Adressdaten kommen. Dann gibt es keinen Gewinn, aber umso mehr Spam-Mails.
- Ganz wichtig: Öffnen Sie niemals Dateianhänge von Werbe-Mails! Sonst haben Viren und Spionageprogramme freien Zugang auf Ihre Passwörter und Kontodaten.

Organisieren

Je weniger Mails in Ihrem Posteingang landen, desto leichter ist es, das Ganze zu organisieren. Damit Sie den Überblick behalten, sollten Sie Unterordner anlegen und neue Mails gleich dort einsortieren. Halten Sie sich aber auch hier an das *simplify*-Motto: Weniger, aber besser! Übertreiben Sie es nicht mit der Anzahl der Unterordner. Denken Sie daran, Ihre Ordner regelmäßig zu entrümpeln.

Inbox leeren Wenn Sie Ihre E-Mails abarbeiten, sollten Sie nur ein Ziel haben: Die Inbox muss komplett leer werden, in den Eingangsordner gehören nur ungelesene Mails. Öffnen Sie jede Mail nur einmal, und entscheiden Sie sofort:

- löschen,
- weiterleiten,
- archivieren,
- reagieren.

Adressen aktualisieren Damit die Kommunikation via Mail reibungslos klappt, sollten Sie alle häufig genutzten Adressen in Ihrem Mail-Adressbuch speichern. Ganz wichtig: Halten Sie Ihr virtuelles Adressbuch *up to date*!

Baustein-Archiv anlegen Wenn Sie immer wieder Mails mit ähnlichen Inhalten verschicken, dann sollten Sie sich ein Archiv mit Textbausteinen anlegen. Beim Einsatz der praktischen Texthelfer sollten Sie jedoch darauf achten, niemanden mit vorgefertigten Phrasen abzuspeisen. Ideal ist ein Mix aus einigen individuellen Passagen und Bausteinen.

Mail-Funktionen nutzen Wie kann man eingehende Mails farblich sortieren? Welche Tricks gibt es, um eine Verteilerliste aufzustellen? Was muss man tun, um Mails automatisch auf Rechtschreibfehler prüfen zu lassen? Obwohl wir alle Tag für Tag mit Mails arbeiten, haben die meisten nie richtig gelernt, die Funktionen ihres Mail-Programms voll zu nutzen. Erobern Sie Ihr Mail-Programm! Je mehr Sie wissen, desto kleiner der E-Mail-Stress.

simplify-Tool 5: Ordnung schaffen

Die Statistik besagt, dass jeder von uns über 10 000 Gegenstände besitzt. Genetisch sind wir ganz klar auf die Rolle des Jägers und Sammlers programmiert – kein Wunder, dass da bei vielen von uns das blanke Chaos herrscht. Doch das kostet eine Menge Energie, Nerven und vor allem viel Zeit. Zudem bedeutet Unordnung im Haus oder am Arbeitsplatz immer auch Unordnung im Kopf.

Mit anderen Worten: Das Zeug muss weg! Hier eine Zusammenfassung der wichtigsten Strategien.

Vom Chaosschreibtisch zum gut organisierten Arbeitsplatz

- Telefon, Notizblock, Stift: Auf den Schreibtisch kommen nur Utensilien, die Sie tagtäglich benötigen. Der Rest wird in Schubladen, Regalen oder Aktenschränken verstaut.
- Wilde Papierstapel haben auf Ihrem Schreibtisch nichts verloren. Hier sollten nur die Unterlagen des Projekts, an dem Sie gerade arbeiten, liegen. Das hilft Ihnen, sich voll und ganz auf eine Aufgabe zu konzentrieren.
- Machen Sie Schluss mit dem Post-it-Chaos auf Monitor und Telefon. Tragen Sie Ihre Ideen in einem Notizbuch zusammen – dann hat die unansehnliche Zettelwirtschaft ein Ende.
- Rücken Sie dem Kabelsalat zu Leibe. Steigen Sie auf wireless um oder zähmen Sie das Wirrwarr mit Klettband und speziellen Kabelschläuchen.
- Nicht alles muss ausgedruckt und abgeheftet werden; nutzen Sie Ihren PC, um Dokumente abzuspeichern und wiederzufinden. Denn mit praktischen Helfern wie Google Desktop lässt sich auch ohne kompliziertes Ablagesystem alles ganz schnell finden.
- Übergeben Sie Werbepost, uninteressante Infos oder überflüssige Kopien sofort dem Papierkorb!
- Legen Sie gelesene Post nicht wahllos aufeinander. Bilden Sie drei Stapel: Ablage, Weiterleiten, Bearbeiten.
- Bringen Sie Farbe in Ihre Ordner- oder Ablagesysteme. Bringen Sie zum Beispiel alles, was mit Zahlen und Finanzen zu tun hat, in blauen Klarsichthüllen, Ordnern oder Hängeregistraturen unter. So sehen Sie schon auf den ersten Blick, wo was drin ist.
- Natürlich dürfen auch persönliche Gegenstände auf Ihrem Schreibtisch nicht fehlen. Bikinifotos oder Plüschtiere wirken allerdings unprofessionell auf Kollegen, Besucher und Chefs.

- Verlassen Sie Ihren Schreibtisch jeden Abend ein bisschen ordentlicher, als er morgens war.

Unser *simplify*-Rat: Entrümpeln Sie nicht nur Ihren Schreibtisch, sondern auch Ihren Computer! Entmüllen Sie Ihre Festplatte. Speichern Sie ältere Daten und Sicherheitskopien auf einer externen Festplatte. Machen Sie Ihren PC mit einer umfangreichen »Defragmentierung« flott. Dieses Programm verwandelt Ihren chaotischen Daten-Flickenteppich in ein echtes Ordnungswunder. Das Programm für Ihre digitale Entrümpelungsaktion finden Sie unter: Zubehör / Systemprogramme / Defragmentierung.

Ballast abwerfen und Lebensfreude gewinnen

Ordnung ist der Schlüssel zur effektiven Nutzung unserer Zeit. Sie hilft uns, unnötigen Ballast abzuwerfen und gut aufgeräumt durchzustarten. Wenn Sie es geschafft haben, klar Schiff zu machen, dann sollten Sie dafür sorgen, dass der Schlendrian nicht gleich wieder Einzug hält. Vereinbaren Sie mit Familienmitgliedern oder Kollegen klare Ordnungsregeln: keine Klamotten auf dem Boden, keine Schuhe außerhalb des Schuhschranks, der Platz neben dem Fax bleibt immer frei, leere Kartons werden sofort entsorgt.

Verlockungen und Verführungen lauern überall, und ruckzuck ist alles wieder so, wie es vor Ihrer Entrümplungsaktion war. Wenn der Ballastteufel an die Tür klopft, sollten Sie ihm ganz energisch den Zutritt verweigern: *Bevor Sie sich etwas Neues anschaffen, schicken Sie erst etwas Altes in den Ruhestand.* Üben Sie sich hin und wieder in Verzicht! Trennen Sie sich von unnötigem Ballast und profitieren Sie von der Kraft des Einfachen.

Unser *simplify*-Rat: Lassen Sie nicht zu, dass Ihr Zuhause oder der Schreibtisch nach Ihrer Aufräumaktion gleich wieder vermüllen. Spielen Sie einmal pro Woche *simplify*-Sackhüpfen: Nehmen Sie einen großen Müllbeutel, gehen Sie durch Ihre Wohnung oder Ihr Büro und packen Sie mindestens zehn überflüssige Dinge in den Sack. Und dann – nichts wie weg damit!

Vereinfachen Sie Ihre Gesundheit

»Das Wichtigste ist doch die Gesundheit!«, sagen viele Menschen. Und meinen dabei meist die Abwesenheit von Krankheiten. Dabei ist Gesundheit mehr als das – und gleichzeitig auch weniger. Gesund sein bedeutet mehr, als nicht krank zu sein. Gesund ist, wer sich wohl fühlt in seinem Leib und aus körperlicher Anstrengung Glück bezieht, wer vorbeugend die Kräfte seines Körpers bewahrt und ausbaut. Gesund sein bedeutet aber auch, krank sein zu dürfen. Ihre Erkrankungen sind mit Ihrem seelischen Wachstum untrennbar verbunden. Wie beim Kind die Kinderkrankheiten entscheidend zur Entwicklung beitragen, so gehört es zu den wichtigen Fähigkeiten eines Erwachsenen, die Signale des Körpers zu verstehen und zu nutzen. Wer unangenehme Symptome beim ersten Auftauchen mit Arznei oder anderen ärztlichen Mitteln wegdrückt, bringt sich um einen

wertvollen Schatz der inneren Reifung und des tiefen Verständnisses für andere. Außerdem kann es gefährlich sein, nicht nach dem eigentlichen Grund der Krankheit zu suchen und das Problem nicht an der Wurzel zu packen.

Bei kaum einem anderen Aspekt Ihres Lebens ist es so wichtig wie hier, einen positiven Anfang zu haben. Deswegen zeigen wir Ihnen zu Beginn ein paar *simplify*-Schritte, mit denen Sie auf einfachste Weise Zufriedenheit und Glück erfahren.

simplify-Idee: Ent-locken Sie Ihrem Körper Glücksstoffe

Bewegen Sie sich

Sorgen Sie dafür, dass Sie jeden Tag mindestens eine halbe Stunde normale körperliche Bewegung haben, am besten an der frischen Luft. Geeignet sind Rad fahren, Spazieren gehen, Gartenarbeit, Joggen oder jede andere Sportart, die Ihnen Spaß macht, aber auch ganz normales Gehen.

Durch Bewegung werden Beta-Endorphine im Körper freigesetzt. Diese körpereigenen Peptide steuern die Informationsübermittlung zwischen den Nerven- und Gehirnzellen und haben eine entfernt dem Opium verwandte Wirkung: Depressive Stimmungen werden vertrieben, Ihr Schmerzbewusstsein sinkt. Die ideale Betätigung wäre übrigens Tanzen, das die positive Wirkung von Musik mit sozialen Kontakten verbindet.

Spüren Sie den Himmel

Blicken Sie mindestens einmal pro Tag ganz bewusst in den Himmel. Spüren Sie die Weite des Himmels und des Weltalls über sich, atmen Sie dabei bewusst tief und frei durch, und spüren Sie den Erdball unter Ihren Füßen. Damit können Sie sich buchstäblich von den Lasten und dem Druck der auf Ihnen liegenden Pflichten und Aufgaben befreien. Übrigens: Wenn Sie so stehen, dass Sie genau nach Osten sehen, stehen Sie in »Fahrtrichtung Erde«. So herum dreht sich der Erdball, und Sie drehen sich mit – in unseren Breiten mit immerhin über 1 000 Stundenkilometern!

Glücksexperten raten dazu, wenigstens einmal pro Monat so früh aufzustehen, dass Sie aufs freie Land hinausfahren und den Sonnenaufgang erleben können. Weitere endorphinfördernde Aktionen sind: morgens barfuß im nassen Gras laufen (Kneipps gutes altes »Tautreten«), Schwimmen unter freiem Himmel (in einem See oder einem beheizten Freibad), Stille in der Natur genießen. Falls Sie einen besonders schweren Tag Arbeit vor sich haben: Stehen Sie früher auf und wandern Sie eine halbe Stunde über freie Felder.

Lächeln Sie sich gesund

Beginnen Sie jeden Tag mit einem Lächeln vor dem Spiegel. Das klingt auf den ersten Blick albern, ist aber bestens erforscht und in seiner positiven Wirkung nachgewiesen. Ein richtiges, ehrliches Lächeln (bei dem die Backen- und die Augenmuskeln für circa 30 Sekunden angezogen werden) signalisiert dem Gehirn: Achtung, es gibt Grund für gute Laune! Die Grunderkenntnis dieser als »facial feedback« bezeichneten Technik: Die Simulation eines Gefühls kann das Gefühl erzeugen.

Schlafen Sie sich glücklich

Wer in der Nacht gut und tief schläft, steigert seine Glücksfähigkeit. Dabei helfen ein paar einfache Regeln: Keine schweren Speisen zum Abendessen, keinerlei Essen nach 20 Uhr, notfalls vor dem Zubettgehen einen Beruhigungstee oder ein Glas warme Milch, ein festes Einschlafritual, gut lüften, eventuell eine Kuscheldecke, keine 230-V-Elektrogeräte am Bett (Batterieuhr statt Radiowecker!). Der *simplify*-Tipp für einfaches und effektives Energietanken: Gehen Sie mindestens einmal pro Woche vor 22 Uhr zu Bett.

Wenn Sie Einschlafprobleme haben, versuchen Sie es mit einer der bewährten Entspannungsmeditationen. Eine besonders schöne ist die Adler-Meditation: Versetzen Sie sich in Gedanken auf einen hohen Felsen, von dem aus Sie weit in die abendliche Landschaft blicken können. Vor sich sehen Sie einen Adler in seinem Horst. Langsam breitet er die Schwingen aus und stößt sich dann kraftvoll ab. Mit ruhigen Flügelschlägen segelt er der Abendsonne entgegen. Sie verfolgen jeden seiner Schläge, ganz intensiv und genau, bis er ein winziger Punkt am Horizont ist.

Essen Sie sich froh

Allen Warnungen zum Trotz: Nichts trägt so sehr zu unserem Wohlbefinden bei wie das Essen, und zwar von frühester Kindheit an.

---

simplify-Ernährungstipps für Körper und Geist

- Verbessert die Konzentration: Avocados, Spargel, Karotten, Grapefruit
- Stärkt Muskeln und Gehirn: Hering, Rotbarsch
- Stärkt das Erinnerungsvermögen: Milch, Nüsse, Reis
- Hebt die Stimmung: Orangensaft, Paprika, Sojabohnen, Bananen
- Baut Stress ab: Hüttenkäse, Mandeln, Bierhefe
- Fördert das Wohlbefinden: Bohnen, Erbsen, Tofu
- Fördert den Schlaf: Brot, Nudeln
- Fördert soziale Fähigkeiten: Hummer, Weizenkeime
- Stärkt das Immunsystem: Knoblauch
- Steigert die sexuelle Lust: Austern, Morcheln, Hülsenfrüchte
- Schützt vor Herzinfarkt, Krebs und verbessert die Laune: ein Glas Rotwein am Abend

---

simplify-Idee: Ent-zünden Sie Ihre Begeisterung

Die große Entdeckung des ungarisch-amerikanischen Psychologen _Mihaly Csikszentmihalyi_ (gesprochen »Mihai Tschik-sent-mihai«), dem führenden Experten der Glücks- und Kreativitätsforschung, lautet: Ob Sie unglücklich sind oder glücklich, hängt nicht so sehr von den Umständen Ihres Lebens, sondern von Ihnen selbst ab.

Glück ist ein Zustand, auf den Sie sich vorbereiten können. Zwar können Sie Glück nicht herbeiführen, wohl aber verhindern. Csikszentmihalyis Zusammenfassung: »Menschen, die lernen, ihre inneren Erfahrungen zu steuern, können ihre Lebensqualität bestimmen. Das kommt dem, was wir Glück nennen, wohl am nächsten.«

Die besten Momente im Leben sind nicht die passiven oder entspannten, sondern sie ereignen sich, wenn Körper und Seele bis an die Grenzen angespannt sind. Glück erleben Sie, wenn Sie eine Flamme der Neugier in sich entdecken und sie entfachen, bis ein Feuer der Begeisterung daraus wird. Glück ist dabei niemals ein Dauerzustand, sondern es setzt sich aus einzelnen Glückszuständen zusammen. Csikszentmihalyi nennt diesen Zustand *flow* (»Fließen«): Dermaßen in eine Tätigkeit vertieft sein, dass nichts anderes eine Rolle zu spielen scheint – wie Kinder während des intensiven Spiels. Im *flow* »läuft es« wie von selbst, »es flutscht«. *Flow* ist mit innerer Einfachheit verbunden, gleichsam das *simplify*-Erlebnis an sich. Im *flow* herrscht »Ordnung im Bewusstsein«.

Die Glückserfahrung ist dabei völlig unabhängig von Kultur, Alter, Bildung oder Wohlstand. Csikszentmihalyi fand überdurchschnittlich glückliche Menschen unter Bergbauern, Künstlern, Managern und Chirurgen. Fast alle waren überdurchschnittlich fleißig und machten sich Gedanken über ihr Leben.

In sieben *simplify*-Schritten zur Glückserfahrung

1. Bringen Sie sich total ein Eine zu starke Trennung von Privat- und Arbeitsleben ist glückshemmend. Angestelltenmentalität (»um 16 Uhr den Griffel fallen lassen«) verhindert *flow*. Glück braucht die Bereitschaft, sich einer Sache ganz hinzugeben. Menschen, bei denen Beruf und Privates ineinander übergehen, kommen leichter zu *flow*-Erfahrungen.

2. Konzentrieren Sie sich auf den Augenblick Es ist schädlich für die Glückserfahrung, nur für ein fernes Ziel zu arbeiten (viel Geld zu verdienen, eine bestimmte Position zu erreichen). *Flow* erlebt, wer ganz gegenwärtig ist. Bemühen Sie sich, Vergleiche mit der Vergangenheit und Träume von der Zukunft auszublenden. Dann steigen Ihre Chancen, intensiven *flow* zu erleben.

3. **Konzentrieren Sie sich auf eine Tätigkeit** Menschen, die mehreren Aktivitäten gleichzeitig ihre Aufmerksamkeit widmen müssen, sind dabei unfähig zum *flow*. Erst wenn Sie eine Tätigkeit vollständig ausfüllt, werden Sie Glücksmomente erfahren können.

4. **Lernen Sie, Ihre Arbeit zu genießen** Menschen, die *flow* erleben, haben es geschafft, die Beschränkungen ihrer Arbeitsumgebung in Möglichkeiten umzuwandeln. Sie sehen sich selbst als Maßstab für ihre Qualität. Die Anerkennung der anderen oder das Geld, das sie damit verdienen, treten in den Hintergrund.

5. **Vermeiden Sie die Zusammenarbeit mit unzufriedenen Kollegen** Wenn Sie von nörgelnden, negativ denkenden Mitarbeitern umgeben sind, werden Sie sich viel schwerer damit tun, *flow* zu erleben als in einem harmonischen Team. Schotten Sie sich von solchen Menschen stärker ab, oder lassen Sie sich versetzen.

6. **Suchen Sie sich eine Arbeit, bei der Sie die Kontrolle haben** Wer sich als Opfer empfindet und nicht lebt, sondern »gelebt wird«, verliert die Fähigkeit zur Freude, selbst wenn er seine Arbeit hervorragend erledigt. Wechseln Sie deshalb die Stelle, auch wenn diese Arbeit schlechter bezahlt wird oder ein geringes Ansehen bringt. Wer Glückserlebnisse bei der Arbeit hat, wird seine Arbeit so hervorragend tun, dass er früher oder später auch finanziell und prestigemäßig davon profitiert.

7. **Strukturieren Sie Ihre Freizeit** Erstaunlicherweise ist Arbeit leichter zu genießen als Freizeit. Die Arbeitswelt enthält eingebaute Ziele, Regeln und Herausforderungen. Freizeit dagegen ist unstrukturiert, und es kostet Mühe, sie zu etwas umzugestalten, das sich genießen lässt. Scheuen Sie sich daher nicht, Ihre Freizeit zu planen und bewusst zu gestalten. Menschen, die ihre Freizeit nicht vergeuden, haben ein positiveres Lebensgefühl, sie leben länger und sind seltener krank.

simplify-Idee: Ent-krampfen Sie das Thema Fitness

»95 Prozent aller Freizeitsportler überfordern sich, ohne es zu wissen.« In fast allen Sportarten, selbst den Fitness-Aktionen, wird ein Klassensystem aufgebaut: Anfänger, Fortgeschrittene, Leistungssportler. Ein mutiger Einsteiger wird erst einmal gedemütigt. Er will in seiner Gruppe nicht der Schlechteste sein – und schon ist er wieder im Leistungssog, dem er durch seine sportliche Aktivität ja gerade entfliehen wollte. Die Lösung heißt: Spaß! Sport, so die Forderung des Gesundheitstrainers (und ehemaligen Leistungssportlers) *Gert von Kunhardt,* sollte »spaßpflichtig« sein: Schwelgen statt schwitzen. Sanfte Bewegung statt harten Trainings.

Betreiben Sie Minutentrainings

Fast immer wird, wenn der Entschluss dazu erst einmal gereift ist, des Guten zu viel getan. Der *simplify*-Rat: Steigen Sie um auf »Bewegungs-Homöopathie«, bei der kleine Mengen genügen. Die schnellste Methode, verkümmerte Muskeln wieder wachsen zu lassen, sind isometrische Übungen: fünf bis zehn Sekunden Anspannen gegen einen nicht ausweichenden Widerstand. Balanceübungen sind gut für die Mikromuskulatur, und jede dynamische Bewegung tut Ihrem Kreislauf gut. Solche Kurzzeittrainings können Sie zu einem festen Ritual Ihres Tagesablaufs machen. Der simplify-Trick: Verbinden Sie wiederkehrende Aktivitäten mit bestimmten Übungen. Hier ein paar Beispiele:

- Gehen Sie beim Zähneputzen in die Skiabfahrtshocke und wippen sie dabei leicht.
- Beim Warten im Auto drücken Sie zehn Sekunden gegen das Lenkrad, spannen Sie die Gesäßmuskeln an, kreisen Sie mit Schultern und Kopf.

Laufen Sie mit Verstand

Zu den effizientesten Übungen gehört nach wie vor das Laufen. Beherzigen Sie dabei folgende einfache Regeln:

- Wärmen Sie sich vor dem Laufen auf: Recken, strecken, dehnen und lockern. Ein bis zwei Minuten genügen.
- Lockern Sie während der ersten 30 Sekunden Laufen bewusst Arme und Schultern, vermeiden Sie bewusst Anstrengung und versuchen Sie, einen Rhythmus zu finden.
- Ziehen Sie während der nächsten Laufminute dann willentlich die Bremse an – bis Sie das Gefühl haben, auf der Stelle zu laufen.
- Erleben Sie während der nächsten Minuten die fantastischen Prozesse in Ihrem Körper: Die Zahl der roten Blutkörperchen erhöht sich, der Blutdruck steigt, die Adern weiten sich, die Hormonregulation setzt ein.
- Reduzieren Sie Ihr Tempo. Es kommt beim Laufen nicht auf Bestzeiten oder Streckenrekorde an, sondern allein auf Ihr subjektives Wohlbefinden. Machen Sie sich unabhängig von den spöttischen Blicken anderer. Vergessen Sie alle Ideale vom sportlich aussehenden Joggen. Was Sie da machen, ist das urgesunde »Joggeln«.
- Nach fünf Minuten sind die körperlichen Anpassungsvorgänge abgeschlossen. Nun können Sie ohne Probleme weiterlaufen. Genießen Sie die Umgebung, den Himmel, die Pflanzen, die Gerüche und Geräusche der Natur.
- Nach zehn bis 20 Minuten Joggeln gibt es einen Qualitätssprung: Neue Kapillargefäße entwickeln sich, schädliche Cholesterine werden abgebaut, der Hormonhaushalt stellt auf stressmindernde Regulation um. Subjektiv haben Sie das leichtfüßige Gefühl, noch endlos so weiterlaufen zu können. Wenn Sie an den »toten Punkt« kommen, haben Sie etwas falsch gemacht.

Nutzen Sie Spaziergänge als Kraftquelle

Normales Gehen an der frischen Luft ist ausgesprochen effektiv, um Ihre allgemeine Fitness zu steigern, Ihr Herzinfarktrisiko zu senken und das Körpergewicht zu kontrollieren.

Beginnen Sie mit 30 Minuten täglich, ohne Rücksicht auf das Wetter. Beherzigen Sie den Rat der Briten: »Es gibt kein schlechtes Wetter, es gibt nur ungeeignete Kleidung.« Schlendern Sie nicht, sondern gehen Sie zielstrebig, ohne Hast. Ihr Puls sollte sich während des Gehens nur geringfügig erhöhen, jedenfalls deutlich weniger als beim Joggeln.

Suchen Sie sich einen Partner: Ihren Ehepartner, einen Freund, ein Kind – oder einen Hund, vielleicht auch den der Nachbarn. Zählen Sie Ihre Schritte und atmen Sie dabei bewusst: Sechs Schritte lang einatmen, sechs Schritte lang die Luft anhalten, sechs Schritte lang ausatmen, sechs Schritte lang ausgeatmet bleiben. Dann wieder alles von vorne. Wenn Ihnen sechs Schritte zu lang sind, ändern Sie die Schrittzahl. Machen Sie die Übung so wie es Ihnen gut tut. Diese aus Indien stammende Atemübung verhilft Ihnen zu einer ruhigen, ausgeglichenen Grundstimmung und zu einem klaren, aufnahmefähigen Geist.

Suchen Sie sich ein Ziel für Ihren täglichen Spaziergang: einen bestimmten Baum, einen See, einen Fluss oder irgendeinen schönen Ausblick, jedenfalls einen »guten Ort«, an dem Sie gerne sind. Beobachten Sie, wie er sich im Laufe der Jahreszeiten verändert. Dadurch wird aus dem Spaziergang eine »kleine Wallfahrt«, und Sie nehmen zusätzliche mentale Energie auf.

Lernen Sie das Geh-Bet

Aus einem Spaziergang können Sie ein umfassendes Erlebnis für Körper und Geist machen, indem Sie ihn als eine Art Ganzkörper-Meditation betrachten. Sehen Sie jeden Schritt, den Sie tun, als natürlichen

Akt der Dankbarkeit dafür, dass Sie da sind. Ein stiller Spaziergang beruhigt immer.

Mit einem stillen Start-Gebet verwandeln Sie Ihren Spaziergang in ein Geh-Bet: Bleiben Sie kurz stehen, sehen Sie nach vorne und sprechen Sie einen kurzen Satz wie diesen: »Ich lenke meine Schritte auf den Weg der Stille (oder des Friedens, oder der Liebe).« Eine andere Starthilfe ist Musik. Nehmen Sie eine Melodie mit auf den Weg, entweder im Kopf oder mit Kopfhörern und irgendeinem tragbaren Gerät. Am besten ist es, wenn Sie eine Zeit lang immer dieselben Musikstücke auf Ihrem Weg hören. Probieren Sie es später ohne Kopfhörer, und spüren Sie, wie die Heilkraft dieser Melodien auch wirkt, wenn sie Ihnen nicht mehr von außen zugeführt wird.

In allen Religionen gibt es Sprüche oder Formeln, die während des Gehens halblaut oder in der Stille gesprochen werden, und die die meditative Wirkung des Geh-Betens verstärken. Im Buddhismus ist es das Mantra, in der christlichen Tradition das Herzensgebet. In der Regel ist der Spruch individuell auf den Betenden zugeschnitten. Hier ein paar Beispiele, die Ihnen beim Finden Ihres persönlichen Geh-Bet-Wortes helfen können:

- Du brauchst dich vor dem Schrecken der Nacht nicht zu fürchten (Psalm 91).
- Weise mir den Weg.
- Leite mich, freundliches Licht.
- Ich kann nicht. Du kannst.

Ziel solcher Geh-Bet-Sätze ist die Verschmelzung von Denken und Tun. Nach einiger Zeit wird nicht mehr Ihr Kopf, sondern Ihr gesamter Körper den Satz sprechen. Probieren Sie es aus: Das Geh-Bet kann zu einer enormen Kraftquelle für Sie werden.

simplify-Idee: Ent-spannen Sie sich optimal

Unsere Gesellschaft ist übernächtigt. Erwachsene schlafen pro Tag über 70 Minuten weniger als ihre Großeltern. Bei Kindern und Jugendlichen beträgt die Differenz gegenüber ihren Altersgenossen im Jahr 1910 sogar 90 Minuten. Viele Immunstörungen, Infektionen, Nervenerkrankungen, Migräne und Allergien unserer Zeit haben eine schlichte Ursache: zu wenig Schlaf.

Wissenschaftler gehen davon aus, dass durch Schlaf vor allem die verbrauchten Batterien des Gehirns wieder aufgeladen werden. Mentale Reserven werden mobilisiert, die Stimmung hebt sich, Reaktionsvermögen und Leistungsfähigkeit verbessern sich.

Der amerikanische Schlafforscher *John M. Taub* von der Universität Virginia konnte das bereits 1976 in einer berühmten Studie nachweisen. Seine Testschläfer waren nach jedem Nickerchen bei allen Tests um 15 Prozent »geistesgegenwärtiger«, sie machten ein Drittel weniger Fehler, hatten bessere Laune und waren weniger ängstlich und schlaff. Ihr Energiepegel war deutlich messbar gestiegen.

Die *simplify*-Mikroschlaf-Methode

Schon *Napoleon* und *Leonardo da Vinci* nutzten die Wirkung von Kurznickerchen, um leistungsfähig zu bleiben. Wichtig dabei: Um ein Schlafdefizit auszugleichen, zählt weniger die Länge des Schlafs als die Häufigkeit Ihres Einschlafens. Man vermutet, dass der Körper bereits im Augenblick des Einschlafens Wachstumshormone ausschüttet, die für eine intensive Erholung sorgen. Da Vinci verzichtete teilweise ganz auf den Nachtschlaf und hielt stattdessen alle vier Stunden ein 15-minütiges Nickerchen. Der Schlafforscher *Claudio Stampi* von der Harvard-Universität fand heraus, dass man mit dieser Formel über einen begrenzten Zeitraum wirklich leistungsfähig bleiben kann. Auch Regattasegler machen sich dieses Wissen zunutze. Am wirkungsvollsten sind drei Nickerchen von je 25 bis 30 Minuten sowie ein nächtlicher 90-minütiger »Ankerschlaf« (der Ihrem Körper klarmacht, dass es jetzt Nacht ist).

Sperrzonen und Fenster für den gesunden Schlaf

Es gibt zwei zeitliche »Sperrzonen« pro Tag, in denen das Einschlafen besonders schwer fällt. Sie liegen vormittags etwa zwischen 10 und 11 Uhr sowie am frühen Abend zwischen 20 und 21 Uhr. Diese aktiven Phasen sollten Sie von Schlafzeiten ausnehmen.

Alle 90 Minuten öffnet sich eine Art Zeitfenster im Gehirn – genau die richtige »Einstiegsluke« für einen erfrischenden kurzen Schlaf. Der Einstiegsmoment ist ganz einfach zu finden: Dann, wenn Sie sich am müdesten fühlen, ist der beste Zeitpunkt für ein Nickerchen. Öffnet sich ein Schlaffenster, so reagiert Ihr Körper mit Müdigkeit, Gähnen, bleiernen Augenlidern, schwerem Kopf und langsamen Reflexen. Sie reiben sich die Augen, stützen den Kopf auf, sind schlapp, unkonzentriert und schweifen mit den Gedanken ab. Wenn Sie sich jetzt ein Nickerchen gönnen, leben Sie mit Ihrem Körper und nicht gegen ihn. Die Folge: Sie werden insgesamt vitaler und frischer sein.

Testen Sie Ihr Schlafbedürfnis

Testen Sie sich: Sie leiden an echtem Schlafmangel, wenn …

- Sie sich während des Tages hinlegen und in weniger als 10 Minuten eindösen (bei Jugendlichen und jungen Erwachsenen kann diese Zeitspanne noch kürzer sein).
- Sie in der Eisenbahn oder S-Bahn einnicken.
- Sie bei Sitzungen oder Vorträgen plötzlich bemerken, dass Sie die letzten Sätze des Redners nicht mitbekommen haben.

Die Abhilfe gegen Schlafmangel: Schlafen Sie regelmäßig mindestens sieben Stunden in der Nacht, und machen Sie, wann immer möglich, am Nachmittag ein Nickerchen.

Die besten Tipps für Ihr Nickerchen

1. Positive Einstellung Stehen Sie zu Ihrem Minischlaf, ohne Schuldgefühle. Je positiver Ihre Einstellung, desto wirkungsvoller schlafen Sie sich fit.

2. **Regelmäßigkeit** Versuchen Sie, Ihr Nickerchen möglichst zur gleichen Zeit und unter den gleichen Bedingungen zu machen.

3. **Ein festes Ritual** Sorgen Sie für Wiedererkennungseffekte, die den Übergang in den Schlaf schneller herbeiführen helfen: derselbe Sessel, ein kleines Kissen. Stellen Sie das Telefon ab, lockern Sie Ihre Kleidung, machen Sie ein paar muskelentspannende Bewegungen, lesen Sie einen kurzen meditativen Text. Finden Sie Ihre persönlichen, festen Formen.

4. **Ein angenehmer Raum** Schlafen Sie in einem Raum, der vertraut, beruhigend und sicher auf Sie wirkt. Er sollte still, leicht abgedunkelt und nicht zu warm sein. Günstig sind 16 bis 18 Grad.

5. **Qualität statt Quantität** Optimal sind in der Regel vier bis 20 Minuten.

6. **Schlafen können Sie überall** Setzen Sie sich in der so genannten Kutscherhaltung mit gespreizten Beinen auf einen Stuhl. Neigen Sie Kopf und Oberkörper leicht nach vorn und lassen Sie die Hände und Unterarme auf Oberschenkeln und Knien ruhen. Für Wartezimmer, Bahnfahrten und ähnliche Situationen: aufrechter Rücken, gut angelehnt, Kopf nach vorne oder hinten neigen. Wichtig für die Durchblutung: Beine nicht übereinanderschlagen. Am Schreibtisch: Hände und Ellenbogen flach auf die Tischplatte legen, Kopf darauf legen. *Variante:* Packen Sie als »Kissen« eine flache, nicht zu harte Mappe, einen zusammengelegten Pulli oder eine Jacke auf den Tisch, legen Sie die Arme darum und dann den Kopf darauf.

7. **Hören Sie sich müde** Lauschen Sie meditativer Musik, dem Rauschen des Ventilators oder der Klimaanlage. Je gleichmäßiger und vorhersehbarer die Klangfolgen, desto leichter fällt das Einschlafen.

8. **Auch Essen macht müde** Kohlenhydrathaltige Mahlzeiten fördern das Einschlafen. Verzichten Sie vor dem Schlafen auf große Mengen Flüssigkeit.

9. **Gekonnt aufwachen** Veranschlagen Sie fürs Aufwachen etwa so viel Zeit wie fürs Einschlafen. Unterstützen Sie das Aufwachen durch bewusstes Ein- und Ausatmen. Dehnen, Rekeln und Gähnen sind gute Stretchingübungen, die das Aufwachen unterstützen.

10. Sind Sie ein erklärter Kurzschlafgegner? »Manche Menschen fühlen sich nach einem Kurzschlaf »wie gerädert« und verzichten daher lieber darauf. Doch geben Sie nicht auf. Die Umstellung vom Mittagsschlaf-Feind zum Nickerchen-Fan kann zwischen 5 und 20 Tage dauern. Danach können auch Sie von dem Kurzschlaf profitieren.

Entmuffeln Sie den Morgen

Die meisten Morgenmuffel sind gar keine, sondern haben es sich nur so lange eingeredet, bis sie daran glauben. Fast jeder kann also das Morgengrauen besiegen – wenn er die richtigen Mittel weiß.

Vor dem Aufstehen etwas Warmes

Während der Nacht hat Ihr Körper zwischen ein und zwei Liter Wasser verloren. Je eher Sie diesen Verlust ausgleichen, um so besser. Am besten trinken Sie noch auf nüchternen Magen zwei Glas Mineralwasser. Oder, wenn Sie es lieber warm brauchen: Stellen Sie sich abends eine Thermosflasche mit warmem Tee oder heißer Brühe neben das Bett, und trinken Sie morgens noch vor dem Aufstehen im Bett etwas davon.

Recken und Strecken

Lernen Sie von Hunden und Katzen. Nach acht Stunden Schlaf haben sich Ihre Muskeln, Bänder und Sehnen leicht verkürzt. Wenn Sie sich – ganz ohne Regeln, einfach wie es Ihnen gut tut – noch im Bett dehnen und rekeln, geben Sie Ihrem Organismus damit ein Signal: Erhöhung der Sauerstoffzufuhr, Ausschütten von Glückshormonen, Muskeln in Aktionsbereitschaft. Nehmen Sie sich dafür fünf Minuten Zeit.

Aromatherapie

Stellen Sie Ihr Lieblingsparfüm auf den Nachttisch. Sprühen Sie als Erstes nach dem Weckerklingeln etwas davon auf den Handrücken, und lassen Sie sich den »Duft des Tages« in die Nase steigen.

Tanken Sie Dank

Der amerikanische Schriftsteller *Henry David Thoreau* stellte sich jeden Morgen nach dem Aufwachen die drei gleichen Fragen: Was ist gut an meinem Leben? Worüber kann ich glücklich sein? Wofür sollte ich dankbar sein? Die Antworten darauf stimmen Ihre Seele auf »freundlich, lebensbejahend und aktiv« ein.

Die Bahn freimachen

Zeit ist und bleibt die wichtigste Zutat für ein gelungenes Morgenprogramm. Wer schon am Morgen unter dem Diktat des Sekundenzeigers steht, schaltet Körper und Seele in den ungesunden Schneller!-Schneller!-Modus. Geben Sie zu Ihrem gewohnten Zeitplan eine halbe Stunde dazu. Nehmen Sie sich Zeit für sich, genießen Sie die Prozedur im Badezimmer, setzen Sie sich bei schönem Wetter auf den Balkon oder die Terrasse und frühstücken Sie ohne Hetze. So wird aus Ihrem Morgengrauen eine Tankstelle für Gelassenheit und Glück.

Den Morgen vorbereiten

Optimieren Sie Ihre »Startrampe«: Legen Sie Ihre Kleidung und Ihre Arbeitsutensilien am Vorabend zurecht und bereiten Sie den Frühstückstisch vor.

Ein aufgeräumtes, schön beleuchtetes, sauberes und angenehm duftendes Badezimmer ist eine wichtige Station auf dem Weg zu einem guten Start in den Tag. Ihr Bad sollte mindestens eine Sache enthalten, auf die Sie sich freuen: ein Radio mit Ihrem Lieblingssender, einen Blumenstrauß, auf der Heizung vorgewärmte Handtücher usw.

Wasser, äußerlich

Optimal ist der kalte Wasserstrahl, wenn Sie ihn nach der Methode von Pfarrer *Sebastian Kneipp* laufen lassen und sich mit der Kälte allmählich Ihrem Herzen nähern: Zuerst rechtes Bein, dann rechter Arm, dann linkes Bein, linker Arm, Rücken, Brust. Der Schockeffekt wird merklich geringer, wenn Sie dabei kaltes Wasser im Mund behalten.

Zeitung holen, medizinisch

Wenn Sie morgens die Zeitung holen, ziehen Sie sich etwas über, und machen aus dem Blitzbesuch am Hausbriefkasten einen Drei-Minuten-Spaziergang. Frische Luft noch vor der ersten Nahrungsaufnahme bringt Ihre Blutzirkulation und Ihren Stoffwechsel in Schwung.

Gute Laune mit grünem Tee

Das ideale Frühstücksgetränk ist grüner Tee. Er entzieht Ihrem Körper nicht so viel Wasser wie schwarzer Tee oder Kaffee (Letzterer sorgt zusätzlich für eine Übersäuerung des Körpers), lässt aber den Spiegel des Gute-Laune-Hormons Serotonin ansteigen.

Ein weiterer Schlüssel zum körperlichen Wohlbefinden ist unsere Ernährung, der sich die bekannte Food-Journalistin *Dagmar von Cramm* in ihrem Buch *simplify* Diät widmet. Schauen wir uns ihre Ernährungstipps einmal genauer an.

simplify-Idee: Ent-ledigen Sie sich alter Essgewohnheiten

Die *simplify*-Diät

Wir leben in Zeiten des Überflusses – die Supermärkte quillen über vor reichhaltigen Lebensmitteln, rund um die Uhr versorgen uns Lieferservices mit Pizza, Nudelgerichten und Burgern. Gleichzeitig erleichtert uns der technische Fortschritt das Leben ungemein: Maschinen nehmen uns die schwerste Arbeit ab, Fahrzeuge bringen uns mit wenig Muskelkraft fast überall hin. Die Folge: Wir essen mehr und bewegen uns weniger. Das bleibt nicht ohne Konsequenzen: Wir werden dicker. In Deutschland sind heute knapp 60 Prozent aller Erwachsenen übergewichtig. Abspecken heißt also die Devise, aber wie?

Es gibt viele einseitige Diäten – zum Beispiel die Kartoffel-, Nudel- oder Reisdiät. Immer wieder das Gleiche – das wird schnell langweilig und ist eine echte Sackgasse. Denn wer möchte schon 52 Wochen im Jahr danach leben? Außerdem gibt es Trennkost – mit sehr unterschiedlichen Begründungen, warum dies funktioniert und gut für den Körper ist. Doch auf Dauer ist diese Art von Ernährung mit unserem Alltag nicht vereinbar. Über die Monddiät möchte ich erst gar nicht reden.

Genetisch gesehen sind wir fit für Hungerzeiten, nicht aber für unser modernes Schlaraffenland. Den allgegenwärtigen Verlockungen zu widerstehen, während unser Instinkt uns sagt, wir müssen für schlechte Zeiten vorsorgen – sprich: zulangen –, ist schwer. Das erfordert Willenskraft – aber auch Wissen: Das Angebot von Essbarem ist riesig und kompliziert, weil die Inhaltsstoffe so unterschiedlich sind.

Um sich zurechtzufinden, ist es darum wichtig, sich zu informieren: Was ist gesund? Was ist wirklich gut für meinen Körper? Und was macht mein Körper mit den Nährstoffen? Ebenso zentral: kochen lernen. Denn nur so bestimmen Sie selbst, was in Ihrem Magen landet. Wenn Sie selbst kochen, haben Sie eine sehr viel größere Chance, ein gesundes Gewicht zu erreichen und zu halten.

Unser *simplify*-Rat: Mit solidem Ernährungswissen haben Sie die beste Chance, sich vernünftig zu ernähren.

Essfallen

»Gelegenheit macht ... Esser«, kann man in Anlehnung an das bekannte Sprichwort sagen. Wächst uns das Essen wie im Schlaraffenland in den Mund, können wir nicht widerstehen.

In einem Versuch stellten Ernährungsforscher fest: Aus einer Schachtel mit Klarsichtfolie naschten die Versuchspersonen 71 Prozent mehr Pralinen als aus einer mit blickdichtem Deckel! War die durchsichtige Schachtel direkt in Griffnähe, aßen sie neun Pralinen, befand sie sich in der Schublade neben ihnen, futterten die Versuchspersonen nur noch sechs Stück, und mussten sie aufstehen, um die Pralinenschachtel zu erreichen, waren es nur noch vier Pralinen!

Unser *simplify*-**Rat:** Lassen Sie Süßigkeiten nicht einfach offen herumliegen, sondern bewahren Sie sie an einem abgeschlossenen Ort auf.

Die Regel gilt auch fürs Essen: Als unsere Söhne noch alle zu Hause lebten, aßen wir gemeinsam im Esszimmer. Das lag etwas unpraktisch entfernt von der Küche, war aber geräumiger als diese. Im Übrigen benahmen sich die Jungs dort um Klassen besser als in der Küche! Einen weiteren Vorteil erkenne ich erst heute: Die Versuchung, noch mal an den Kühlschrank zu gehen, existierte nicht.

Unser *simplify*-**Rat:** Nehmen Sie Ihr Essen möglichst weit entfernt von Kühlschrank und Herd ein.

Liegt Ihr Essplatz unverrückbar in der Küche oder in ihrer unmittelbaren Nähe, ist eine andere Strategie angezeigt: Bereiten Sie sich auf einem Teller genau die Portion zu, die Sie essen wollen. Denn gerade die Brotzeit mit üppig ausgebreitetem Aufschnitt, Käse und verschiedenen Pasten verführt zum Daueressen.

Unser *simplify*-**Rat:** Schneiden Sie nur so viel Brot ab, wie Sie essen wollen. Ersetzen Sie die Aufschnitt- und Käseplatte durch Rohkost. Machen Sie sich einen Portionsteller zurecht.

Heben Sie Ihre heimischen Knabbernester aus. Bei uns zu Hause gibt es einen Süßigkeitenschrank, der verschlossen ist. Jeder weiß, wo der Schlüssel ist, doch die Prozedur, diesen zu holen, den Schrank aufzuschließen, abzuschließen und den Schlüssel wieder wegzubringen, schützt vor dem schnellen Griff in die Tüte.

Unser *simplify*-Rat: Stellen Sie einen Korb mit ungeknackten Nüssen als Dekoration und als Knabberei für Gäste ins Wohnzimmer. Und vergessen Sie nicht, einen Nussknacker dazuzulegen!

Eine sehr verbreitete Unart ist das Naschen am Arbeitsplatz. Meine Mitarbeiterin nahm bei ihrem vorhergehenden Job 8 Kilo in einem halben Jahr zu, weil in ihrem Schreibtisch die Süßigkeiten für das ganze Büro lagerten! Befreien Sie also Ihren Schreibtisch von Süßballast!

Unser *simplify*-Rat: Deponieren Sie ein »Riechfläschchen« in Ihrer Schreibtischschublade. Wählen Sie einen Duft, den Sie gern schnuppern. Das können Aromaöle wie Pfefferminz, Lavendel oder Zitrone sein – aber auch Ihr Lieblingsduft.

Und last but not least: Misten Sie Ihr Handschuhfach aus. Wer täglich mit dem Auto zum Arbeitsplatz fährt, der hamstert dort gern Essbares – vom Frühstück bis zur Notration. Nicht umsonst haben sich Tankstellen zu Lebensmittelversorgern entwickelt! Der Anteil an »Junkfood« ist dort überproportional hoch: zuckersüße Wachmacher in Form von Kaffeegetränken oder Limonaden, fette Energieriegel, Traubenzucker in jeder Form. Die Kombination von sitzen, Zeit haben und Fingerfood ist tödlich für unsere Figur.

Sie brauchen diese kleinen Wachmacher, damit Sie die Fahrt besser durchhalten? Das ist ein fataler Irrtum. Der beste Wachmacher ist eine kleine Sauerstoffdusche: Halten Sie kurz auf dem nächsten Parkplatz, steigen Sie aus, atmen Sie ein paar Mal tief durch und gehen Sie ein paar Schritte.

Unser *simplify*-Rat: Bunkern Sie nichts Essbares im Auto. Eine Flasche Wasser reicht vollkommen!

Nachdem wir einige Essfallen aufgespürt haben, die uns zu übermäßigem Genuss verführen, ist es nun an der Zeit, unser Essverhalten stärker unter die Lupe zu nehmen und den unbewussten Mechanismen, denen wir ausgeliefert zu sein scheinen, auf die Schliche zu kommen. Nur so können Sie umlernen. Es ist möglich – Schritt für Schritt!

Sättigungssignale erkennen

Die Zentrale für Hunger und Sättigung liegt im Hypothalamus, einem Teil des Zwischenhirns. Dort wird auch unsere Sexualfunktion gesteuert, der Schlaf-Wach-Rhythmus, Blutdruck, Atmung, Wärme- und Wasserhaushalt – also unsere fundamentalen, unbewussten Körperfunktionen. Das klingt einfacher, als es ist. Denn diese Zentrale ist angewiesen auf eine Vielzahl von Informationen und Signalen des übrigen Körpers. Sie greifen ineinander. Ganz entschlüsselt sind ihre Wechselwirkungen zwar noch nicht, doch immerhin gibt es eine Reihe von neuen Erkenntnissen.

Falsche Essgewohnheiten werden früh trainiert

Säuglinge werden mit einem gesunden Körpergefühl geboren: Wenn sie hungrig sind, schreien sie; wenn sie satt sind, hören sie auf zu trinken. Wenn man sie lässt! Bieten Sie Ihrem Kind nicht nur Essen an, wenn es sich meldet, sondern widmen Sie sich ihm, versuchen Sie es zu verstehen. Vor allem sollten Sie ihm Essen nicht aufzwingen. Diese Gefahr besteht besonders bei Flasche und Löffel. An der Brust funktioniert das natürliche Sättigungsgefühl am besten: Der Säugling dreht seinen Kopf weg, wenn er zufrieden ist.

Auch im Kleinkindalter sollte Essen weder als Belohnung noch als Beschäftigung herhalten. Regelmäßige Mahlzeiten und feste Regeln für Zwischenmahlzeiten in der Kindheit sind die beste Voraussetzung für ein gesundes Essverhalten in späteren Jahren.

Unser *simplify*-Rat: Achten Sie darauf, was Ihr Kind wirklich braucht: Essen ist keine Belohnung und kein Beruhigungsmittel!

Sättigung benötigt Zeit

Es dauert seine Zeit, bis wir im Kopf begreifen, was sich im Bauch tut – zwischen 30 und 60 Minuten benötigen unsere Sättigungssignale, um uns ihre Botschaft zu übermitteln. Je bewusster Sie essen, desto zuverlässiger funktionieren sie.

Unser *simplify*-Rat: Nehmen Sie sich Zeit, satt zu werden – mindestens eine halbe Stunde sollte seit dem ersten Bissen vergangen sein, bevor Sie eine Mahlzeit beenden. Schauen Sie anfangs auf die Uhr, um ein Gefühl für die Zeit zu entwickeln.

Essen Sie volumenreich!

Am einfachsten ist die Magendehnung zu verstehen: Sogenannte Mechanorezeptoren in Speiseröhre und oberem Dünndarm, vor allem aber in der Magenwand, reagieren darauf, wie ausgedehnt der Magen ist, und melden das an die Zentrale. Dabei ist es egal, ob Sie Schokolade oder Krautsalat gegessen haben: Die Kalorien spielen keine Rolle. Es kommt allein auf das Volumen an.

Das ist eine Chance! Krautsalat macht also eher satt als Schokolade. Ebenso hilft ein Glas Wasser tatsächlich vorübergehend, den Magen zu füllen. Und das rohe Knabbergemüse vor der Mahlzeit dämpft in der Tat den ersten Heißhunger.

Unser *simplify*-Rat: Achten Sie darauf, dass jede Mahlzeit mit volumenreichen Lebensmitteln beginnt: morgens Obst, mittags Salat oder Brühe, abends Knabbergemüse. Das unterstützt Ihr natürliches Sättigungsgefühl. Legen Sie beim Essen zwischendurch eine Pause ein und fragen Sie sich: Wie satt bin ich schon? Lassen Sie sich dabei nicht von halb leer gegessenen Tellern oder übervollen Büffets irritieren.

Unterscheiden Sie Durst von Hunger

Es ist schon seltsam: Obwohl wir ohne Flüssigkeit nur etwa drei bis vier Tage überleben können, ist unser Durstgefühl nicht so ausgeprägt wie der Hunger. Es gibt sogar eine Überlappung der Sinneseindrücke, die in der Kindheit häufig auftritt, aber auch im Erwachsenenalter vorkommt: Mitunter verwechseln wir Durst und Hunger.

Unser *simplify*-Rat: Trinken Sie ein Glas Wasser, wenn Sie Hunger verspüren. Denn vielleicht sind Sie eher durstig als hungrig.

Verwechseln Sie nicht Erschöpfung mit Hunger

Auch Erschöpfung oder Müdigkeit wird oft mit Essen beantwortet, weil wir das Gefühl haben, uns fehle etwas. Die Folge: Wir stärken uns nach einer durchwachten Nacht mit einer Extraportion Nervennahrung! Das macht aber überhaupt nicht fit, sondern erst recht müde – und auf Dauer dick. Krankenschwestern und andere Schichtarbeiter können ein Lied davon singen.

Unser *simplify*-Rat: Essen Sie bei Müdigkeit oder Erschöpfung am besten nichts, allenfalls können Sie Wasser oder ungesüßten Tee trinken. Gehen Sie lieber so schnell wie möglich schlafen.

Übrigens: Schlafen Sie möglichst zwischen sieben und neun Stunden täglich. Das unterstützt die Bildung des Sättigungshormons Leptin.

Unterscheiden Sie Appetit von Hunger

Appetit entsteht, wenn genussvolle Assoziationen geweckt werden – unabhängig davon, ob denn tatsächlich ein Bedarf besteht. Werbung arbeitet damit, ebenso die Gastronomie und letzten Endes auch Fast-Food-Restaurants. Übergewichtige Menschen scheinen eher auf diese Außenreize anzusprechen als Schlanke.

Hunger strahlt vom oberen Bauchbereich aus – der Appetit dagegen beginnt im Mundbereich: Das Wasser läuft uns buchstäblich im Mund zusammen. Richtiger Hunger beginnt langsam und wächst, wenn er nicht gestillt wird – Appetit dagegen ist urplötzlich da. Hunger verschwindet, wenn man satt ist, und hinterlässt ein Gefühl der Zufriedenheit. Appetit dagegen bleibt auch bei Sättigung bestehen.

Nach einer vollwertigen Hauptmahlzeit brauchen Sie erst nach etwa vier bis fünf Stunden wieder etwas zu essen. Um Hunger kann es sich also kaum handeln, wenn Sie drei Stunden nach dem Mittagessen die Lust auf Süßes überkommt!

Unser *simplify*-Rat: Trainieren Sie die Unterscheidung von Appetit und Hunger. Nutzen Sie dabei als einfache Hilfe die Uhr.

Meiden Sie die Versuchung

Beugen Sie vor! Bringen Sie sich nicht in appetitanregende Situationen außerhalb der Esszeiten! Machen Sie einen Bogen um Ihre Lieblingskonditorei, die Backstation oder den Gummibärchenladen, wenn Sie unterwegs sind. Manchmal hilft es auch, ein scharfes Bonbon wie Fisherman's Friend zu lutschen. Das dämpft nämlich Ihren Geruchssinn und beschäftigt Sie.

Begrenzen Sie die Menge

Der erste Bissen bringt den größten Lustgewinn. Je mehr wir von einem Gericht essen, desto schwächer wird der Genuss. Deshalb: Genießen Sie – und hören Sie rechtzeitig auf zu essen.

Fällen Sie eine Entscheidung

Abwechslung ist toll – aber sie verlockt auch dazu, mehr zu essen, als wir eigentlich wollen. Die beste Strategie dagegen ist, sich ganz bewusst für eine bestimmte Sache zu entscheiden. Mehr nicht!

Unser *simplify*-**Rat:** Essen Sie den Beilagensalat als Vorspeise und gönnen Sie sich eine kleine Portion frisches Obst als Dessert: So wird ein simples Tellergericht zum satt machenden Menü.

Gleichen Sie die Extramahlzeit aus

Natürlich dürfen Sie auch mal schwach werden, aber nur unter einer Voraussetzung: Sie wissen ungefähr, wie viele Kalorien Sie zu sich genommen haben – und was Sie dafür tun müssen. Für eine Person, die 70 Kilo wiegt, gilt Folgendes:

- 1 Praline (50 kcal) – 10 Minuten spazieren gehen
- 1 Latte macchiatto (60 kcal) – 15 Minuten Gymnastik
- 1 Banane (100 kcal) – 20 Minuten Badminton
- 1 Vanillepudding (125g, 120 kcal) – 20 Minuten Joggen

- 1 Schokoriegel (150 kcal) – 15 Minuten auf dem Stepper
- 1 Waffeleis (200 kcal) – 30 Minuten Rad fahren
- 1 Plunderstückchen (365 kcal) – 30 Minuten Brustschwimmen

Lernen sie, die Größe einer Portion richtig zu wählen

Die Menge, die man isst, spielt eine wesentliche Rolle. Betrachten Sie Ihre Portionen einmal selbstkritisch: Neigen Sie zu größeren Mengen? Was genau ist eine Portion?

Das Handmaß hilft

Verpackungen täuschen Portionsgröße vor. Und wenn sie besonders groß sind, ist das fatal. Die einfachste Richtlinie für die richtige Portion ist dagegen unsere Hand. Denn die Hand steht immer im Verhältnis zur Größe eines Menschen. So haben Kinder kleine Hände, Männer große und Frauen liegen dazwischen. Die richtige Größe hat Ihre Portion, wenn sie in Ihre Hände passt:

- In zwei zur Schale zusammengelegten Hände passen je eine Portion kleinteiliges Obst oder Gemüse und Blattsalat.
- Jeweils zwei knappe Handvoll Kartoffeln, Nudeln und Reis – alles gekocht – oder Müsli entsprechen einer Portion.
- In eine Hand passen Obst beziehungsweise Gemüse am Stück wie ein Apfel, ein Kohlrabi oder ein Glas
- Auf die gesamte Handfläche bis zu den Fingerspitzen sollte eine fingerdicke Scheibe Brot passen oder eine dünne Scheibe Käse beziehungsweise Aufschnitt, eine Portion Fisch oder Fleisch.
- Sind Fisch und Fleisch sehr dick wie eine Frikadelle oder ein Hühnerbein, dann entspricht eine Portion der geballten Faust.
- In den Handteller einer Hand passen eine Portion Süßes und Knabberzeug – ausreichend für einen Tag!

Natürlich ist das nur eine grobe Angabe – aber seine Hände hat man immer dabei, und auf die Dauer schärft sich so der Blick für Mengen.

Schrumpfen Sie Ihre Teller und Gläser

Wer täglich von großen Tellern isst, wie sie in der Gastronomie Mode sind, der konsumiert einfach mehr. Eine Vielzahl von Versuchen hat das bestätigt: Auf einem großen Teller sehen normale Portionen klein aus. Auf einem kleineren Teller wirkt dieselbe Menge üppig. Auch bei Gläsern regiert die optische Täuschung.

Unser *simplify*-Rat: Benutzen Sie im Alltag Dessert- oder Frühstücksteller. Die großen Prachtteller nur noch für Galadiners nutzen! Benutzen Sie Sektflöten für Limonaden und Saft. Kaufen Sie Bier und Wein in kleinen Flaschen.

Einmal nehmen ist genug

Nichts ist gefährlicher, als immer wieder in die Chipstüte zu greifen oder sich immer wieder aus dem Kühlschrank zu bedienen. Man verliert einfach den Überblick über die verzehrten Mengen. Aus dem gleichen Grund sind Büffets verhängnisvoll.

Unser *simplify*-Rat: Nehmen Sie sich eine Tellerportion, wählen Sie mit Bedacht, was Sie essen wollen, setzen Sie sich und essen Sie in Ruhe. Füllen Sie auf keinen Fall nach!

Kleine Portionen

Misstrauen Sie Ihrer persönlichen Kalorienschätzung! Bevorzugen Sie grundsätzlich kleinere Portionen. Sie sollten höchstens einmal die Woche eine große Portion oder ein Festmahl genießen – und danach wieder auf Miniportionen umsteigen.

Unser *simplify*-Rat: Bestellen Sie im Restaurant ruhig halbe Portionen oder einen Gang auf zwei Tellern. Verzichten Sie auf den Griff in den Brotkorb vorweg!

Überprüfen Sie Ihre Essrituale

In der Wachphase bekommen wir ungefähr alle fünf Stunden Hunger. Unsere innere Uhr ist auf drei Mahlzeiten pro Tag eingerichtet.

Unser *simplify*-Rat: Drei Mahlzeiten am Tag sind ideal! Falls Sie zwischendurch ein kleiner Hunger zwickt: Essen Sie je eine Handvoll frisches Obst oder rohes Gemüse oder eine flache Handinnenfläche voll naturbelassener Mandeln oder Nüsse. Ganz wunderbar hilft auch ein Milchkaffee.

Wer nicht ständig snackt, spart Zeit. Und genau diese Zeit sollten Sie fürs Essen reservieren. Geschmack kann sich nur entfalten, wenn es die Möglichkeit zum Genuss gibt. Mittags heißt das, eine Arbeit, ein Gespräch zu unterbrechen, weil Essenszeit ist. Und abends bedeutet das, nicht schnell auf dem Heimweg oder vor dem Kühlschrank etwas zu futtern, sondern konsequent bis zum Abendbrot zu warten – und sich dafür Zeit zu nehmen und es zu genießen. Essen bedeutet eben nicht nur, satt zu werden, sondern ist auch Entspannung, Genuss, Zeit fürs Miteinander. Am besten ist es, Sie setzen sich zum Essen hin. An einen Tisch! Das kann der Küchentisch sein, der Tisch in der Kantine oder das Tischchen im Bistro. Aber niemals der Schreibtisch! Und essen Sie auf keinen Fall im Auto!

Fallen Sie nicht auf Fast-Food-Anbieter herein, die Ihnen erklären wollen, Fingerfood wäre der wahre Genuss. Natürlich ist es nett, mal Chicken Wings oder Spareribs mit den Fingern zu essen. Aber die Gefahr besteht, dass wir zu schnell zu viel futtern. Wer Besteck benutzt, nimmt sich mehr Zeit, genießt sein Essen mehr und wird sich wahrscheinlich nicht so rasch überessen.

Unser *simplify*-Rat: Essen Sie mit Messer und Gabel – das verlangsamt Ihr Esstempo, lässt Sie bewusster essen und verlängert den Genuss.

Essen Sie zudem niemals direkt aus dem Kochgeschirr oder aus der Schüssel, Auflaufform oder von Platten. Ihr Teller ist das Portionsmaß und gibt Ihnen die Möglichkeit, Ihre Portion im Auge zu behalten. Und wenn doch noch ein Rest vom Mittagessen in der Pfanne zu finden ist?

Unser *simplify*-Rat: Sie sind nicht der Resteeimer der Familie. Ihr Körper ist nicht zum Entsorgen von Übriggebliebenem da – auch wenn es köstlich ist. Werfen Sie es weg – und zwar sofort.

Und essen Sie möglichst nicht allein. Einsames Essen wird oft nebenher erledigt – man genießt nicht und isst oft mehr, als man braucht. Starken Einfluss auf unser Körpergewicht hat zudem unser Medienkonsum. Je mehr Zeit man vor Fernseher und PC verbringt, desto dicker ist man.

Unser *simplify*-Rat: Führen Sie eine Zeit lang Buch über Ihre Mediengewohnheiten. Verbringen Sie nicht mehr als eine Stunde Ihrer Freizeit täglich vor TV oder PC. Und lesen Sie nicht, während Sie essen!

Entkoppeln Sie Gefühle und Essen

»Liebe geht durch den Magen«: Essen hat immer etwas mit Gefühlen zu tun. Die Ursachen dafür liegen in unserer frühen Kindheit: Gestillt zu werden befriedigt ja nicht nur den Hunger im Bauch, sondern auch das Bedürfnis nach Berührung, Nähe, Liebe. Oft bleibt das in der Kindheit weiterhin so: »Trostpflaster« sind meist süß, zur Belohnung gibt es etwas zu essen.

Verstehen Sie mich richtig: nichts gegen den bewussten Genuss. Aber seien Sie kritisch, wenn Konflikte mit Süßem gelöst werden sollen und wenn Gefühle durch Essen ausgedrückt werden. Das verringert nämlich keine Probleme, sondern macht sie in der Regel noch schlimmer.

Unser *simplify*-Rat: Reagieren Sie auf Probleme nicht mit Essen – weder auf eigene noch auf die Ihrer Familie.

Essen als Belohnung

In kargen Zeiten war Essbares in der Kindererziehung von magischer Wirkung. Getreu dem Motto »Erziehung ist Erpressung und Bestechung« wurde der Nachtisch davon abhängig gemacht, dass der Teller zuvor leer gegessen wurde.

Die wahre Kostbarkeit ist heute die Zeit! Natürlich ist es viel bequemer, Gummibärchen zu verteilen, statt einen ganzen Abend Rommé, Mensch ärgere Dich nicht oder Memory zu spielen. Aber langfristig rächt sich diese Bequemlichkeit.

Unser *simplify*-Rat: Lebensmittel haben nichts mit Leistung zu tun! Benutzen Sie Essen deshalb nie als Belohnung!

Essen gegen Stress

Es gibt Menschen, die bei Stress keinen Bissen herunterbekommen. Die sehen nach den Examenswochen oder dem Projektende völlig erschöpft und abgemagert aus. Doch die meisten Menschen reagieren auf Druck mit Essen. Die Folge: Sie nehmen zu. Wenn sie in anstrengenden Berufen tätig sind, dann setzt sich das Übergewicht auf Dauer fest – Tendenz steigend.

Wer kann, sollte unmittelbar nach Stresssituationen einmal um den Block laufen, eine Runde Seil springen, ein paar Kniebeugen machen oder zumindest aufstehen und vor dem Fenster ein paar Mal tief ein- und ausatmen. Langfristig ist es erfolgreicher, Entspannungsmethoden zu lernen. Als sehr wirkungsvoll gerade in Zusammenhang mit Stressessen hat sich die progressive Muskelentspannung herausgestellt.

Essen als Trost

Üben Sie, von Essen als Trost wegzukommen zu Dingen, die Sie tatsächlich entspannen, Ihr Wohlbefinden steigern und gleichzeitig Ihr Körpergefühl stärken: ein duftendes Bad, eine anregende Massage, ein Besuch in Sauna oder Schwimmbad – oder einfach ein Spaziergang. Das regt Durchblutung und Atmung an – beides wichtige Bedingungen für das Wohlbefinden, die auch nachhaltiger für eine bessere Stimmung sorgen als Essen.

Eine weitere Möglichkeit: singen. Ich habe selbst erlebt, wie Singen den Kummerkloß im Hals löst – einfach durch die andere Form der Atmung. Wahrscheinlich wussten unsere Vorfahren das instinktiv. Schließlich ist Gesang ein wichtiger Teil einer jeden Kultur.

Essen als Beschäftigungstherapie

Viele Übergewichtige, die ich berate, haben ein großes Problem: Sie haben zu viel Zeit. Sie sind arbeitslos oder in Rente, leben in Vororten oder auf dem flachen Land, haben erwachsene Kinder, die bereits ausgezogen sind, oder lebten schon immer allein. Sie verbringen ihre Tage mit Fernsehen und Essen. Früher hatte Übergewicht kaum eine Chance, die Menschen hatten rund um die Uhr zu tun, und Essen war nur dazu da, den Hunger zu stillen, fertig.

Unser *simplify*-Rat: Füllen Sie Langweile und Leerlauf nie mit Essen, sondern werden Sie aktiv. Dabei sollten Sie sich wie auf einer Spirale vorarbeiten: Beginnen Sie in der Familie, wandern Sie gedanklich über Ihren Freundeskreis in die Nachbarschaft und halten Sie nach Anknüpfungspunkten Ausschau.

Essen als Zivilisationskrankheit

Je städtischer das Umfeld, desto weniger Aktionsmöglichkeiten haben Menschen, und umso größer ist die Gefahr, übergewichtig zu werden. Das Gegenmittel: Verbringen Sie viel Zeit in der Natur. Allerdings reicht es nicht, einen gepflegten Spaziergang zu machen –

es muss schon Entdeckungsfreude und Kreativität hinzukommen. Wenn Sie Kinder haben: Spannen Sie sie ein – bauen Sie gemeinsam kleine Waldhütten, sammeln Sie Blätter und bestimmen Sie sie. Das sind Tätigkeiten, die ganz kalorienfrei die Sinne anregen – und zwar die der gesamten Familie.

Unser *simplify*-Rat: Machen Sie Ausflüge in die Natur, wann immer es geht. Das regt die Sinne an und führt weg von der ständigen Beschäftigung mit Essen und Trinken.

Lernen Sie kochen

Unabhängigkeit von der Lebensmittelindustrie und ihren Fertigprodukten ist die Voraussetzung einer guten Ernährung. Das heißt nicht, dass Sie nur noch selbst gebackenes Brot und selbst gezogenes Gemüse essen sollten. Aber es ist wichtig, dass Sie wissen, wie Gerichte zusammengesetzt sind – und die Möglichkeit haben, sich auch ohne Fertigprodukte gut zu ernähren. Vielen Menschen fehlt das Selbstvertrauen, aus frischen Zutaten eine Mahlzeit zu kreieren. Kochen scheint dem, der es nicht beherrscht, eine Geheimwissenschaft zu sein. Dabei ist es eigentlich ganz einfach.

Unser *simplify*-Rat: Jeder kann kochen! Probieren Sie es, machen Sie den ersten Schritt – das ist der beste Weg, ein gesundes Gewicht zu behalten.

Kochen regt die Sinne an

In der Pädagogik gilt Kochen mittlerweile als Rundum-Förderprogramm: Es trainiert die Feinmotorik beim Schneiden, Kneten, Raspeln und Rühren. Es regt die Sinne an – vom Riechen über das Sehen bis zum Schmecken. Das ist in unserer Kunstwelt überaus wichtig. Darüber hinaus weckt es Verständnis für naturwissenschaftliche Phänomene wie die Veränderung der unterschiedlichen Lebensmittel beim Garen. Eier werden hart, Kartoffeln werden weich, Gebratenes wird braun, Gekochtes bleibt hell, das Aroma der Zitrone sitzt in der Schale, nicht im Saft.

Unser *simplify*-Rat: Sammeln Sie Erfahrung mit unterschiedlichen Lebensmitteln, so lernen Sie, deren Qualität besser zu beurteilen.

Machen Sie sich schlau

Schon der Unterschied zwischen Weiß- und Spitzkohl ist den meisten Verbrauchern schleierhaft. Wer weiß noch, dass zwischen Knollensellerie und Bleichsellerie Geschmackswelten liegen?

Unser *simplify*-Rat: Wenn Ihnen etwas schmeckt, dann erkundigen Sie sich, wie es heißt. Versuchen Sie zu verstehen, was Sie essen.

Beginnen Sie mit Gemüse

Stellen Sie Gemüse ins Zentrum Ihrer ersten Versuche. Fast alle Übergewichtige essen zu wenig Gemüse. Das hat viele Gründe: Gemüse muss gewaschen, geputzt oder geschält werden. Bei Zwiebeln muss man weinen, Rote Bete färbt Ihre Hände, und Schwarzwurzeln hinterlassen braune klebrige Flecken. Es gibt meist eine Menge Abfall, und zu allem Überfluss muss alles geraspelt oder zumindest klein geschnitten werden, bevor es überhaupt weiterverarbeitet werden kann. Wer da nicht die richtige Ausrüstung hat, bekommt schnell Probleme.

Unser *simplify*-Rat: Besorgen Sie sich ein großes, starkes Gemüsemesser, ein kleines scharfes Küchenmesser, einen Pendelschäler, einen Gemüsehobel mit unterschiedlichen Einsätzen und einen elektrischen Blitzhacker. So macht die Gemüsezubereitung Spaß.

Entdecken Sie den Reiz der Saison

Manche Ernährungswissenschaftler sind überzeugt, dass wir genetisch regional und saisonal verankert sind: Das bedeutet, dass unser

Körper auf bestimmte Lebensmittel zu bestimmten Jahreszeiten eingestellt ist und sie deshalb gut verträgt. Warum also nicht einfach die Abwechslung genießen, die die Natur uns bietet?

Unser *simplify*-Rat: Besorgen Sie sich einen Saisonkalender von Obst und Gemüse und hängen Sie ihn in die Küche. Gehen Sie regelmäßig auf den Wochenmarkt und achten Sie bewusst auf das Angebot – fragen Sie die Erzeuger danach. Sie werden erstaunt sein, wie abwechslungsreich die Auswahl ist.

Lieber Ofen statt Pfanne

Greifen Sie nicht zur Pfanne, sondern heizen Sie stattdessen lieber den Ofen an. Am besten legen Sie das Backblech mit Backfolie aus, postieren die Zutaten darauf und pinseln eventuell noch etwas Öl darüber – obendrauf kommen hitzefeste Kräuter wie Rosmarin und Thymian sowie Gewürze.

Das Essen gart von alleine, und Sie können in der Zwischenzeit den Salat putzen. Ein weiterer Vorteil: Danach riechen weder die Wohnung noch Sie nach gebratenem Fett!

Für Singles lohnt sich der Wok

Für eine einzelne Person ist der Backofen manchmal etwas zu groß. Und bei Riesenhunger mitunter eine Spur zu langsam! Lernen Sie von der asiatischen Küche: Kaufen Sie einen beschichteten Wok. Für jeden Single, aber auch für Paare – allerdings nicht für Großfamilien – ist das einfach ideal!

Entdecken Sie den Dampfgarer

Im Dampfgarer werden Lebensmittel völlig fettfrei und schonend zubereitet, sie behalten ihren Geschmack und ihre Nährstoffe. Alle Gemüsesorten, die gekocht werden können, eignen sich ebenso für den Dampfgarer. Auch Fisch und Geflügel – also sehr zarte und schnell garende Eiweißquellen – gelingen garantiert! Sie brauchen fast keine zusätzliche Würze und kaum Salz: Das Aroma der Lebensmittel selbst kann sich entfalten. Das heißt: Gute und frische Produkte sind wichtig, wenn Sie mit dem Dampfgarer kochen wollen.

Der Blitzhacker verändert Ihr Essverhalten

Er ist klein, einfach und häckselt alles! Werfen Sie Mandeln, Nüsse und Apfelspalten mit Schale hinein, drücken Sie auf den Knopf – und schon ist Ihr Müsli fertig.

Unser *simplify*-Rat: Ein Blitzhacker mit Pürierstab erleichtert es Ihnen, sich einfach gesünder zu ernähren!

Sieben *simplify*-Tipps für den Umgang mit Ihrer Umgebung

1. Kein Mensch ist eine Insel. Machen Sie aus Ihrem Wunsch abzunehmen kein Geheimnis. Bitten Sie um Unterstützung und beziehen Sie Ihr Umfeld mit ein.
2. Zusammen ist man stärker – das gilt auch für die Veränderung der Essgewohnheiten. Holen Sie Ihren Partner als Verstärkung ins Boot.
3. Geben Sie auf keinen Fall auf, wenn es Gegenwind von Ihrem Partner gibt. Versuchen Sie, die Beweggründe zu verstehen. Und suchen Sie sich neutrale Hilfe bei einer Person, der Sie beide vertrauen.
4. Begründen Sie Ihre Entscheidung, anders essen zu wollen, aber fragen Sie nicht um Erlaubnis. Kommen Sie Ihren Kindern im Kleinen entgegen, beziehen Sie sie in die neue Essensplanung mit ein. Dadurch gewinnt das Familienleben – auch wenn Sie es nicht immer allen recht machen können.
5. Hängen Sie im Freundes- und Kollegenkreis nicht an die große Glocke, dass Sie Ihre Ernährung ändern wollen. Essen und trinken Sie bei Geschäftsessen und Einladungen langsam, damit Ihr leerer Teller und Ihr leeres Glas nicht immer wieder aufgefüllt werden.

6. Wenn Sie sich von Freunden und Kollegen zu sehr unter Druck gesetzt fühlen, mehr zu essen und zu trinken, erfinden Sie einfach eine Verordnung Ihres Heilpraktikers. Gehen Sie nicht ins Detail, sondern sagen Sie einfach: »Das vertrage ich nicht.« Vermeiden Sie Diskussionen darüber. Das klappt in den meisten Fällen, weil niemand wirklich gern über die Krankheiten eines anderen spricht.

7. Machen Sie sich nicht von Ihrer Umwelt abhängig. Erwarten Sie keine Unterstützung. Sie tragen für sich die Verantwortung – das macht Sie frei, Ihr Leben nach Ihren Wünschen zu gestalten.

simplify-Idee: Ent-lasten Sie Ihren Körper durch vereinfachte Ernährung

Gemüse

Alles, was durch die Kraft der Sonneneinstrahlung wächst, enthält ein Höchstmaß an lebensnotwendigen Nährstoffen – und ein Minimum an Kalorien.

Pflanzen bestehen bis zu 95 Prozent aus Wasser. Ihre Zellen bekommen Halt durch ein holzähnliches, unverdauliches Gerüst. Das sind zwei dicke Pluspunkte für die gesunde Ernährung: ein hoher Wassergehalt und viele Ballaststoffe. Beides ist Voraussetzung für eine gute Verdauung und eine gesunde Darmflora.

Außerdem bieten pflanzliche Lebensmittel im Vergleich zu anderen Nahrungsmitteln die meisten Vitamine und Mineralstoffe – jeweils gerechnet auf den Kaloriengehalt. Eine sehr hohe Nährstoffdichte nennt man das.

Hauptbestandteil pflanzlicher Lebensmittel sind Kohlenhydrate. In kleinen, aber sehr feinen Mengen können Pflanzen auch Fett enthalten. Es ist vor allem in Keimen und Samen zu finden, die Energie für eine neue Pflanze speichern: Nüsse und Kerne, Ölsaaten, die Keime von Getreidekörnern, Oliven und Avocado.

Eiweiß ist eher rar in Pflanzen. Trotzdem ist es möglich, den Eiweißbedarf eines Menschen durch kluge Kombination pflanzlicher Lebensmittel zu decken: Getreidevollkorn, Hülsenfrüchte und Kartoffeln, aber auch Nüsse und Kerne sowie Pilze sind Eiweißträger. Von der Menge her können sie allerdings mit dem Eiweißgehalt von Fleisch, Fisch, Ei und Milch nicht mithalten.

Unser *simplify*-Rat: Kaufen Sie zweimal pro Woche einen schweren Einkaufskorb voller pflanzlicher Lebensmittel: Gemüse, Obst, Kartoffeln, Getreide, Brot und dazu ein paar Nüsse und Samen.

Essen Sie drei Portionen Gemüse am Tag

Betrachten Sie Gemüse nicht als Beilage, sondern als Mittelpunkt Ihres Gerichtes. Entdecken Sie sein Genusspotenzial!

Gehen Sie auf Entdeckungsreise. Lernen Sie jeden Monat eine Gemüsesorte der Saison besser kennen. Und probieren Sie auch verschiedene Zubereitungsarten aus. Sie haben keinen Gemüseladen um die Ecke und am Samstag keine Lust auf überfüllte Wochenmärkte?

Unser *simplify*-Rat: Abonnieren Sie eine »grüne Kiste«. Damit sparen Sie Zeit und lernen gleichzeitig die unterschiedlichsten einheimischen Gemüsesorten kennen.

Der Wechsel zwischen Rohkost und Gegartem ist die beste Möglichkeit, die wertvollen Inhaltstoffe des Gemüses in ihrer ganzen Fülle aufzunehmen. Denn Erhitzen zerstört manche Nährstoffe, besonders Vitamine, Ballaststoffe und manche Bioaktivstoffe bleiben im rohen Gemüse besser erhalten. Andere wie das Betakarotin werden für den Körper erst durch Garen besser verfügbar. Deshalb ist es sinnvoll, mindestens einmal am Tag Gemüse gegart und einmal roh zu essen.

Unser *simplify*-Rat: Knabbern Sie während des Kochens immer eine Portion von dem Gemüse, das Sie gerade zubereiten. Dann haben Sie mit einer Mahlzeit schon zwei Gemüseportionen gegessen – sowohl roh als auch gegart – und geschmacklich dazugelernt. Wenn Kinder mitessen: Knabberportionen zur Selbstbedienung vor dem Essen bereitstellen!

Vitamine und Mineralstoffe: Verwenden Sie Gemüse frisch

Licht, Wärme und Sauerstoff setzen Gemüse zu und bauen wertvolle Vitamine und manche Bioaktivstoffe ab.

Unser *simplify*-Rat: Bewahren Sie Gemüse kühl und dunkel auf. Waschen und putzen Sie es erst direkt vor der Zubereitung – und nur so viel Sie brauchen. Je mehr Angriffsfläche Licht und Luft haben, desto schneller schwindet der Nährwert!

Mineralstoffe, ein weiterer wichtiger Schatz in Gemüse, sind relativ stabil auch unter dem Einfluss von Licht, Luft und Hitze. Aber wenn Gemüse in Wasser gekocht wird, dann begeben sich die Mineralstoffe auf Wanderschaft, bis ihre Konzentration in Gemüse und Wasser gleich ist.

Unser *simplify*-Rat:
Gemüse laugt in Wasser aus. Deshalb nicht wässern oder blanchieren, sondern im eigenen Saft garen oder dämpfen. Wenn Gemüse eingeweicht werden muss, das Einweichwasser beim Kochen mitverwenden.

Essen Sie im Wechsel Gemüse, das über und unter der Erde wächst. Sorgen Sie überhaupt für Sortenvielfalt. So gleichen sich positive und negative Inhaltsstoffe am besten aus.

In den äußeren Hüllen des Gemüses – in Schale oder Blatt – stecken besonders viele Bioaktivstoffe. Sie schützen das Innere des Gemüses, und diese Wirkung haben manche der Substanzen auch im menschlichen Körper.

Unser *simplify*-Rat: Verwerten Sie Gemüse so weit es geht vollständig: Im Äußeren stecken die besten Stoffe!

Was ist besser: gekühltes, tiefgekühltes oder konserviertes Gemüse?

Mein Traum ist ein Gemüsegarten! Denn Gemüse frisch aus dem Beet ist unschlagbar. Der Wochenmarkt ist die nächstbeste Alternative, denn schon im Supermarkt kann Gemüse überlagert sein. Für Kräuter und Blattsalate und -gemüse sind gekühlte Gemüsepackungen eine recht gute Lösung: Orientieren Sie sich am Haltbarkeitsdatum: je frischer desto besser!

Tiefkühlgemüse ist eine gute Alternative zu Frischkost. Vor allem Erbsen und Spinat sind empfehlenswert. Vorausgesetzt, das Gemüse ist nicht angereichert mit Gewürzen, Fett oder sogar Aromastoffen. Achten Sie auf 100 Prozent Gemüse.

Gemüse in der Dose wird länger erhitzt, damit es steril ist. Es schwimmt dabei im Sud und laugt dadurch aus. Empfehlenswert sind höchstens Tomatenkonserven, weil das wertvolle Lykopin, das Tomaten enthalten, so besser verfügbar ist und weil Tomaten ohnehin meist länger gekocht werden.

Obst

Im Gegensatz zu Gemüse enthält Obst reichlich Zucker. Zwei Portionen Obst am Tag – eine zum Frühstück im Müsli und die zweite mittags als Nachtisch – reichen völlig aus.

Wie beim Gemüse gilt auch fürs Obst: am besten reif zur jeweiligen Saison – und mit Schale. Denn dort stecken auch beim Obst wahre Schätze: Bioaktivstoffe – selbst in der Schale von Zitrusfrüchten – beugen Krebs vor, wirken antibakteriell und gleichen den Cholesterinspiegel aus.

Unser *simplify*-Rat: Zwei Portionen frisches Obst am Tag sind ideal – am besten ganz natürlich und unbearbeitet.

Kompott, Konfitüre, Trockenfrüchte und Smoothies

Kompott schwimmt in einer Zuckerlösung, Konfitüren werden mit Zucker haltbar gemacht. Trockenfrüchte sind entweder an sich sehr süß oder sie werden vor dem Dörren in Zuckersirup gedörrt.

Diese haltbar gemachten Fruchtspezialitäten zählen zu den Süßigkeiten. Mit ihnen können Sie keine Ihrer zwei Obstportionen pro Tag bestreiten.

Am wertvollsten sind selbst gemachtes Kompott (knapp gegart mit wenig Zucker), gedörrtes Obst ohne Zusätze wie Apfelchips und roh gerührte Fruchtaufstriche. Wer Gewichtsprobleme hat, sollte sich wirklich nur Genussportionen gönnen. Smoothies sind püriertes Kompott aus süßem Obst. Sehen Sie in ihnen eher ein Dessert und keinen Obstersatz!

Kohlehydrate in Form von Getreide und Kartoffeln

Brot

Brot ist so etwas wie traditionelles Fast Food. Egal, ob es aus Vollkorn oder weißem Mehl besteht: Ein Zuviel macht übergewichtig.

Unser *simplify*-Rat: Teilen Sie Ihre Brotportionen ein: Mehr als vier »Sättigungsportionen« am Tag brauchen Sie nicht. Also höchstens zwei bis drei Portionen Brot!

Aber wie groß ist eine Portion? Eine zeigefingerdicke Scheibe in Größe unserer Handfläche – das reicht völlig.

Bevorzugen Sie Vollkornbrot Brot ist nicht gleich Brot. Wird es aus weißem Mehl gebacken, hat es ähnliche Nachteile wie Zucker: Es erhöht den Blutzuckerspiegel schnell, sättigt nur kurz und enthält wenig wertvolle Nährstoffe. Denn das Beste am Getreidekorn ist in den dunklen Außenschichten enthalten: unlösliche Ballaststoffe, die nicht nur für eine gesunde Verdauung und Darmflora sorgen, sondern auch den Blutfettspiegel deutlich verbessern.

Doch nur, wo Vollkorn draufsteht, ist Vollkorn drin. Die dunkle Farbe kann nämlich auch mit Malzextrakt oder Zuckercouleur – das ist Karamell – erzeugt werden.

Unser *simplify*-Rat: Essen Sie möglichst Vollkornbrot. Lassen Sie Brot mit mehr als fünf Zutaten links liegen.

Kaufen Sie nicht täglich Brot Frieren Sie Ihre Brotportion ein – zwei bis drei Scheiben reichen vollkommen. Dann kommen Sie nicht in Versuchung, mehr zu essen. Verzichten Sie möglichst auf Brötchen und Brezeln.

Machen Sie einen Bogen um fertig belegte Sandwiches oder Brötchen Diese Brote sind labberig, mit zu viel Fett versehen, machen nicht lange satt und sind teuer. Das können Sie sich sparen.

Belegen Sie sich lieber selbst eine Scheibe leckeres Vollkornbrot mit appetitlichen Zutaten und legen Sie noch etwas rohes Gemüse dazu. Das spart Geld, macht satt und hält schlank.

Backen und kochen Sie mit Mehl der Type 1050 Wie viel vom Vollkorn im Mehl enthalten ist, können Sie an der Typenbezeichnung erkennen. Das gängigste Weizenmehl ist die Type 405, Bäcker nehmen 550, Mehl der Type 1050 ist leicht grau und wird gerne für Pizza verwendet, Vollkorn hat die Type 1700.

Was bedeutet das? Wenn man 100 Kilo Mehl in einer geschlossenen »Kalorimeterbombe« völlig zu Asche verbrennt, bleiben im Wesentlichen die Mineralstoffe zurück. In Gramm gemessen bezeichnen sie die Type. Mehl der Type 1050 hat also mehr als doppelt so viel Mineralstoffe wie das der Type 405. Weil es auch die doppelte Menge an Ballaststoffen hat, sich aber geschmacklich kaum von Weißmehl unterscheidet, sollten Sie am besten Weizenmehl der Type 1050 zu Hause haben.

Unser *simplify*-Rat: Benutzen Sie statt weißem Mehl lieber Weizenmehl der Type 1050: Wegen der doppelten Menge Ballaststoffe macht es länger satt.

Kartoffeln

Neben Kohlenhydraten enthalten Kartoffeln reichlich Eiweiß und Vitamin C – das macht sie zu einem guten Grundnahrungsmittel. Als Faustregel gilt: Essen Sie Kartoffeln so einfach wie möglich!

Unser *simplify*-Rat: Eine Handvoll Kartoffeln ist eine Portion. Und zwar nicht als fette, fertige Pommes, sondern roh – bevor Sie sie gekocht oder gebraten haben. Verzichten Sie auf Instantprodukte, sie enthalten eine Menge überflüssiger Zusatzstoffe und sind quasi vorverdaut.

Wenn Sie einfach Kartoffeln essen wollen, dann probieren Sie, was gerade angeboten wird. Ich bevorzuge Kartoffeln aus dem Bioladen oder vom Biobauern – man schmeckt den Unterschied, und der Luxus ist erschwinglich.

Unser *simplify*-Rat: Kaufen Sie Kartoffeln der Saison und probieren Sie, welche Ihnen schmecken – am besten pur als Pellkartoffeln mit Salz und Butter.

Getreide als Beilage – möglichst aus Vollkorn

Wissen Sie, was eine »Sättigungsbeilage« ist? Im Kantinendeutsch ist damit der kohlenhydratreiche Teil eines Gerichts gemeint. Und das sind neben Kartoffeln Getreideprodukte, die viel Stärke liefern, meist preiswert sind und – zumindest für eine Weile – den Magen füllen, zum Beispiel Nudeln, Reis, Graupen oder Gries.

Wie Brot und Kartoffeln zählen sie zu den vier Portionen stärkehaltiger Nahrungsmittel am Tag. Eine Portion ist aber kein Pastateller im XXL-Format, sondern ungekocht gewogen etwa 60 bis 80 Gramm als Beilage oder 80 bis 100 Gramm als Hauptgericht. Der niedrigere Wert gilt für Frauen, der höhere für Männer. Das Handmaß – also die oben erläuterte Regel »eine Handvoll entspricht einer Portion« – gilt für gekochte Beilagen, ist aber bei frisch zubereiteten Spaghetti oder heißem Reis nicht so ganz einfach nachzumessen.

Wenn diese Beilagen allerdings aus weißem Mehl oder geschältem Reis bestehen, dann machen sie meist erst satt, wenn man mehr als eine Portion verdrückt hat.

Nudeln

Ob Sie Nudeln aus Hartweizengries oder solche mit Ei benutzen, ist Geschmackssache, Hauptsache Sie nehmen Vollkornnudeln.

Ob aus Weizen oder Dinkel oder einem anderen Getreide spielt keine Rolle – im Gegensatz zur Art der Zubereitung: Haben Nudeln noch Biss, machen sie länger satt, weil sie nicht so schnell verdaut werden, also den Blutzuckerspiegel nicht so steil ansteigen lassen.

Reis

Egal ob Milchreis, Basmati oder Langkorn: Wenn das Reiskorn schneeweiß poliert ist, dann landen am Ende nur Kohlenhydrate auf dem Teller – nicht schädlich, aber für eine gesunde Ernährung nicht nützlich. Denn das Beste schlummert wie bei anderen Getreidekörnern im Keimling und im sogenannten Silberhäutchen (ein den Reis umgebender »Mantel«).

Unser *simplify*-Rat: Vollkornreis ist am besten – doch auch die Parboiled-Varianten sind akzeptabel. Weißen Reis sollten Sie meiden.

Getreide

Es gibt Getreideklassiker, die erst in den letzten Jahren wiederentdeckt wurden: Graupen aus Gerste, Polenta aus Mais, Bulgur und Couscous aus Weizen oder Buchweizen, Hafer, Hirse und Grünkern sind tolle, teilweise regionale Alternativen zu Pasta oder Reis. Vor allem, wenn sie aus dem vollen Korn hergestellt werden.

Unser *simplify*-Rat: Pures Getreide ist eine gute Alternative zu Pasta oder Reis. Lassen Sie vorgewürzte, angereicherte Produkte im Regal – würzen können Sie selbst besser und billiger!

Müsli

Die Stiftung Warentest nahm 2008 Cerealien unter die Lupe und stellte Zuckeranteile von 25 bis 35 Prozent, ja sogar 50 Prozent fest und erklärte: »Cerealien dieser Art gehören ins Süßigkeitenregal und nicht in die Müsli-Ecke.«

Unser *simplify*-Rat: Geben Sie ungeschälte Apfelviertel und ein paar Nüsse in einen kleinen Blitzhacker – in einer Minute ist alles nach Geschmack geraspelt. Dazu etwas Joghurt oder Milch, eine Portion Haferflocken – das sind drei bis vier Esslöffel, und ein supergesundes Müsli ist fertig. Wem es nicht süß genug ist, der kann eine Dattel mit zerhacken. Das macht satt bis zum Mittag!

Haferflocken

Haferflocken haben von allen einheimischen Getreidearten den höchsten Gehalt an Fetten (7 Prozent), vorwiegend mehrfach ungesättigte Fettsäuren, und viel Eiweiß (15 Prozent). Hafer ist reich an Eisen, Zink und Magnesium, Vitamin E und B1. Außerdem soll er noch rätselhafte sogenannte Weckamine enthalten, die aktivierend und stimulierend wirken und die Stimmung aufhellen – aber das gehört wohl eher ins Reich der Mythen und Sagen. Ob Sie zartere oder kernige Haferflocken bevorzugen, ist egal – beide Sorten werden zwar erhitzt, enthalten aber das volle Korn. Nur Instantflocken lieber beiseite lassen – die sind sehr stark bearbeitet.

Unser *simplify*-Rat: Haferflocken gehören in jede Küche. Sie sind eine sehr ursprüngliche Möglichkeit, eine Getreideportion am Tag ohne viel Begleitstoffe zu essen.

Fette

Mensch und Tier, aber auch Pflanzen brauchen für ihren Stoffwechsel Fett. Das Pflanzenfett findet sich vor allem in den Bestandteilen, die die Bausteine für eine neue Pflanze in sich tragen: Nüsse, Samen, Kerne, Getreidekeime. Meist sind diese Rohstoffe reich an ungesättigten Fettsäuren. Das gilt auch für die Öle, die daraus gepresst werden. Ausnahmen sind Kokos- und Palmkernfett sowie Kakaobutter. Sie enthalten reichlich gesättigte Fettsäuren und sind bei Raumtemperatur fest.

Fette tierischen Ursprungs sind entweder Speicherfette vom Tier wie Schmalz, Talg oder Speck. Oder sie stammen wie Butter aus Milch. Sie alle bestehen hauptsächlich aus gesättigten Fettsäuren. Deshalb sind tierische Fette im Vergleich zu Pflanzenfetten auch eher fest. Rindertalg mehr, Gänseschmalz weniger. Sie können das mit bloßem Auge erkennen.

Nüsse und Kerne

Nüsse und Kerne sind ein pflanzlicher Ersatz für Fleisch und Fisch, weil sie viel Eiweiß und Fett enthalten, außerdem eine Menge Mineralstoffe wie Eisen, Selen und Magnesium – aber auch Vitamine und viele Ballaststoffe. Dank ihrer vielen wertvollen Nährstoffe reicht schon eine kleine Portion, um satt zu werden. Deshalb gebe ich morgens Walnüsse ins Müsli: Damit bin ich satt bis mittags. Auf Reisen habe ich neben Obst immer eine Dose mit Mandeln dabei. Wenn es nichts Gutes zu essen gibt, machen Mandeln auf eine wohltuende Art und Weise satt.

Unser *simplify*-Rat: Entdecken Sie Nüsse und Kerne als Kraftkost. Essen Sie sie anstelle von Wurst, Käse oder Süßem und nur so viel, wie auf Ihren Handteller passt (nicht schummeln!). Nüsse und Kerne machen tatsächlich dauerhaft schlanker und gesünder!

Je ursprünglicher Sie Nüsse und Samen genießen, desto besser. Kaufen Sie Ihre Nüsse also in der Schale.

Unser *simplify*-Rat: Verbannen Sie salzige und würzige Nusssnacks aus Ihrer Umgebung. Sie haben nicht mehr viel mit dem ursprünglichen Lebensmittel zu tun. Außerdem schwemmen sie auf.

Öl

Auch wer keine Nüsse oder Kerne knabbert, nimmt pflanzliche Fette zu sich – in Form von Ölen, die aus Ölsaaten, Nüssen oder Ölfrüchten wie Oliven gepresst werden. Mindestens einen Esslöffel Öl sollten Sie pro Tag verzehren – in Salat oder Gekochtem. Das versorgt Sie gut mit lebensnotwendigen Fettsäuren und Vitamin E.

Jedes Öl hat einen eigenen Mix aus unterschiedlichen Fettsäuren. Für die schlanke Linie ist egal, welches Sie wählen. Für einen gesunden Blutdruck und eine gute Durchblutung spielt der Gehalt an Omega-3-Fettsäuren eine wichtige Rolle. Den höchsten Gehalt hat Leinöl – aber der intensive Geschmack ist nicht jedermanns Sache. Als Grundöl in jeder Küche ist deshalb Rapsöl zu bevorzugen.

Unser *simplify*-Rat: Basis in Ihrer Küche zum Kochen und Braten sind Raps- und Olivenöl. Mehr brauchen Sie nicht. Verzichten Sie auf Fertig- und Instantdressings – ein Essig-Öl-Senf-Dressing ist einfacher, gesünder und billiger.

Streichfett

Ein Esslöffel Streichfett pro Tag ist wunderbar. Dabei macht es von den Kalorien her keinen Unterschied, ob Sie Margarine, Schmalz oder Butter nehmen. Wegen der Fettzusammensetzung ist es aber gesünder, eine gute Margarine zu wählen, die reich an Omega-3-Fettsäuren ist. Omega-3- und -6-Fettsäuren gehören beide zu den mehrfach ungesättigten Fettsäuren. Unter diesen Fettsäuren gibt es einige, die unser Körper braucht, aber nicht selbst herstellen kann. Deshalb müssen wir sie mit der Nahrung zu uns nehmen. Sie sind lebensnotwendig, darum nennt man sie essenziell. In unseren Lebensmitteln kommen Omega-3-Fettsäuren seltener vor. Deshalb sollten Sie, wann immer möglich, Lebensmittel mit einem hohen Omega-3-Anteil bevorzugen: Rapsöl, fetten Seefisch, Walnüsse. Den höchsten Wert an Omega-3-Fettsäuren hat das Leinöl – deshalb wird es auch so schnell ranzig.

Eiweiß

Einer der zentralsten Lebensbausteine ist Eiweiß. Nahrungsmittel tierischer Herkunft sind unsere wichtigsten Eiweißlieferanten. Zwar enthält auch pflanzliche Kost Eiweiß – aber weniger und nicht ganz so ideal für uns zusammengesetzt. Deshalb ist eine gegenseitige Ergänzung wichtig.

Eiweiß wird sogar als »Fatburner« bezeichnet. Denn der Körper muss Energie »zuschießen«, um Eiweiß zu verwerten. Eigentlich traumhaft – wenn das Eiweiß in der Natur nicht mit reichlich Fett verbunden wäre. Deshalb: Essen Sie eiweißreich – aber achten Sie auf einen mäßigen Fettgehalt.

Fisch

Er ist das Lieblingskind der gesunden Ernährung: Fisch. Denn die Wasserwesen liefern nicht nur Eiweiß satt. Ihr Fett gehört zu den »guten« Sorten, und außerdem ist Fisch reich an Jod – und das braucht die Schilddrüse, um den Stoffwechsel zu aktivieren. Auch das knappe, Knochen stärkende Vitamin D ist in fetten Fischen enthalten – deshalb bekamen Kinder – auch ich – früher Lebertran. Eine gute Portion purer Fisch sind 150 bis 200 Gramm. Von Räucherfisch nehmen Sie 50 bis höchstens 100 Gramm.

Unser *simplify*-Rat: Essen Sie Fisch nur unverhüllt – ohne Panierung, ohne Kruste, ohne Saucen.

Krabben

Lassen Sie sich von Ihrem guten Geschmack leiten: Dann schneiden nämlich die Eismeergarnelen oder Nordseekrabben besser ab als Zuchtkrabben aus Fernost.

Unser *simplify*-Rat: Rosa Krabben sind bereits gegart. Wählen Sie sie als einfache, eiweißreiche Garnitur für Salate, Gemüsepfannen oder Suppen. Aber bitte ohne Mayonnaise!

Meeresfrüchte

Als Vorspeise sind sie prima – warten Sie danach aber 30 Minuten mit der Hauptmahlzeit, damit das Eiweiß beginnen kann, seine Sättigungsbotschaften zu senden.

Unser *simplify*-Rat: Meeresfrüchte sind Eiweiß in Reinform. Essen Sie sie ohne sahnige Saucen und viel Brot.

Fleisch

Bereiten Sie Fleisch pur zu – am besten mit viel Gemüse. Aber seien Sie sparsam mit Aufschnitt, Wurst und geräucherten Spezialitäten. Denn sie haben zwei Nachteile: In der Regel sieht man ihnen die Kalorien nicht an – und sie enthalten viel weniger Eiweiß als pures Fleisch. Oder hätten Sie gedacht, dass ein zierliches Wienerle 250 Kalorien hat? Und nur rund 44 Kalorien stammen aus Eiweiß. Der Rest geht aufs Fettkonto.

Unser *simplify*-Rat: Greifen Sie bei Aufschnitt nur zu, wenn Sie das pure Fleisch deutlich erkennen: Bündner Fleisch, Lachsschinken, Roastbeef, Kasseler. Aspik ist prima, weil es zusätzliches Eiweiß enthält.

Geflügel Pute und Hähnchen sind die figurfreundlichen Klassiker – und völlig einfach in der Zubereitung. Essen Sie die knusprige Haut ruhig mit, doch darf es dann gern ein Hühnerbein sein statt gleich ein halbes Brathähnchen! Die Mischung macht es. Zudem enthält gerade Geflügel verhältnismäßig viele ungesättigte Fettsäuren.

Unser *simplify*-Rat: Genießen Sie Geflügel ruhig mit Knusperhaut. Aber meiden Sie alle vorgewürzten Geflügelzubereitungen.

Der große Braten Ich bin ein Fan von großen Braten – geschmort oder bei niedriger Temperatur von 120 Grad im Ofen gegart. Dazu reichlich geschmortes Gemüse, das erst die Würze gibt und der Sauce Volumen verleiht, wenn man es püriert. Braten – vor allem vom Rind – geben viel Eiweiß und enthalten nur mäßig Fett, die Gemüseportion ist auch gleich dabei, und das Ganze lässt sich zwei bis drei Tage im Kühlschrank aufbewahren oder einfrieren ohne geschmackliche Einbußen.

Unser *simplify*-Rat: Fleisch muss nicht unbedingt mager sein. Entfernen Sie überschüssiges Fett – aber erst nach dem Garen. So bleibt das Fleisch saftig.

Hackfleisch Je heller Hack ist, desto fetter. Auch ein hoher Anteil an Schweinefleisch macht es fetter.

Am besten, Sie lassen sich schieres Fleisch ohne Fett – vorzugsweise vom Rind – frisch vom Metzger durch den Wolf drehen. Kaufen Sie ruhig größere Mengen und frieren Sie das Hackfleisch portionsweise ein. Bereiten Sie Frikadellen, Fleischbällchen oder Hackbraten nicht in der Pfanne, sondern auf dem Backblech zu.

Eier und Milchprodukte

Ei

Eier in Maßen sind eine gesunde und leckere Angelegenheit. In Kombination mit Kartoffeln haben Eier übrigens die höchste Eiweißwertigkeit – ein Bauernfrühstück war deshalb für körperlich hart arbeitende Menschen schon immer eine tolle Mahlzeit. Je nachdem, wie das Ei zubereitet wird, hat es eine unterschiedlich lange Verdauungszeit. Ein hart gekochtes Ei hat eine »Verweildauer« von etwa fünf Stunden im Magen. Ein Ei als Reiseproviant ergibt also durchaus Sinn. Als Büromahlzeit mit Vollkornbrot und einer Handvoll Kirschtomaten oder einer Paprikaschote macht es satt bis zum Feierabend!

Milch und Milchprodukte

Neue Studien belegen, dass Milch schlank macht. Über die genauen Ursachen wird gerätselt. Zum Teil wird das Kalzium dafür verantwortlich gemacht, da es die Fettverbrennung in der Zelle ankurbelt und gleichzeitig die Fettspeicherung bremst.

Unser *simplify*-Rat: Essen Sie täglich Milchprodukte – mindestens zwei Portionen am Tag.

Ein Viertelliter Milch pro Tag ist ideal – am besten mit einem Fettgehalt von 1,5 Prozent, doch auch Vollmilch ist okay. Für Ihre Linie viel gefährlicher als das Fett ist zugesetzter Zucker in Fertigprodukten. Denken Sie nur an supersüßen Instantkakao. Wer gerne ein Glas Milch als Schlummertrunk genießt, der tue das ohne Süße. Das hat einen doppelten Vorteil: Zum schlankmachenden Effekt tritt die beruhigende Wirkung der Milch: Dank der in ihr enthaltenen Aminosäure Tryptophan ist sie eine natürliche Einschlafhilfe – und bremst zudem besonders stark den Knochenabbau, der ja schon mit etwa 20 Jahren schleichend beginnt und im hohen Alter mit Osteoporose enden kann.

Eine Alternative zu Milch ist Joghurt, weil dort die gesamte Milch verwendet wird. Außerdem ist ein Teil des Milchzuckers zu Milchsäure abgebaut – das ist für den Stoffwechsel und die Verdauung günstig. Ob die Säuerung mit probiotischen Bakterien passiert, ist für Ihr Gewicht gleichgültig. Für die Gesundheit sind diese Joghurts aber nachweislich gut.

Unser *simplify*-Rat: Trinken Sie statt Milch einen halben Liter purer Buttermilch oder Molke. Verfeinern Sie sie nach Geschmack mit Früchten oder verwenden Sie sie für Salatdressings.

Essen Sie einfach

Alle Nahrungsmittel haben einen natürlichen Ursprung: Zucker wird aus Zuckerrohr oder -rüben hergestellt, Weißmehl aus Weizenkörnern, Puddingpulver aus Kartoffeln. Doch durch die starke Bearbeitung hat das Endprodukt weder die Ballaststoffe noch die Bioaktivstoffe des natürlichen Ausgangsprodukts. Übrigens auch nicht die Vitamine und Mineralstoffe.

Es lohnt sich also immer noch, Gemüse, Getreide und Obst selbst frisch zuzubereiten, wenn man in den Genuss aller wertvollen Stoffe kommen will. Außerdem gibt es ein weiteres, wichtiges Argument: Je künstlicher und konzentrierter unsere Nahrung in den letzten Jahrzehnten wurde, desto größer wurde das Übergewicht!

Hier ein paar *simplify*-Tipps, wie Sie es schaffen können, einfach zu essen.

1. Bevorzugen Sie frische, einfache Lebensmittel. Je komplizierter ein Nahrungsmittel ist, desto weniger ursprüngliche Nährstoffe enthält es. Mehr als fünf Zutaten sind verdächtig!

2. Machen Sie einen Bogen um alles, was trocken in Tüte oder Töpfchen verpackt ist und nur mit heißem Wasser aufgegossen werden muss!

3. Bevorzugen Sie Lebensmittel und Gerichte mit wenigen Zutaten.

4. Entscheiden Sie sich für Lebensmittel, die »Biss« haben und gekaut werden müssen.

5. Gewürze sollten Sie reichlich nehmen – sie regen den Stoffwechsel an und schulen den Geschmack. Beides hilft beim Abnehmen.

6. Wenn Sie häufiger in der Kantine zu Mittag essen müssen, gönnen Sie sich pro Woche ein bis zwei perfekte Lunchboxen von zu Hause. Essen Sie an den übrigen Tagen mit den Kollegen. Aber treffen Sie Ihre Auswahl in der Kantine bewusst.

7. Machen Sie Ihren Salat einfach selbst mit Essig, Öl, Salz und Pfeffer an.

8. Je flüssiger ein Gericht, desto kalorienärmer ist es. Bevorzugen Sie als Vorsuppe klare Brühen. Als Hauptgericht sind alle Suppen und Eintöpfe geeignet.

9. Nehmen Sie vegetarische Gerichte genau unter die Lupe: Sind sie wirklich kalorienarm, oder verschwindet das schlanke Gemüse unter einer dicken Käse-Sahne-Schicht? Geben Sie lieber purem Gemüse aus dem Wok den Vorzug.

10. Essen Sie Gemüse und Beilagen mit einem Tropfen kalt gepresstem Öl oder einem Stich Butter statt mit Sahne.
11. Ersetzen Sie das Dessert durch eine Kaffeespezialität: Das nimmt den Süßhunger und macht wieder wach. Frisches Obst ist die noch gesündere Alternative!

Trinken Sie regelmäßig

Man findet unterschiedliche Angaben, wie viel Flüssigkeit wir pro Tag brauchen – mitunter ist von zwei bis sogar drei Litern pro Tag die Rede. Tatsächlich beträgt unser täglicher Bedarf knapp 1,5 Liter. Dabei ist Trinkwasser die einfachste Lösung. Im Sommer schmeckt es am besten kalt – stellen Sie es also eventuell für eine Stunde in den Kühlschrank oder sorgen Sie für einen Eiswürfelvorrat. In der kalten Jahreszeit hingegen ist heißes Wasser nicht nur in der Badewanne ein Genuss: In der ayurvedischen Ernährung wird Wasser eigentlich nur heiß getrunken. Das machte es salonfähig – Sie können heute in jedem Restaurant heißes Wasser bestellen, ohne ein Stirnrunzeln zu ernten.

Meiden Sie süße, bunte Limonaden

Die Deutsche Gesellschaft für Ernährung bewertet Getränke, die über 7 Prozent Kohlenhydrate enthalten – das entspricht 28 Kalorien pro 100 Milliliter, also 280 Kalorien pro Liter –, ernährungsphysiologisch als ungünstig. Denn kalorienreiche Getränke werden verdächtigt, für Übergewicht mitverantwortlich zu sein: Sie machen nicht satt, obwohl man eine Menge Kalorien zu sich nimmt, manchmal entspricht das gar einer kompletten Hauptmahlzeit.

Unser *simplify*-Rat: Erfrischungsgetränke sollten maximal 28 Kalorien pro 100 Milliliter oder Gramm haben. Sonst sind sie Genussmittel – auf keinen Fall Durstlöscher.

Tee

Die Auswahl an Tees ist so groß, dass Sie ganze Küchenschränke damit füllen könnten. Kaufen Sie darum zum Probieren immer nur eine kleine Menge. Was Ihnen nicht schmeckt, werfen Sie sofort weg! Sonst haben Sie bald lauter Teeleichen im Schrank. Einen koffeinhaltigen Lieblingstee und eine koffeinfreie Sorte sollten Sie als Vorrat dahaben, ebenso Fencheltee für Magenprobleme. Alles übrige ist Genuss – und zwar ohne Reue.

Trinken Sie Ihren Tee möglichst ohne Süße. Nichts gegen eine Tasse mit einem kleinen Löffel Zucker oder Honig in der Früh – aber wenn Sie die ganze Kanne süßen, landet das auf Ihren Hüften! Wenn Sie verschiedene Kräuter geschickt miteinander kombinieren, bekommt der Tee von sich aus ein liebliches Aroma.

Kaffee

Lange Zeit war Kaffee als Flüssigkeitsräuber verschrien und durfte nicht in die tägliche Trinkmenge hineingerechnet werden. Doch mittlerweile ist klar: Kaffee trägt ebenso wie Wasser zur Flüssigkeitsversorgung bei. Auch bei Kaffee gilt: lieber ohne Zucker. Wer es unbedingt süß mag, kann stattdessen zu Süßstoff greifen. Milch dagegen wirkt sich positiv aus: Sie macht die Kaffeesäure besser verträglich. Aber nehmen Sie nur Milch mit maximal 3,5 Prozent Fett. Kaffeesahne oder Kondensmilch sind zu fett, und manche Sorten sind zusätzlich gesüßt.

Unser *simplify*-Rat: Trinken Sie Kaffee pur, mit Milch oder mit Süßstoff. Meiden Sie Instant-Kaffeespezialitäten.

Saft

Wenn Sie gerne Saft trinken, sollten Sie darauf achten, dass Sie nur Direktsäfte ohne Zusätze trinken und nicht mehr als ein Glas (0,2 Liter) pro Tag – am besten mit Mineralwasser gespritzt. Oder pressen Sie Ihren Saft selbst, das ist am gesündesten.

Alkohol

Auch wenn Sie auf Ihre Linie achten: Alkoholische Getränke sind Ihnen nicht verboten. Schließlich sollen Sie Ihre Ernährung vereinfachen – und nicht zum Gesundheitsapostel werden. Das Wichtigste: Kein alkoholisches Getränk vor 18 Uhr und möglichst nie allein! Machen Sie es in Gesellschaft wie *Mireille Guiliano*, die Autorin des Buches *Warum französische Frauen nicht dick werden*: Nippen Sie an Ihrem Weinglas, lassen Sie sich Mineralwasser nachschenken und reden Sie nicht über Ihre guten Vorsätze. Das weckt nämlich bei den anderen oft den Ehrgeiz, Sie zu mehr zu überreden.

Die weiteren Aussichten

Wieder sind Sie auf dem *simplify*-Weg ein paar Schritte weitergekommen. Wieder ist Ihr Bewusstsein dafür gewachsen, aus wie vielen kleinen Vereinfachungen und Verbesserungen sich der große Weg zum eigenen inneren Ziel zusammensetzt. Und Sie sind vorbereitet, um eine weitere Dimension Ihres Lebens in den *simplify*-Weg einzuschließen: die Menschen um Sie herum.

Vereinfachen Sie Ihre Beziehung

simplify-Idee: Ent-inseln Sie sich

Niemand, der beruflich aufgestiegen ist, hat das jemals ohne Networking geschafft. Früher nannte man es abfällig »Beziehungen«.

Networking darf kein verbissenes Fragen sein: »Wird mir dieser Mensch nützen?« Vertrauen Sie auf Ihr angeborenes Empfinden von Antipathie und Sympathie. Wenn Sie jemanden mögen, dann investieren Sie auch Zeit in die Beziehung zu ihm, gleichgültig, ob es ein Kunde, ein Kollege oder eine flüchtige Bekanntschaft ist. Machen Sie aus Kunden und Kollegen, die Sie schätzen, Freunde. Denken Sie dabei in beide Richtungen. Nicht nur: Wo kann er mich weiterbringen? Sondern auch: Wie kann ich dem anderen nützlich sein, damit er sich gerne mit mir vernetzt?

Grundregel 1: Bleiben Sie am Anfang »dran«. Wenn Sie mit einem neuen Kollegen drei Monate lang kaum sprechen, wird es schwierig, ihn im vierten Monat zum Kumpel zu machen.

Grundregel 2: Klammern Sie nicht. Lassen Sie dem anderen Gelegenheit, von sich aus auf Sie zuzugehen. Nähern Sie sich Schritt um Schritt.

Grundregel 3: Überlassen Sie nicht alles dem Zufall. Soziale Kontakte wollen durchaus geplant sein, auch wenn freundschaftliche Beziehungen letztlich ein Geschenk sind. Hier einige bewährte Hilfen.

Veranstalten Sie einen »jour fixe«

Vereinfachen Sie das zunehmend lästige Verabreden mit Kollegen, Freunden und Bekannten, die dann doch nie Zeit haben: Setzen Sie einen Tag im Monat fest, an dem Ihr Haus offen ist (etwa jeden ersten Freitagabend im Monat). Legen Sie dabei den Standard in Sachen Essen nicht zu hoch. Weil nie so richtig klar ist, wie viele Gäste erscheinen werden, werden Sie stets improvisieren müssen, und das verleiht der Sache ihren Charme.

Tag der Großfamilie

Eine dem »jour fixe« ähnliche Technik lässt sich in Sachen Eltern, Großeltern, Schwiegereltern, Geschwister, Onkel und Tanten anwenden: Regen Sie einmal pro Jahr ein großes Familientreffen an.

Erleichtern Sie neue Kontakte

Wenn Sie eine Party, ein Seminar, eine Familienfeier oder was auch immer veranstalten: Vermeiden Sie, dass dabei nur wieder die zusammenhocken, die sich bereits kennen.

Bei Essenseinladungen können Sie mit Tischkarten für ein gelingendes Networking sorgen. Veranstalten Sie Spiele, damit sich die Teilnehmer mischen, wenn sie an einem gemeinsamen Tisch sitzen.

Kombinieren Sie Kochen und Networking

Überlegen Sie sich, mit welchen Ihrer Freunde Sie gemeinsam etwas kochen könnten. Verabreden Sie sich dann zu einem Essen inklusive Vorbereitung im »Biolek-Stil«.

Die Kette der Freundlichkeiten

Oprah Winfrey, die ungekrönte Königin der amerikanischen Fernseh-Talkshows, hat etwas ins Leben gerufen, was jahrelang die amerikanische Gesellschaft bewegt hat. Es nennt sich »kindness chain«, die »Kette der Freundlichkeiten«. Die einzige Bedingung: Der Beschenkte darf sich nicht bei dem Urheber der Freundlichkeit revanchieren, sondern soll das bei einem anderen Menschen tun. Und dort geht es unter derselben Bedingung weiter.

Party-Etikette

Zuständig für die Einladungslisten von größeren Firmenfesten ist meist die Chefsekretärin oder die PR-Abteilung. Finden Sie den oder die Zuständige(n) heraus, und sagen Sie ganz offen: »Ich würde bei dem Fest während der Messe wirklich gern dabei sein.« In der Regel freuen sich Veranstalter über Interessenten.

Vertrauen Sie nicht auf den Zufall, sondern setzen Sie sich Ziele. Beispiel: »Ich möchte mindestens fünf Minuten mit Professor Großkopf sprechen, und er soll sich am Schluss an meinen Namen erinnern.« Oder: »Ich will Rita endlich außerhalb der ständig gestressten Situation im Büro kennen lernen, damit sich unsere Spannungen abbauen.«

Bleiben Sie aber trotz solcher Ziele offen für überraschende Begegnungen. Sehen Sie jedes Treffen von Menschen vorrangig als Spiel und Erholung, nicht als Fortsetzung der Arbeit mit anderen Mitteln.

Die wichtigsten Kontakte im Privat- wie im Berufsleben erleben Sie, wenn Sie von anderen Menschen eingeladen werden. Wertvolle Freundschaften können daraus entstehen, aber auch lang andauernde Animositäten – und das nur wegen einer kleinen Unachtsamkeit. Um das zu vermeiden, denken Sie sich in Ihre Gastgeber hinein und fragen Sie sich: Was würde ich an ihrer Stelle von meinen Gästen erwarten?

Wenn Sie schriftlich eingeladen werden, sollten Sie immer Ihr Kommen zusagen – auch wenn darum nicht ausdrücklich gebeten wurde.

Ein Strauß Schnittblumen (keine Topfpflanzen) ist weltweit das sicherste Mitbringsel. In den USA sind auch fertige Arrangements in einer Schale mit Steckschwamm sehr beliebt – eine *simplify*-Idee für Gastgeber und Gast. So entsteht kein Extrastress auf der Suche nach einer Vase.

Kommen Sie pünktlich. Das bedeutet in Deutschland: Keinesfalls zu früh, am besten 5 Minuten später, als auf der Einladung steht – aber nicht viel später. Auf der Party angekommen heißt es: Gehen Sie aus sich heraus. Extrem zurückhaltende Gäste, die jede Initiative vom Gastgeber erwarten, sind anstrengend. Seien Sie anders. Der einfachste Gesprächsaufhänger: »In welcher Verbindung stehen Sie denn zu den Gastgebern?«

Plaudern Sie auf jeden Fall mit den Gastgebern, aber nehmen Sie sie nicht in Beschlag. Sorgen Sie mit dafür, dass jeder Gast seinen Anteil von deren Aufmerksamkeit bekommt. Beachten Sie Tabus! Machen Sie keine abfälligen Bemerkungen über das angebotene Essen. (»Wissen Sie denn nicht, wie schädlich Schweinefleisch ist?«) oder über anwesende Gäste. Fallen Sie bei den Themen Politik, Religion, Geld und Krankheiten nicht mit der Tür ins Haus. »Erziehen« Sie keinesfalls fremde Kinder.

Loben Sie das Essen. Seien Sie dabei aber ehrlich. Wenn Sie die angebotenen Delikatessen grässlich finden, sagen Sie etwas Nettes über den Wein. Und apropos Alkohol: Bringen Sie Ihren Gastgeber niemals dadurch in Verlegenheit, dass Sie zu viel Alkohol trinken. Vereinbaren Sie vorab mit Ihrer Begleitung, dass Sie beide dezent die Party verlassen, wenn einer von Ihnen zu tief ins Glas geschaut hat.

Zu frühes Verschwinden ist ebenso unhöflich wie zu langes Bleiben. Am einfachsten, Sie orientieren sich an der Mehrheit. Gehen Sie keinesfalls, ohne sich von den Gastgebern mit einem herzlichen Dank verabschiedet zu haben. Diesen Dank sollten Sie wiederholen. Ein Brauch, der aus den USA kommt und sich auch bei uns immer mehr durchsetzt: Rufen Sie den Gastgeber am nächsten Tag an und bedanken Sie sich für den Abend. Das ist eine gute Gelegenheit, Kontakte fortzuführen (»Wer war eigentlich der tolle Klavierspieler?«), damit aus der einmaligen Begegnung eine freundschaftliche Beziehung werden kann.

simplify-Idee: Ent-ärgern Sie sich

Eine der größten Blockaden beim Aufbau eines lebendigen sozialen Netzwerks aus Freunden, Bekannten, Kollegen und Verwandten ist das Bedürfnis, andere Menschen zu beurteilen (und am liebsten auch gleich zu verbessern). Das ist nicht für jeden ein Problem, aber manche Menschen neigen zu einer ungesunden Kritiksucht. Damit Sie heiterer, einfacher und gelassener leben, sollten Sie sozusagen Ihre Kiste mit Urteilen und Vorurteilen entrümpeln.

Ihr Urteil und die Realität unterscheiden sich

Was unser Gehirn in Unordnung bringt, ist der Wust an negativen Urteilen, die wir im Kopf haben. Beispiel: Peter sollte fleißiger lernen. Urteile unterscheiden sich – das ist ihr Wesen – von der Wirklichkeit.

Aus einem Urteil erwachsen wieder weitere. Im Beispiel vom faulen Peter könnten das sein: Peter wird durchfallen. Er wird von der Schule fliegen. Er bekommt keinen Beruf. Er wird persönlich abstürzen. Er wird kriminell und rauschgiftsüchtig ... Das lässt sich fast beliebig fortsetzen. Dadurch wird die negative Orientierung des Gehirns immer stärker, bis sie die Wahrnehmung beherrscht und verzerrt.

Befreien Sie sich davon, Probleme anderer zu lösen

Das Leben lässt sich aufteilen in drei Bereiche:

1. Das Leben an sich, so wie es den Naturgesetzen unterliegt. Dass morgens die Sonne aufgeht, wie das Wetter wird, dass Sie sterben müssen. Das alles liegt eindeutig außerhalb Ihrer Einflussmöglichkeit.
2. Das Leben der anderen. Das sind die »Sollte-Sätze«, die Sie über andere im Kopf haben.
3. Ihr eigenes Leben.

Die *simplify*-Botschaft dazu lautet: Kümmern Sie sich einzig und allein um diesen dritten Bereich. Es kann eine schreckliche Last sein, ständig nach Lösungen für die Probleme anderer Menschen zu suchen. Solche Lösungsideen belasten Ihr Gehirn und Ihre Seele. »Nichts wird Ihr Leben so sehr vereinfachen wie die Beschränkung auf die Angelegenheiten, die Sie selbst ändern können«, schreibt der Psychologe *Jack Dawson*.

Urteile über andere machen Sie krank

In der Regel verursachen Urteile unangenehme Gefühle, die sich unter dem Sammelbegriff Stress zusammenfassen lassen. Und dieser Stress wurde einzig und allein durch Ihre Gedanken hervorgerufen! Dafür zahlen Sie einen hohen Preis. Denn kritische Urteile können einsam machen.

Während Sie kritisch über jemand anderen denken, schaden Sie Ihrer Fähigkeit zum sozialen Kontakt.

Dawson hat außerdem herausgefunden, dass Menschen mit negativen Überzeugungen messbar schlechter zuhören als solche mit möglichst objektiven Ansichten.

Der Psychologe *Jon Kabat-Zinn* hat es erforscht: Nichturteilende Menschen treffen Entscheidungen mit größerer Klarheit als urteilende. Nichturteilende leben nach einfachen ethischen Prinzipien, sind effektiver im Handeln und fühlen sich glücklicher.

So entrümpeln Sie Ihr Gehirn

Technik 1: Üben Sie sich im gesunden Anzweifeln Wenn Ihnen eine Urteilskette in den Kopf kommt (»Mein Ehepartner sollte mehr zu Hause sein. Er lässt mich allein. Er liebt mich nicht.«), dann zweifeln Sie diese Kette probeweise einmal an: Ist Ihre Sicht zwangsläufig die einzig mögliche? Könnte es nicht sein, dass ein anderer dies ganz anders beurteilt? Begeben Sie sich bewusst auf einen völlig anderen Standpunkt (»Er reibt sich auf für seine Familie. Er will, dass es uns allen gut geht. Er stellt seine eigenen Bedürfnisse ganz hintenan«).

Ein solcher Zweifel ist eine äußerst wirkungsvolle Aktion, denn er durchbricht die unendliche Fortsetzung der angehängten Beurteilungen. Sie brauchen dabei nicht die Fehler des anderen schönreden, sondern sich lediglich bemühen, klar die Fakten zu sehen.

Technik 2: Beziehen Sie den Vorwurf auf sich Ersetzen Sie den Namen der anderen Person bei Ihrem Urteils-Satz und vor allem bei Ihren angehängten Urteilen durch das Wort »Ich«. Spüren Sie, ob das bei Ihnen etwas zum Klingen bringt: »Ich lasse ihn allein. Ich liebe ihn nicht. Ich bin wie alle anderen.« Könnte das der Grund seiner Abwesenheit sein?

Mit dieser einfachen Übung wird deutlich, wozu Ihr Urteilsvermögen eigentlich da ist: Damit Sie sich selbst einschätzen und selber wachsen können. Gegenüber anderen angewendet, sind Urteile Gift. Für Sie selbst jedoch sind sie Medizin. Urteile sind gedacht als Heilmittel, nicht als Waffen.

Akzeptieren Sie die Wirklichkeit ...

Bleiben wir bei unserem Beispiel. Ihr Partner ist oft unterwegs. Das ist Realität. Formulieren Sie die Wirklichkeit – wieder probeweise – zu einem Urteil um: »Er sollte unterwegs sein. Das ist gut für ihn.« Das klingt anfangs wie eine ungeheuerliche Aussage. Aber in dieser Klarheit könnten Sie Ihren Ehepartner bitten, mehr bei Ihnen zu sein – erstmals ohne Druck, ohne Vorwürfe, ohne versteckte Botschaften. Denn nun können Sie die Entscheidung ganz und gar ihm überlassen. Es ist sein Lebensbereich, und den lassen Sie ihm. Damit ist Ordnung in Ihrem Denken eingekehrt – und in Ihren Beziehungen.

... damit sie sich verändern kann

Das Ganze gilt auch für den Umgang mit Kindern. Eltern und Lehrer kritisieren an Kindern meist das, was auch ihre eigenen Schwächen sind. Erinnern Sie sich, ob sich in Ihrer Kindheit durch das Urteil anderer (»Du solltest fleißiger sein«) jemals etwas geändert hat – ver-

164

mutlich nicht. Geprägt wird ein Jugendlicher nicht von Menschen, die ihn beurteilen, sondern die ihm urteilsfrei begegnen, ihm zuhören und ihm Großes zutrauen. Werden Sie solch ein Mensch.

Lassen Sie sich auf diesen zunächst vielleicht unmöglich erscheinenden Abschnitt Ihres *simplify*-Weges ein. Je weiter Sie im Leben kommen, umso lohnender wird die *simplify*-Arbeit!

So entscheiden Sie sich einfacher

Formulieren Sie Ihre Möglichkeiten Wenn Sie eine Entscheidung treffen müssen, sollten Sie jeden Ihrer Sätze, der mit »Ich muss« beginnt, hinterfragen, am besten schriftlich. Formulieren Sie dabei jede Möglichkeit in der »Ich will«-Form. Vielleicht spüren Sie bereits beim Niederschreiben dieser Sätze, welcher davon Ihnen leichter fällt – das kann bereits eine wichtige Hilfe für Ihre Entscheidung sein. *Beispiel:* »Ich will in Bonn Germanistik studieren« steht neben »Ich will mit Hans nach England ziehen« – und beim Schreiben des zweiten Satzes lächeln Sie.

Freuen Sie sich dabei darüber, dass Sie überhaupt Möglichkeiten haben. Nehmen Sie Entscheidungen nicht als Last, sondern als wichtige Aufgabe und glücklichen Umstand. Ein freies Leben besteht aus einer bunten Landschaft voller Weggabelungen, ein unfreies Leben dagegen aus einem Tunnel ohne Abzweigungen.

Treffen Sie keine einsamen Entscheidungen Selbst bei sehr persönlichen »Geheimentscheidungen« brauchen Sie mindestens einen Vertrauten, mit dem Sie alles offen besprechen können.

Beziehen Sie vor allem Ihren Partner mit ein. Was immer Sie entscheiden, Ihr (Ehe-)Partner ist der (oder die) Hauptbetroffene – sogar bei einer Trennung. Finden Sie einen Konsens. Alles andere ist nachgeordnet, auch die Finanzen.

Machen Sie einen Ortstermin Wenn Sie zwischen mehreren Orten zu entscheiden haben, sollten Sie alle Orte selbst aufsuchen und sich dort Ihre Frage stellen. Verlassen Sie sich nie auf Berichte aus zweiter

Hand. *Beispiel:* Wenn Sie erwägen, in eine andere Stadt zu ziehen, dann fahren Sie in diese Stadt. Besuchen Sie alle Plätze, an denen Sie sich dort wirklich aufhalten würden: Arbeitsstelle, Wohngebiete, Umland.

Beachten Sie dabei vor allem die Kleinigkeiten. Sie sind häufig Zeichen und Boten. Halten Sie nichts für unwichtig. Häufig benutzt Ihr Unterbewusstsein (das die Entscheidung möglicherweise schon längst getroffen hat) solche Signale, um Ihnen etwas mitzuteilen.

Sehen Sie in die Zukunft Stellen Sie sich Ihre Entscheidung als Weggabelung vor. Gehen Sie in Gedanken auf allen möglichen Wegen eine bestimmte Strecke weit. Lassen Sie dabei alle Nützlichkeitserwägungen außer Acht, auch Ihre Gefühle. Vertrauen Sie allein Ihren Bildern. Welchen Weg können Sie sich vor Ihrem geistigen Auge leichter vorstellen?

Vermeiden Sie dabei Zeitdruck ebenso wie Aufschieben. Ebenso wenig, wie Sie sich erpressen lassen sollten, ist es gut, Entscheidungen endlos zu vertagen. Vereinbaren Sie, wenn möglich, eine klar begrenzte Bedenkzeit. Das ist auch nützlich für Sie selbst, denn Sie werden für eine Entscheidung niemals alle notwendigen Fakten lückenlos sammeln können. Amerikanische Managementschulen lehren die »Regel 3«: Nach drei Tagen haben sich die meisten großen Fragen entweder selbst gelöst oder so intensiviert, dass eine schnelle Entscheidung getroffen werden kann. Machen Sie sich aber vor allem klar, dass Sie zwar Entscheidungen treffen, aber nicht alles steuern können.

Die weiteren Aussichten

Die Entärgerungsmethode und die Ratschläge zum einfacheren Entscheiden gelten für alle Beziehungen im Freundes- und Bekanntenkreis, in ganz besonderer Weise also für Ihren Lebenspartner. Dieser wichtigsten Beziehung in Ihrem Leben haben wir ein eigenes Kapitel gewidmet.

simplify-Idee: Ent-decken Sie die Wohungen der Liebe

Zwei Menschen auf zwei Inseln

Das Bild zeigt als Sinnbild einer modernen Partnerschaft zwei Inseln, auf der einen ein Mann, auf der anderen eine Frau. Zwei Menschen, die eigentlich zusammengehören und trotzdem in zwei getrennten Welten leben: er in seiner Welt und sie in ihrer Welt. Es ist ein Bild der Sehnsucht: Wie sehr wünschen wir uns, dass wir einen Partner finden. Dass wir miteinander verschmelzen. Dass wir selbstvergessen auf eine gemeinsame Insel ziehen, und sei sie noch so klein!

Aber die kleine einsame Insel für zwei gibt es nicht, und es hat sie wahrscheinlich nie gegeben. Die romantische Fantasie der völligen Verschmelzung hat für moderne Individuen einen großen Haken: Auch wenn sie ein Paar werden, behalten beide Liebenden ihre unverwechselbare Identität. Jeder hat weiterhin seine ureigensten Gefühle und Gedanken, seine ganz persönliche Geschichte, seine individuellen Wunschträume und Sehnsüchte, sein eigenes Persönlichkeitsmuster, seine einzigartigen Stärken und Schwächen. Jeder von beiden darf fragen: »Wer bin ich? Wo ist mein Raum?« Sich selbst zu vergessen und für den anderen aufzugeben, das muss heute keiner mehr. Heißt das dann aber, dass wir die ganze Sache mit der Liebe vergessen sollten? Dass die zwei nie wirklich zusammengehören werden?

Wenn diese Frage auftaucht, zeichnet Tiki, wie unter Wasser das Bild weiter geht: Die beiden Inseln sind die Spitzen einer riesigen herzförmigen schwimmenden Insel. Wie bei einem Eisberg liegen 90 Prozent unter der Oberfläche. Das ist nicht nur ein hübscher zeichnerischer Einfall, sondern eine psychologische Tatsache: Ein Paar hat, das lässt sich sogar wissenschaftlich nachweisen, ein gemeinsames Unbewusstes.

Die Menschen *über*schätzen, was *über* dem Wasser ist. Und sie *unter*schätzen, wovon sie *unter* der Oberfläche ihres Lebens getragen werden.

Was sie bewusst sehen, sind die Gemeinsamkeiten dort oben, auf der Oberfläche der beiden Inseln: die Übereinstimmungen im Alltag, im Geschmack und in den Vorlieben, im gefühlsmäßigen und praktischen Miteinander. Aber sie unterschätzen die Gemeinsamkeiten in ihrer Seele, die sich tief unter ihnen zu einer tragenden Kraft ausgeformt haben.

Das ist der fundamentale *simplify*-Tipp des Buches *Simplify your Love*: Verlassen Sie sich auf die Liebe. Sie trägt. Nehmen Sie's gelassener. Ihr Leben ist nicht so oberflächlich, wie es Ihnen manchmal erscheinen mag. Da ist etwas unter der Oberfläche, das größer ist als Sie. So ist *simplify your love* eigentlich nichts weiter als ein großer Kursus in Vertrauen und Gelassenheit. Diese Liebe ist die große Kraft des Lebens, uralt und immer wieder neu, das Geheimnis des menschlichen Herzens. Dieser Kraft verdanken Sie, dass Sie geboren wurden. Dass Sie sich verliebt haben. Dass Sie zusammengeblieben sind.

Diese schwimmende Insel aus Liebe hält eine Menge aus. Sogar, dass einer der beiden vielleicht einmal über Bord geht, sich verirrt und verwirrt nach anderen Inseln Ausschau hält. Wir haben uns mit älteren Paaren unterhalten und dabei erfahren, dass sich einige von ihnen schon einmal fast getrennt hätten, dann aber wieder zusammengefunden haben. Wenn einer über Bord geht, muss das nicht immer seine eigene Schuld sein. Es gibt Stürme in diesem Leben, die auch unsere schwimmenden Inseln der Zweisamkeit tüchtig durcheinander schütteln. Aber die Inseln gehen davon nicht unter. Es gibt eine Menge Chancen, wieder an Land zu krabbeln.

Die fünf Wohnungen der Liebe – ein Überblick

Das Leben als Paar ist kein festgelegter Zustand. Wir lassen uns im Land der Liebe nicht einfach für immer irgendwo nieder. Wir und unsere Partner verändern uns ständig – allein schon dadurch, dass wir älter werden. Wer sich auf eine Partnerschaft einlässt, unternimmt eine große Reise, auf der er sich selbst und seinem Partner immer wieder anders begegnet. Es gibt fünf typische Stationen oder Aufenthaltsorte, die ein Paar bei seiner Reise besucht und die wir *Die fünf Wohnungen der Liebe* genannt haben.

Bitte lassen Sie sich von uns an der Hand nehmen und brechen Sie auf zu einer Reise in die Innenwelt Ihrer Beziehung. Orientieren Sie sich: Welche der fünf möglichen Wohnungen Ihrer Liebe bewohnen Sie gerade? Welche haben Sie hinter sich, welche noch vor sich? Manche Paare werden nicht alle fünf Wohnungen benutzen – und trotzdem eine tiefe Beziehung miteinander erleben können. Aber gerade dann kann es für Sie wichtig sein, gemeinsam darüber zu reflektieren, warum Sie eine wichtige Station im Land der Liebe nicht besuchen möchten oder können.

Hier zum besseren Überblick die einzelnen fünf Domizile Ihrer Zweisamkeit:

- Turm,
- Liebeszelt,
- Gutshof,
- Finsterwald und
- Schloss

Die Reise beginnt immer im *Turm*. Er steht für Sie selbst als einzigartige Persönlichkeit. Hier geht es um Ihre gesunde Ich-Stärke, Ihre lebenswichtige Liebe zu sich selbst und alle Ihre notwendigen Entwicklungsprozesse. Und dieses Bauwerk hat eine geheime Kammer!

Das *Liebeszelt* ist eine zauberhafte Station, nach der sich alle Verliebten sehnen. In dieser wunderbar leichten, improvisierten Behausung findet sich das Paar. Hier kann es sich der Liebe hingeben, sich vergnügen und die Welt um sich herum vergessen.

Später zieht das Paar um in den *Gutshof*. Das ist der Ort, an dem sich die zwei Liebenden aneinander anpassen, wo Alltag, Beruf und Familie beide vielfältig beanspruchen und sich ihre Liebe im Alltag bewähren muss.

169

Direkt angrenzend an alle diese Wohnungen breitet sich der *Finsterwald* aus, in den sich der eine oder der andere schon einmal verirren kann. Der dunkle Wald steht für schwierige Phasen, für allerlei Krisen und Katastrophen in der Partnerschaft.

Am Ende des Weges winkt der Einzug ins *Königsschloss*. Das ist die grandiose Verheißung für jedes Paar: Das Zelt ist nicht die größte erfahrbare Ebene der Liebe. Die Anstrengung im Gutshof geht nicht endlos weiter. Der Finsterwald bedeutet nicht zwangsläufig das Ende. Als Paar können Sie hinter all dem Ihr Schloss entdecken und in einer neuen Dimension der Liebe, der Reife und der persönlichen Integration ankommen. Das erhöht gelegene Schloss mit dem fantastischen Panoramablick symbolisiert den umfassendsten Aspekt Ihrer Liebe, der weit über Sie und Ihre Familie hinausgeht. Eine Liebe, die hinausstrahlt in die Gesellschaft, die gut ist für das ganze Land, die sich ins Universale erstreckt und sogar über die Grenzen Ihrer Lebenszeit hinaus reichen kann.

Werden Sie darum liebesfleißig und liebesklug. Vielleicht der größte Beziehungskiller ist die Faulheit. Ob Ihre Partnerschaft gelingt und hält, hängt von Ihrem Einsatz ab. Und zwar dem Einsatz beider. Schon an dieser Stelle möchten wir Ihnen raten: Investieren Sie Zeit, Liebe und Anstrengung in Ihre Beziehung. Sehen Sie sich immer als Gestalter, nicht als Opfer Ihrer Liebe. Bleiben Sie aktiv, auch wenn der andere Ihnen entsetzlich passiv erscheint. Tun Sie weiterhin etwas für Ihre Beziehung, ohne aber den anderen dabei ständig abzuwerten.

Für die meisten verbindenden Paar-Erfahrungen wird Ihr Geist benötigt, Ihre Fantasie, Ihr Verstand, Ihr Herz und Ihre spirituelle Antriebskraft. Wer heute meint, eine Paarbeziehung ohne innere Weiterbildung meistern zu können, hat schlechte Aussichten. Er wird vermutlich erleben, wie seine Liebe einfriert oder vertrocknet. Lassen Sie uns also die Reise beginnen!

simplify-Idee: Ent-hüllen Sie Ihr Selbst – Der Turm

Die erste Wohnung der Liebe: Der Turm

Lernen Sie sich kennen

Wenn in einem Märchen ein Turm vorkommt, steht er in der Regel für das Ich-Zentrum oder die Persönlichkeit eines einzelnen Menschen. Das Symbol ist mit Bedacht gewählt: Ihre Persönlichkeit ist keine primitive Höhle, keine kleine geduckte Hütte, kein protziger Palast, sondern ein klar strukturiertes und gut sichtbares aufrechtes Gebäude. In unserer Landschaft steht der Turm außerdem nicht an einem belebten, geselligen Ort, sondern eher außerhalb der bewohnten Gegend. Ihr Turm hebt sich damit klar von seiner Umgebung ab. Das alles sagt, dass Sie als Erwachsener ganz zu sich selbst und für sich allein stehen können. Freuen Sie sich über Ihren Turm!

Die beste Voraussetzung für eine gute Beziehung sind zwei stabile freistehende Türme. Wenn Sie permanent schwach und anlehnungsbedürftig sind, oder wenn Sie meinen, Ihr Partner müsse immer alle Ihre Schwächen ausbügeln, haben Sie als Paar keine guten Karten. Haben Sie darum den Mut, Ihre eigene Persönlichkeit voll zu entwickeln und sich auch einen Partner mit einer Persönlichkeit zu suchen, die der Ihren ebenbürtig ist.

Die Außenmauern: Ihr Ego

Das leuchtet Ihnen sicher unmittelbar ein: Ein guter Turm braucht stabile Mauern. Ihr Selbstbewusstsein ist gut, wenn Ihr Turm ein tiefes Fundament und ein ordentliches Mauerwerk hat. Er wird dann frei stehen können. Bei unsicheren Menschen, die stark angelehnt sind an ihr Elternhaus, an äußere Autoritäten oder einen Partner, gerät dagegen das Gemäuer ins Wanken, sobald man eine dieser Stützen wegnimmt.

Ihr Ego möchte gestalten, bestimmen und die Kontrolle übernehmen. Es hat ein bisschen von einem anmaßenden Kleinkind: Ständig sagt es Ihnen, wo es lang gehen soll. Dummerweise hat Ihr Ego die Tendenz, sich um so eiserner zu verfestigen, je williger Sie auf es eingehen – wie ein Kind eben, das stets jeden Wunsch erfüllt bekommt.

Wenn Sie Ihrem Ego stets die Führung überlassen, werden Sie egozentrischer, starrer, sturer – und unsympathischer. Ihr Turm verliert an Lebendigkeit, Flexibilität, Aufnahmefähigkeit und Einfühlungsvermögen. Seine Mauern bilden eine unüberwindliche Abwehrschicht. Ein Ego, das allein das Sagen hat, schottet Sie nicht nur von der Außenwelt ab. Im Endstadium wird es sogar dafür sorgen, dass Ihr Turm zu einem selbst gewählten Gefängnis mutiert, das Sie völlig von Ihren Mitmenschen isoliert. Eine Partnerschaft wird so unmöglich.

Die Schatzkammer: Ihre Seele

Das wahre Geheimnis Ihres Turms liegt gut verborgen in seinem Inneren. Inmitten der starken Mauern dreht sich eine Wendeltreppe empor, die zu einem wunderbaren Raum führt. Das ist die geheimnisvolle Schatzkammer in Ihrem Turm. Dort wohnt, gut verborgen und geschützt, die wahre Herrin Ihres Lebens. Es ist die eigentliche Mitte Ihrer Persönlichkeit, Ihr wahres Selbst, die Prinzessin Seele.

Wenn Sie von der sanften und zugleich mächtigen Kraft Ihrer Seele geleitet werden, gewinnen Sie Selbstgewissheit und Selbstvertrauen. Sie bekommen auf wunderbare Weise Zugang zu dem, was an guten Kräften noch unentdeckt in Ihnen steckt. Die noble Seele ist nicht stolz oder herrschsüchtig wie das Ego, im Gegenteil: Sie brennt darauf, sich einem anderen Menschen hinzugeben und sich zu verschenken. Sie hat eine fantastische Begabung, sich mit allem in schöpferischer Liebe zu verbinden.

Die Fenster: Ihre Ausstrahlung

Wenn Sie den versteckten Zugang zur Schatzkammer endlich gefunden haben, dürfen Sie eine Weile staunen. Dann aber sollten Sie die

Fenster Ihres Turmzimmers öffnen: Das Licht des Bewusstseins darf hier hinein, damit Ihre Seele hinaussehen und nach außen strahlen kann. Sobald Sie das wagen, werden Sie etwas Faszinierendes bemerken: Man wendet sich Ihnen zu, denn Ihre liebevolle Seele macht Sie attraktiv für andere. Im Französischen heißt der Magnet *aimant*, der Liebende, weil er anziehend und vereinigend wirkt.

Gehen Sie auf sich zu

Ihr innerer Weg auf der Wendeltreppe im Turm hat stets das eine Ziel: Er führt Sie zu Ihrem wahren Persönlichkeitskern. Mit jeder Stufe wächst Ihre Chance, dass das Licht Ihres guten Wesenskerns immer klarer und feiner durch die Mauern Ihres Turmes hindurchleuchten und sich Ihre Persönlichkeit voll entfalten kann. Mit welchem Tempo diese Phasen durchlaufen werden, liegt an Ihrer einzigartigen Persönlichkeit.

Notieren Sie – nur für sich, vertraulich und allein für Ihre eigenen Augen bestimmt – die wichtigsten Momente Ihres bisherigen Lebens. Schreiben Sie alles, was Ihnen einfällt, auf einen Zettel, in zeitlicher Reihenfolge und ohne Stress. Was Ihnen als Erstes einfällt, ist in der Regel auch das Ereignis, das Sie am stärksten geprägt hat. Das kann eine schwere Krankheit sein, ein Todesfall, eine besonders glückliche Erfahrung oder auch ein unvergesslicher Traum.

Prüfen Sie nun, ob in der Reihenfolge Ihrer wichtigsten Momente eine innere Logik steckt. Wiederholen sich bestimmte Muster? Fragen Sie Ihre Seele, was sie dazu sagt. Sie wird Ihnen helfen, das verborgene Geschenk hinter den schweren Erfahrungen zu entdecken. Vor allem dieses Geschenk zählt. Es bereichert auch Ihre Partnerschaft.

Warum ist das so? Weil Sie in den prägenden Momenten Ihres Lebens gelernt haben, auf Ihre innere Kraft zu vertrauen. Der Fachbegriff für diese neue psychologische Sichtweise auf Ihre Vergangenheit lautet »ressourcenorientiert«. Sie geht davon aus, dass auch die negativsten Erfahrungen Kräfte in Ihnen wecken, auf die Sie während Ihres weiteren Lebens zurückgreifen können – ein Vorrat (»Ressource«) an heilsamen und sinnstiftenden Denk- und Handlungsmustern.

Richten Sie sich her

Sie können an Ihrer Persönlichkeit arbeiten, Ihren Turm ganz im Sinne der Lebenspyramide von *simplify your life* entrümpeln, ihn schöner, wohnlicher, stattlicher und freundlicher gestalten!

Ihre erste Aufgabe im Land der Liebe ist es, Ihren eigenen Turm kennen zu lernen, um Ego und Selbst zu unterscheiden. Ihr Ego und Ihr Selbst sollten freundschaftlich miteinander verbunden sein. Das heilt Ihre innere Zerrissenheit und verhilft Ihnen zur Ganzheit.

Wer ist »ich«? Der unausgeschlafene Typ direkt nach dem Aufstehen? Der heitere Mensch, der vormittags durch den Sonnenschein spaziert? Der liebevolle Tröster, zu dem die anderen gerne kommen, um sich auszuweinen? Das kleine Häufchen Elend, das sich abends so unendlich allein gelassen fühlt? Ist Ihr Ich das, was Sie in Ihrem Bauch fühlen? Das, was in Ihrem Herzen manchmal sticht, manchmal wärmt? Was Sie in Ihrem Kopf über sich selbst denken? Ja, und dann gibt es sogar innerhalb dieses Kopfes verschiedene eigensinnige Gedanken, und innerhalb Ihres Bauches fühlen Sie gegensätzliche Gefühle. Jeder dieser Teile ist ein Ich für sich. Das ist Freundschaft mit sich selbst: all diese Teile so miteinander in Beziehung zu bringen, dass sie zu einem »Wir« werden. Es gibt zahlreiche Möglichkeiten, das zu üben.

Selbstsein Der beste Startpunkt für bewusstes Bei-sich-selbst-Sein ist Ihr eigener Körper. Die erste Lektion: Finden Sie diese Gegensätze gut und richtig – nur dadurch erfahren Sie, dass Sie leben! Der Wert »Gesundheit« lässt sich ohne Krankheit nicht erfühlen. Trainieren Sie die präzisen Wahrnehmungen Ihres Körpergefühls schon jetzt im Turm – in einer Partnerschaft werden Ihre inneren Antennen nicht nur auf den eigenen Körper, sondern auch auf den Ihres Partners eingestimmt sein, später möglicherweise auch noch auf die Ihrer Kinder.

Selbstverwirklichung Zerstörerisch ist Ihr Ego nur, wenn es meint, die alleinige Führung in Ihrem Turm übernehmen zu müssen. Eine gute Merkhilfe steckt in dem viel gescholtenen Wort »Selbstverwirklichung«: Wenn das Ego allein das Sagen hat, sucht es in allem (auch in der Liebe) nur seinen eigenen Vorteil. Überall entdeckt es nur das eigene Ich, auch in dem Wort SelbstverwirklICHung.

Mit dem klugen Blick der Freundschaft mit sich selbst aber sieht es, dass noch mehr in dem Begriff steckt: SelbstverWIRklichung. Tipp: Sprechen Sie das Wort laut mit den verschiedenen Betonungen aus. Sie werden überrascht sein, wie hart die SelbstverwirklICHung klingt und wie sympathisch sanft die SelbstverWIRklichung.

Selbstliebe und Liebe zu anderen Nicht erst aus Gründen der Moral, sondern schon aus Eigeninteresse lohnt sich Nächstenliebe: Innerlich wirklich reich werden Sie nicht durch sich allein, sondern durch die Zuwendung und Zuneigung anderer. Arbeiten Sie also nicht an Ihrer »Selbstverwirklichung«, sondern daran, die Kräfte dafür zu gewinnen, für andere da sein zu können. Aus guten Gründen heißt es schon im christlichen Liebesgebot: »Liebe deinen Nächsten wie dich selbst«, und eben nicht: »anstelle deiner selbst«. Es ist vergeblich, sich dem Nächsten zuzuwenden, wenn die Selbstliebe nicht die Kräfte dafür zur Verfügung stellt, die verschenkt und verausgabt werden können. Wir sollten uns davon lösen, das für bloßen Egoismus zu halten.

Besuchen Sie die Schule des Humors

Kurt Starke, Professor an der Leipziger Forschungsstelle für Partner- und Sexualforschung, kommt nach langen Studien mit über 60 000 Personen zu dem Ergebnis: Der Traumpartner ist intelligent, vertrauenswürdig, einfühlsam und – er hat Humor! Wenn Sie ein humorvoller Mensch sind, ist das nach Ansicht des Soziologieprofessors »das Beste, was dem anderen passieren kann!«

Meistern Sie Ihren Alltag

Lernen Sie über Ihr Geschlecht hinaus. Eine gute Beziehung besteht aus zwei Türmen, die beide selbstständig aufrecht stehen können. Eine wichtige Vorbereitung auf das Leben zu zweit ist es daher, dass Sie die für den Alltag wichtigen Fälligkeiten erlernen.

Verzeihen Sie anderen

Eines der größten Hindernisse auf dem Weg zu einem glücklichen Leben zu zweit sind unverheilte Wunden. Sie machen Ihren Turm rissig und hässlich. Solange Sie einem anderen Menschen böse sind, ist Ihr Persönlichkeitsturm in einem desolaten Zustand. Die Lösung heißt: vergeben und verzeihen. Der amerikanische Therapeut *Frederic Luskin* führt mit seinem Kollegen *Carl Thoresen* seit 1999 das *Stanford Forgiveness Project* durch und ist zu einem erstaunlichen Ergebnis gelangt: Es ist gesund, nicht nachtragend zu sein. Verzeihen senkt den Blutdruck, hilft gegen Rückenschmerzen, Depressionen, chronische Schmerzen, Übergewicht, Kopfschmerzen, Schlafstörungen und viele andere psychosomatische Beschwerden. Und es verbessert Ihre Chancen, zu lieben und geliebt zu werden.

Werden Sie attraktiv

Aus den so genannten Nahtod-Berichten geht hervor, dass Menschen am Ende Ihr Leben sehr differenziert, Ihren Körper aber sehr positiv wahrnehmen. Warum ist das so?

Die einfache Erklärung: Während Sie hinübergleiten in das Reich des Todes sind die vielen fremden Urteile, mit denen Sie sich während Ihres Lebens belastet haben, endlich ausgeschaltet. Wenn Sie ganz ehrlich mit sich sind, bleibt Ihnen nur diese eine grandiose Erkenntnis: Ihr irdischer Körper ist wunderschön. Er ist vollständig identisch mit Ihnen. Genau dieser Körper war und ist der Lebensraum Ihrer Seele. Sie hat ihren Körper vorbehaltlos geliebt, was nun beim Sterben ganz klar wird, weil das Ego nichts mehr zu sagen hat.

Unterscheiden Sie Schönheit und Liebe Es ist ein Teufelskreis der Ego-Täuschung: Bevor Sie sich geliebt fühlen, müssen Sie sich schön finden – aber um sich schön zu finden, müssen Sie geliebt werden. Diese Spirale könnten Sie fortsetzen bis zu Ihrem Tod, um dann im Sterbevorgang endlich als befreite Seele festzustellen, dass Sie die ganze Zeit einen wunderschönen Körper hatten. Glücklicherweise gibt es einen Weg, dieses gute Gefühl noch zu Lebzeiten zu erhalten.

Alle Defekte, die Sie an sich feststellen (Übergewicht, Pickel, Haarausfall, Falten und so weiter), haben ihren Ursprung nicht in Ihrem Körper, sondern in Ihrem Denken. Das sehen Sie an weltberühmten, makellos schönen Models, die trotzdem ihre Beine zu dick, ihren Hals zu lang oder ihre Augen zu hell finden. Alle Probleme, die Sie mit Ihrem Aussehen haben, sind begründet in Ihrem Geist, und nur dort können Sie diese Probleme lösen.

Verwirren Sie Ihr Beurteilungssystem Sie können Ihr eigenes Beurteilungssystem nicht so einfach ausschalten oder Ihren inneren Kritiker fristlos entlassen. Aber Sie können Ihr System erst einmal verunsichern. Unternehmen Sie dazu folgendes Gedankenexperiment:

- Denken Sie an Situationen, in denen Sie sehr gelobt wurden, obwohl Ihr Äußeres alles andere als attraktiv war.
- Denken Sie an hässliche Menschen, die Sie aber sehr schätzen und mögen.
- Denken Sie an sehr schöne Menschen, die sich so unsympathisch oder dumm benommen haben, dass ihre Schönheit am Ende richtig hässlich wirkte.
- Denken Sie an berühmte Menschen, die Sie bewundern, die aber eigentlich überhaupt nicht aufregend aussehen.
- Denken Sie an Kunstwerke, die zunächst keinem Schönheitsideal entsprachen, aber eine neue Qualität von Charme und Anmut begründet haben.
- Denken Sie an Bilder und Gegenstände, die für Sie Kitsch sind, für andere Menschen aber ein großartiges Kunstwerk darstellen.
- Denken Sie an etwas, das Sie in Ihrer Kindheit wunderschön fanden, heute aber furchtbar kitschig.

Vielleicht kommen Ihnen noch weitere Verwirrungsgedanken. Am Ende sollte Ihre innere Schönheitsjury so genervt sein, dass sie ihr Amt aufgeben möchte.

Experimentieren Sie mit Ihrer Ausstrahlung Vertrauen Sie lieber auf die chemischen Stabilisatoren, die Ihr eigener Körper Ihnen auf natürlichem Weg zur Verfügung stellt: Wenn Sie in eine ungewohnte, schwierige Situation geraten, produziert er beispielsweise das Hormon Dopamin. Gemäßigte sportliche Betätigung verstärkt den Ausstoß von Adrenalin. Beide Stoffe verbessern – solange die Dosierung stimmt – Ihre Stimmung und geben Ihnen ein moderates Hochgefühl. Es ist nachgewiesen: Wenn Sie intensiv ungewöhnliche Gedanken denken und sich neue, positive Situationen bildhaft ausmalen, steigen Ihre Dopaminwerte.

Bereiten Sie sich auf die Liebe vor

Finden Sie fünf Freunde

Wenn Sie sich schon einmal länger in Ihrem Turm vergraben haben, werden Sie wissen, wie weh Alleinsein tun kann. Aber nicht nur Ihre Seele leidet: Auch Ihre Gesundheit ist gefährdet, weil es Ihr Wohlbefinden direkt negativ beeinflusst, wenn Sie zu wenig mit anderen Menschen zusammen sind. Menschen mit einem guten Netzwerk stabiler Freundschaften sind auch körperlich besser drauf. Die beste Nachricht dazu lautet: Sie brauchen nicht unzählige Bekannte zu haben!

Ähnlich wie in *Enid Blytons* Kinderbuchklassiker *Fünf Freunde* reichen fünf enge Vertraute, mit denen Sie regelmäßig und vor allem gern Kontakt haben. Verwandte zählen dabei nicht mit! Diese fünf Freunde sind die Menschen, auf die Sie sich verlassen können, wenn Sie einmal Hilfe brauchen. Und – was ebenso wichtig ist – von denen auch Sie umgekehrt jederzeit um Rat und Hilfe gebeten werden können. Mit diesen fünf Begleitern trainieren Sie wichtige Beziehungskompetenzen, die Sie auch in einer Partnerschaft ständig brauchen: Zuverlässigkeit, Respekt, Humor, Vertrauenswürdigkeit, Hilfsbereitschaft, Wärme und Selbstkritik.

Entkommen Sie der Einsamkeitsfalle

Wenn Sie Freunde gewinnen möchten, um nicht mehr einsam zu sein, sollten Sie zunächst Ihre Einsamkeit lieben lernen.

Machen Sie sich selbst eine Freude. Was tun Sie gern allein? Denken Sie auch an Aktivitäten, die Sie als Kind geliebt, aber seit Jahren nicht mehr gemacht haben: Schiffsmodelle bauen, angeln, laut singen, basteln, Schaufensterbummel machen, allein zu lauter Musik tanzen oder Ähnliches. Wenn Sie Ihre eigene Liste in die Tat umsetzen, machen Sie lauter Dinge, die Ihnen Freude bereiten und Ihre Stimmung verbessern. Weil Sie positive Zeit mit sich selbst verbringen, wissen Sie Ihre eigene Gesellschaft mehr zu schätzen. Allein dadurch werden Sie für andere Menschen liebenswerter und interessanter.

Der zweite Rat gegen Einsamkeit lautet: Benehmen Sie sich so, als hätten Sie jede Menge Freunde auf dieser Welt. Öffnen Sie Ihr Herz vorauseilend für andere. Dazu müssen Sie Ihr stilles Turmkämmerlein verlassen. Begeben Sie sich hinaus unter fremde Menschen. Üben Sie erst einmal im Bus, im Einkaufzentrum, im Kino. Ihre neue Einstellung lautet: Stellen Sie sich vor, dass alle diese Menschen Sie mögen. Entscheidend ist, dass Sie sich daran gewöhnen, ständig positive Funksignale von Ihrem Turm auszusenden.

Besinnen Sie sich auf Ihre Stärken

Menschen, die zu viel allein in ihrem Turm sitzen, neigen dazu, ihre eigenen Schattenseiten übertrieben groß wahrzunehmen und sich selbst abzuwerten. Stellen Sie sich mit einem Stapel Post-its vor Ihren Badezimmerspiegel. Schreiben Sie alle Ihre positiven Eigenschaften auf die Zettel und kleben Sie diese Notizen rund um den Spiegel.

Entdecken Sie die Freunde, die Sie schon haben

Erinnern Sie sich: Es gibt immer Menschen von früher, mit denen Sie sich schon einmal gut verstanden haben. Die besten werden sich immer noch an Sie erinnern und sich freuen, wenn Sie sich melden. Echte Freundschaften lassen sich oft auch nach Jahrzehnten wieder auffrischen.

Werden Sie ein Helfer

Wer einsam ist, empfindet sich oft als überflüssig: Wer braucht mich schon? Oder er ist einseitig darauf fixiert, wie andere ihm helfen könnten. Der leichteste Weg aus der Einsamkeit ist jedoch der, andere zu unterstützen. Gerade als Single sind Sie hinsichtlich Ihrer Freizeitgestaltung unabhängiger als andere und können so für andere Menschen besonders nützlich und hilfreich sein. Diese Erfahrung stärkt Ihr Selbstbewusstsein – und Ihr Immunsystem!

Gehen Sie drei Schritte auf sich selbst zu

Der amerikanische Psychologe *Gay Hendricks* entdeckte, dass ein Single sich immer zuerst innerlich für eine dauerhafte und erfüllende Beziehung freimachen muss, bevor er eine gute Partnerschaft eingehen kann.

Voraussetzung 1: Schuldgefühle aufspüren Verabschieden Sie sich von bewussten oder unbewussten Schuldgefühlen, weil Ihre bisherigen Beziehungen gescheitert sind oder weil Ihnen eine bewusste und liebevolle Beziehung noch nicht gelungen ist.

Voraussetzung 2: Ein Eingeständnis machen Sagen Sie es sich selbst laut vor: »Ja, ich sehne mich aus vollem Herzen nach einer Beziehung.« Und das dürfen auch alle Ihre coolen Single-Freunde wissen.

Voraussetzung 3: Sich selbst verpflichten Gemeinsam eine tiefe und erfüllende Beziehung zu gestalten, den Alltag mit einem anderen Menschen teilen, das ist auch anstrengend. Wenn Sie keine Forderungen an sich selbst stellen können, keine Konfrontation vertragen und nichts von einem gesunden Maß an Selbsterziehung halten, haben Sie schlechte Karten für ein dauerhaftes Glück. Sagen Sie laut: »Ja, ich will es, auch wenn es mich etwas kostet. Das ist es mir wert.«

Stellen Sie sich auf Liebe um

Umstellung 1: Ein Versprechen Versprechen Sie sich selbst aufrichtig, eine neue Art von Beziehung in Ihr Leben zu bringen.

Umstellung 2: Absolute Jas und Neins Stellen Sie sich folgende Fragen: Welche drei Werte sind für Sie bei einer Partnerin oder einem Partner ein absolutes Muss?

Mit welchen drei Aspekten würden Sie sich absolut nicht abfinden?

Wenn Sie die absoluten Ja-Nein-Prioritäten für Ihre Partnersuche kennen, können Sie sich noch ein paar »Extras« wünschen. Schreiben Sie es auf Ihren »Wunschzettel« als erfreuliche, aber nicht zwingend notwendige Merkmale.

Umstellung 3: Fließen lassen Benennen Sie Ihre Ängste, Ihre Selbstabwertungen, Ihre Minderwertigkeitsgefühle. Wo fehlt es Ihnen an Liebe? Nehmen Sie einen tiefen Atemzug. Stellen Sie sich vor, wie Liebe in Sie hineinflutet. Lassen Sie Liebe an den Punkt hinfließen, wo Sie sich nicht selbst lieben können. Wehren Sie sich nicht gedanklich gegen dieses Fließen (»Das klappt sowieso nicht«, »Ich bin nicht liebenswert«), sondern lieben Sie sich dafür, dass Sie nicht wissen, wie Sie sich selbst lieben sollen.

simplify-Idee: Ent-grenzen Sie Ihr Ich – Das Liebeszelt

Folgen Sie Ihrer Sehnsucht

Das exotische, intime, luftige Liebeszelt steht für die aufregende, unglaubliche Leichtigkeit des Verliebtseins. Nie sonst im Leben fühlen Sie sich so frei, so beschwingt, so entgrenzt, wie wenn Sie glücklich verliebt sind.

Zugleich aber kann eine neue Liebe zart und zerbrechlich sein. Auch deswegen haben wir für die Phase des Verliebtseins ein Zelt als Symbol gewählt. Ganz anders als der fest gefügte Turm ist es mit seinen dünnen Stoffwänden aus Gefühlen und Sehnsüchten extrem durchlässig und empfänglich.

Die Zeltwände: Ihre Träume

Warum bietet Ihre Seele so viel Leidenschaft und kreative Energie auf? Sie produziert mit aller Kraft ein inneres Liebesbild, das sie dann auf die äußeren Zeltwände eines anderen Menschen projiziert. Dieses »imago amore« ist bis zum Äußersten mit positiver Energie aus dem Unbewussten aufgeladen. Ein Wunder passiert: Ein völlig Fremder wird plötzlich interessant und begehrenswert. Der Liebste wird mit Geheimnissen umgeben, er ist alles, was Sie nicht sind und ersehnen. Er ist genau aus dem Stoff gemacht, aus dem Ihre Träume sind. Er entspricht Ihrem Sehnsuchtsbild auf wunderbare Weise – je weniger Sie ihn kennen, umso mehr! Am besten funktioniert dieses Projektionsspiel, wenn der andere eine »verheißungsvolle Unbestimmtheit« (*C. G. Jung*) für Sie ausstrahlt. So können Sie ungehemmt alle guten Eigenschaften, die Sie gerne besäßen, auf den Unbekannten projizieren. In der Nähe des geliebten anderen fühlen Sie sich edler und stärker, freier und lebendiger. Das macht die Intensität der Verliebtheitsphase aus.

Das Zeltinnere: Das Allerheiligste

Als Verliebter erleben Sie eine Reihe seelischer Wunder. Schlafende Teile Ihrer Persönlichkeit erwachen spontan, Sie werden überschwemmt von Gefühlen. Die Nähe des anderen verwirrt und beflügelt Sie zugleich. Die Tore zu Ihrem Unbewussten sind weit offen, Sie sind hoch empfänglich für Emotionales und Sinnliches, aber auch für spirituelle Erfahrungen. Deshalb sprechen Liebende in mystischen Bildern. Deshalb nutzen umgekehrt so viele Mystiker die Sprache der Liebe, wenn sie von Gott sprechen. Liebe hat eine mystische Dimension.

Das Banner mit den drei Sternen: Eros, Amor und Agape

Vielleicht ist Ihnen bei der bildlichen Vorstellung Ihres Turms aufgefallen, dass über dem Turm eine Fahne gehisst war. Sie ist das Symbol dafür, dass Ihre Seele im Turm zu Hause ist.

Jetzt sind über dem Zelt zwei solche Banner zu sehen. Jeder von Ihnen beiden hat seine Fahne mitgebracht und sie über dem Zelt der Liebe aufgezogen – als Zeichen, dass er nicht nur körperlich anwesend ist, sondern auch seine Seele mitgebracht hat. Jede der beiden Fahnen wiederum trägt drei Sterne. Sie sind das Symbol für eine ungewöhnliche Einteilung der verschiedenen Arten von Liebe.

Eros, Stern der Verlockung Eros allein ist triebgesteuert und daher nicht sehr wählerisch. Er wechselt leicht den Partner und denkt eher überindividuell. Bei ihm kann »jede mit jedem«, sobald die Signale stimmen. Eros will Sex und Befriedigung, Affären und Abenteuer, keine feste Bindung. Er leidet auch nicht wirklich, wenn der andere geht – Eros tröstet sich schnell über einen Verlust hinweg. Für eine dauerhafte Liebe reicht das nicht, obwohl sie seine wildkreatürliche Kraft und hingebungsvolle Leidenschaft unbedingt braucht.

Amor, Stern der Einzigartigkeit Ganz anders als Eros ist er ausgesprochen wählerisch. Sein Konzept ist exklusiv. Das Herz muss sprechen – bei beiden! Das ist die revolutionäre Idee der romantischen Liebe, die sich seit ein paar hundert Jahren tief in unserem westlichen Bewusstsein eingegraben hat.

Amor ist der persönlichste Liebesstern. Sein Ziel ist es, ein Paar dazu zu bringen, sich gegenseitig in seinen Wesenskernen immer tiefer zu durchdringen. Es kann reifen bis zur höchsten geistigen Erfahrung von unwiderruflichem Einssein.

Agape, Stern der selbstlosen Liebe Der dritte Stern auf dem Banner ist Agape, das griechische Wort für eine sich selbstlos verschenkende Liebe. Hier haben Sie es wieder mit einer überindividuellen und gemeinschaftsorientierten Form der Liebe zu tun. Agape zeichnet sich aus durch ihre Hingabebereitschaft und kann sich jedem zuwenden:

»Liebe deinen Nächsten wie dich selbst«. Sie geht über sich, auch über das Paar hinaus und sorgt selbstlos für andere, auch für völlig Fremde, denn der Nächste kann ja jeder beliebige Mensch sein. Mit Agape leben Sie das Gegenteil von Egoismus, Sie können sich selbst zurückstellen. Dank Agape haben Sie nicht das eigene Wohl, sondern das des anderen im Blick.

Wozu das Sternenbanner gut ist

Schluss mit der Sex-Diktatur Rücken Sie Eros wieder an die rechte Stelle: Liebe besteht zu höchstens einem Drittel aus Sex und Erotik – nicht mehr.

Falsche Erwartungen klären Bei einem Paar wird der eine von Amors Pfeil getroffen und ist dabei, sein Herz zu verlieren. Der andere wird von Eros entflammt und spürt die körperliche Verlockung. »Du liebst ja gar nicht mich, sondern nur meinen Körper«, sagt dann der mit Amors Liebespfeil im Herzen. Es handelt sich bei beiden um Liebe, aber um unterschiedliche Aspekte. Aus dem großflächigen erotischen Entflammen kann durchaus noch die ganz spezielle punktförmige Liebe Amors werden. Und die zärtliche Liebe Amors kann die Power des Eros gut vertragen.

Die Zukunft einschätzen Wenn die Liebe zwischen zwei Menschen hängen bleibt und nicht hinausdrängt über die reine Kuscheligkeit, wird sie bald kraftlos und erstickt die beiden. Ihnen fehlt die Gestaltungskraft der Agape.

In jedem Liebenden läuft fortwährend ein unbewusstes Testprogramm ab: Kann mich der Geliebte im Notfall beschützen oder pflegen? Kann er gemeinsame Kinder aufziehen? Wird er im Gutshof mit anpacken? Kurzum: Finde ich bei ihm im Alltag Unterstützung? Das klingt vielleicht etwas unromantisch, aber wenn diese dritte Art der Liebe in einer Beziehung mit dabei ist, bekommen Eros und Amor noch einmal einen mächtigen Schub. Agape ist die bodenständige Zutat, die vielen »Hollywood-Ehen« fehlt.

Bringen Sie Ihre Sterne zum Strahlen

Jede Liebe lebt von liebenswürdigen Kleinigkeiten und überraschenden Momenten. Machen Sie aus Ihrem Alltag »Sternchentage«:

Was Sie für Eros' Leuchten tun können Schwimmen gehen und den anderen im Wasser schweben lassen; ihr Haar kämmen (ganz vorsichtig!); ihm beim Rasieren helfen (ganz, ganz vorsichtig!); zärtliche Massagen mit feinen Ölen; gemeinsam schöne Bettwäsche und Dessous einkaufen; einen erotischen Liebescode aus Gesten und Worten erfinden; sich gegenseitig fotografieren, malen oder modellieren; über sexuelle Wünsche sprechen.

Was Sie für Amors Leuchten tun können Liebesbriefe schreiben statt nur zu telefonieren; sich abwechselnd seine und ihre Lieblingsfilme anschauen; gemeinsame Plätze finden (Parkbank, Baum, Restaurant, Bucht, Wiese); zusammen Neues lernen; Rätsel lösen; Kinderfotos von beiden anschauen und sich dazu Geschichten erzählen; sich gegenseitig erzählen, was man geträumt hat; ein Liebesgedicht verschenken; dem anderen einen Kindheitswunsch erfüllen; übers Zusammenziehen und Heiraten sprechen.

Was Sie für Agapes Leuchten tun können für den anderen einkaufen, kochen, aufräumen oder waschen; das Auto des anderen waschen, saugen und volltanken; den anderen zu einem unangenehmen Termin begleiten; dem anderen etwas beibringen, was man selbst gut kann; zu zweit Freunden helfen; mit dem anderen für eine Prüfung lernen; den anderen verwöhnen, wenn er mal krank ist; sich für die Familie des anderen interessieren und sie besuchen; über den eigenen Kinderwunsch sprechen.

Vereinfachen Sie Ihre Sexualität: Werden Sie monogam

Monogame Beziehungen haben sich nicht zufällig in der Kulturgeschichte der Menschheit durchgesetzt. Gleichzeitig bestehende Liebschaften oder häufige Partnerwechsel kosten eine Unmenge Kraft,

Nerven und Lebenszeit. In Zeiten von Aids sind sie zudem potenziell sehr gefährlich. Die Konzentration auf einen Partner hilft am besten, sich des eigenen Liebespotenzials hinsichtlich Körper, Geist und Seele bewusst zu werden. Der schon zitierte *Gay Hendricks,* Professor für Psychotherapie und Partnerschaftsspezialist, plädiert rückhaltlos für die Ehe: »Monogamie ist der einzige Weg, der meiner Erfahrung nach funktioniert.« *Hendricks* ist davon überzeugt, dass die Selbstverpflichtung für eine feste Beziehung der Beginn eines spirituellen Weges ist. Mit dieser Entscheidung wird viel Kraft freigesetzt, die eine geheimnisvolle Dynamik in Gang setzt, denn die beiderseitige uneingeschränkte Verbindlichkeit stiftet Vertrauen. Das schenkt beiden die Freiheit, wechselseitig ihre ungeklärten Schattenseiten ins Bewusstsein zu bringen. In einer bewusst als unwiderruflich angesehenen Paarbeziehung strengen sich beide Partner an, um sich gegenseitig bei der Klärung von Problemen zu helfen. Sie reiben sich aneinander und reifen dadurch miteinander.

Suchen Sie aktiv den Partner fürs Leben

Entromantisieren Sie die Romantik, damit die Liebe eine Chance bekommt. Betrachten Sie eine kluge Strategie und etwas Planung nicht als etwas Unnatürliches. Sie pfuschen damit Amor nicht ins Handwerk, sondern arbeiten intelligent mit ihm zusammen.

Wo Sie Menschen kennen lernen

Das Gebiet ist inzwischen gut erforscht. Die aktuelle Hitparade der Kennenlern-Plätze sieht so aus: Am häufigsten funkt es am Arbeitsplatz. Auf Platz zwei steht der Freundeskreis. Auf Platz drei liegt seit 2003 unangefochten das Internet. Virtuelle Partnerbörsen haben damit die klassischen Kontaktorte Kneipe und Diskothek überholt. Wir haben die *simplify*-Tipps in der Reihenfolge dieser Liebes-Hitparade sortiert.

Am Arbeitsplatz sollten Sie einige Spielregeln beachten Erweitern Sie Ihren Radius: Vergrößern Sie den Kreis von Menschen, mit denen Sie zu tun haben. Tappen Sie nicht in die Hierarchie-Falle: Flirten Sie lieber mit einem Kollegen als mit dem Chef oder der Chefin. Die gleiche Ranghöhe sorgt für Ebenbürtigkeit, und die ist generell gut für die Liebe. Akzeptieren Sie einen Korb. Wenn Sie eindeutige Absagen ignorieren, kann man Ihnen sexuelle Belästigung am Arbeitsplatz vorwerfen.

Stellen Sie Ihr Verhältnis nicht zur Schau. Nerven Sie keine Kollegen. Dauerndes »Reinschauen«, Anrufen und Händchenhalten gehen anderen genauso auf den Wecker wie notorisches Zuspätkommen oder demonstratives Gähnen am Morgen.

Beenden Sie mit Würde. Wenn die Beziehung zerbricht, ist es wichtig, dass Sie beide zu Ihren ursprünglichen Kollegen-Rollen zurückfinden. Wahren Sie gegenseitigen Respekt, und bleiben Sie diskret.

Auch im Bekanntenkreis gibt es einiges zu beachten Vermeiden Sie Kneipen und Urlaubsbekanntschaften. Besuchen Sie lieber Veranstaltungen, in denen Sie Ihre Interessen pflegen können. In Volkshochschule, Sportverein oder Kirchengemeinde, wo die verkrampfte Suche nach einem Partner nicht im Mittelpunkt steht, sind die Chancen für eine ernsthafte Bekanntschaft nicht schlecht. Wählen Sie Kurse oder Veranstaltungen, die nicht über Jahre laufen, damit Sie einen wechselnden Menschenkreis kennenlernen. Sehr gut sind auch größere Events, bei denen die Teilnehmer ähnlichen beruflichen oder privaten Fachgebieten angehören: Messen, Vernissagen, Kongresse.

Im Internet können Sie von der riesigen Auswahl profitieren Allein in Deutschland leben rund 11 Millionen Erwachsene im Alter zwischen 18 und 69 Jahren ohne feste Partnerschaft. Die von Parship in Auftrag gegebene Single-Studie 2005 ergab, dass 46 Prozent von ihnen unfreiwillige Singles sind. Das heißt: über 5 Millionen Menschen suchen nach einer festen und langfristigen Bindung!

Achten Sie auf seriöse Anbieter, womit wir Online-Partnerbörsen

»zur Vermittlung langfristiger Kontakte« meinen. Als Bezeichnung hat sich inzwischen der Begriff »Partnervermittlung« eingebürgert. Die Vermittlung mit den derzeit besten Bewertungen der Benutzer ist *Parship*. Die Kosten (ab 120 Euro für drei Monate) sind ein guter Filter, um Spaßvögel und Unseriöse abzuhalten.

Blind Dates sind nicht immer ganz einfach. Das beginnt schon bei dem ersten Telefonat. Doch trösten Sie sich. Es ist für beide Seiten schwierig. Egal ob Sie anrufen oder angerufen werden, schreiben Sie sich einige Fragen oder Gesprächsgegenstände auf. Üben Sie die ersten Anrufe (und eventuelle Absagen) mit Kandidaten, die nicht zu Ihren Favoriten gehören.

Lügner, Betrüger, Hochstapler und Taugenichtse gibt es im Internet genauso wie im normalen Leben. Die haben aber keine Chance, solange Sie aufmerksamer und schlauer sind.

Besonders wichtig für Frauen: Treffen Sie sich an einem belebten öffentlichen Ort Ihrer Wahl, den Sie kennen. Erzählen Sie Verwandten oder Freunden, wo und mit wem Sie sich treffen.Wenn Sie niemanden haben, können Sie kostenlos unter www.blinddate-security.com einen ehrenamtlichen Beschützer ordern, der Sie telefonisch überwacht und im Notfall Hilfe organisiert. Der Fachbegriff dafür lautet »covern«.

Erwarten Sie vom ersten Date nicht zu viel und bleiben Sie locker. Realistisch betrachtet ist es unwahrscheinlich, mit den ersten Kontakten sofort einen neuen Lebenspartner zu finden. Geben Sie nach den ersten Pleiten nicht auf, sondern versuchen Sie es in regelmäßigen Abständen wieder.

Lernen Sie Flirten: Die Kunst des Zeltbaus

Zeltaufbau Phase 1: Blickkontakt

Beim Flirten führt die Frau Regie. Sie entscheidet, ob und wann etwas geht oder nicht. Wenn sie ihn anschaut und noch dazu anlächelt, dann traut sich ein Mann heran. Wenn sie ihn keines Blickes würdigt, hält es die allermeisten Männer auf Distanz.

Unser *simplify*-Rat für Frauen: Es kommt nicht nur darauf an, wie Sie aussehen, sondern wie Sie den Mann ansehen.

Sorgen Sie dafür, dass man Sie allein ausmachen und ansprechen kann. Bedienen Sie sich des klassischen Repertoires: Blicke, Lächeln, Schrägstellen des Kopfes, mit der Hand durchs Haar streichen und den Kopf nach hinten werfen (»hairflip«). Je mehr solcher Signale von Ihnen kommen, desto höher ist die Wahrscheinlichkeit, dass ein Mann auf Sie reagiert.

Unser *simplify*-Rat für Männer: Alleinstehende Frauen streuen unbewusst »unspezifische Flirtsignale« aus. Als Mann sollten Sie darum nicht gleich nach dem ersten Blickkontakt meinen, dass eine Frau an Ihnen interessiert ist. Selbst wenn sie in Flirtlaune ist, muss sie damit noch lange nicht Sie gemeint haben. Prüfen Sie, ob die Flirtsignale tatsächlich Ihnen gelten, indem Sie Ihren Standort variieren. Bleibt sie Ihnen mit den Blicken auf den Fersen oder rückt gar von sich aus nach, dürfen Sie weitermachen – das Flirtspiel hat begonnen.

Zeltaufbau Phase 2: Der erste Satz

Der erste Satz beim Flirten mit einer Frau muss nichts Besonderes sein. Je harmloser und unverfänglicher Sie beginnen, desto besser. Am sichersten blitzen Männer mit frechen, machohaften Sprüchen ab, die plump und direkt anmachen. Wenn Sie als Frau den ersten Satz sagen, gibt es eine gute Nachricht: Den Männern ist es praktisch egal, wie sie von einer Frau angesprochen werden.

Zeltaufbau Phase 3: Zarte Bande

Absolute Grundregel: Nähe wird beim Flirt durch Worte und Blicke erzeugt, nicht durch die Hände. Stufe 3 ist dazu da, möglichst viele solche zarte Bande zu knüpfen. Erst mit Worten und dann – sehr langsam – auch durch »zufällige« Berührungen.

Beim Flirtgespräch gilt als Kardinalregel: Sie müssen nicht *interessant* sein, Sie müssen *interessiert* sein, und zwar an dieser konkreten

Person! Ein gutes Verhältnis entsteht, wenn Sie etwa zu einem Drittel reden und zu zwei Dritteln zuhören.

Unser *simplify*-Rat: Reduzieren Sie die Lautstärke des Gesprächs. Viel Zauber kann nicht entstehen, wenn Sie sich bei einer lauten Party, in einer vollen Disco oder Kneipe anschreien müssen. Flüstern Sie dem anderen etwas ins Ohr, und lehnen Sie sich dann wieder zurück. Das ist eine gute Möglichkeit zur intimen, aber dezenten Kontaktaufnahme.

Zeltaufbau Phase 4: Das Körper-Echo

Ob Sie beide übereinstimmen, kann man am Einklang Ihres Verhaltens erkennen. Je mehr Gleichklang, desto höher die Verführungsstufe. Wenn die Körper auf gleicher Wellenlänge kommunizieren, zeigen beide damit an, dass sie sich wohl miteinander fühlen und aufeinander einstimmen können.

Unser *simplify*-Rat: Eine gekonnte Verführung hat vom ersten Moment an etwas Spielerisches an sich. Das gilt auch für den ersten Kuss. Wenn für Sie der Augenblick gekommen ist, Sie sich aber unsicher sind, ob der andere mag, fragen Sie einfach sanft: »Was würdest du sagen, wenn ich dich jetzt küsse?«, und halten Sie ein bisschen inne. Das erzeugt noch mehr erotische Spannung als der wortlose Kuss! Und der andere kann gerade noch Nein sagen, bevor Sie es tatsächlich tun.

Sichern Sie Ihr Liebeszelt

Jemanden zu lieben bedeutet nicht, den eigenen Turm mit seiner komplexen Innenwelt aufzugeben. Auch vom Partner können Sie das nicht verlangen. Jemanden zu lieben bedeutet vielmehr, das Wesen und die geheimnisvolle innere Welt des Partners zu respektieren, ohne sie je vollständig ergründen zu können.

Verabschieden Sie sich von perfektionistischen Idealen. Menschen aus Ja-Nein-Kulturen wie der unseren träumen oft von einem »100-prozentigen« Partner. Sie leben in der unbewussten Erwartung, dass ihr gegenwärtiger 80-prozentiger Lebensgefährte eines Tages von einem 90-prozentigen und dieser dann hoffentlich von einem 100-prozentigen übertroffen werden könnte. Sie suchen den perfekten Mann, die perfekte Frau, und wenn sie das nicht finden, lassen sie sich scheiden, heiraten wieder, finden ihn oder sie wieder nicht. In Japan geht man zum Beispiel grundsätzlich davon aus, dass es keine perfekte Liebe gibt. Man sucht die Person, die zu 70 Prozent passt, und füllt den Rest selbst aus. Diese 30 Prozent sind die gemeinsame Schöpfung eines Paares. Diese 30 Prozent stellen den eigentlichen Schatz einer Partnerschaft dar. Sehen Sie es im Vergleich mit der Politik: Kann sich eine Regierungspartei auf eine 70-prozentige Mehrheit stützen, wird sie ihr Land höchst souverän regieren und gestalten können!

Die 100-prozentige Harmonie enthält noch ein weiteres Dilemma: Gäbe es eine solche Übereinstimmung von zwei Menschen wirklich, dürfte sich keiner der beiden mehr ändern. Die Beziehung wäre von Anfang an dazu verdammt, als perfektes Bild in Ewigkeit zu erstarren. Nichts dürfte sich mehr bewegen oder verschieben. Jede Veränderung wäre ein Angriff auf die gemeinsame Beziehung. Seien Sie froh, dass es anders ist: Eine lebendige Liebesbeziehung ist kein statisches Sein, sondern ein dynamisches Werden.

Von *Kurt Goetz* stammt der schöne Satz »Wie ich meine Frau kennen lernte? Indem ich sie heiratete.« Liebe ist ein wunderbarer und anstrengender Reifungsweg, bei dem zwei 70-prozentige Menschen ein 100-prozentiges Kunstwerk erschaffen: ihre Beziehung.

simplify-Idee: Ent-wickeln Sie eine lebendige Partnerschaft – Der Gutshof

Den nächsten Teil Ihrer Reise durch das Königreich der Liebe nennen wir Gutshof. Hier wird gearbeitet und zusammen gelebt, hier können sich die beiden Liebenden eine stabile gemeinsame Zukunft bauen. Hier schaffen Sie etwas, das bleibt, gestalten die Gesellschaft und die Welt mit. Im Gutshof haben Sie unentwegt etwas zu tun, zu versorgen, zu bedenken, zu pflegen, zu ernähren und zu begleiten. Mehrfachbelastungen entstehen, Stress wirkt auf beide ein: Finanzen, Beruf, Gesundheit, andere Menschen. Wie hält ein Liebespaar das überhaupt aus?

Es gibt eine ständig wachsende Zahl von Paaren, die diesen Übergang nicht schaffen. Ein besonders plakatives Beispiel sind Hollywoodschauspieler, deren Filme vor allem im Liebeszelt spielen, und die offenbar meinen, die Welt da draußen müsste sich doch einigermaßen ähnlich verhalten. Sie sind geschockt, dass im richtigen Leben nach den heißen Erlebnissen des Verliebtseins nicht die nächste Liebesszene kommt, sondern der Alltag. Sie heiraten, streiten, lassen sich scheiden, heiraten, streiten … und so weiter.

simplify your love bedeutet für uns: Befreien Sie sich von der romantisch-kurzsichtigen Position, Verliebtsein wäre das Eigentliche und alles danach ein Abstieg. Auch eine Beziehung darf und muss erwachsen werden. Aus der kuschelweichen Perspektive der Schmusekissen im Liebeszelt hat der bodenständige Alltag etwas ernüchternd Triviales.

Dass es Sie heute gibt, verdanken Sie Menschen, die einen Gutshof errichtet und bestellt haben. Wie immer er auch ausgesehen haben mag: eine gut behütete Kindheit, eine überbehütete Kindheit, eine Kindheit in einem Heim oder einem SOS-Kinderdorf oder was auch immer – ein, zwei oder noch mehr Menschen haben sich Mühe gegeben, für Sie zu sorgen und Sie großzuziehen.

Das große Dach unseres Gutshofs symbolisiert das neue Sein, zu dem Sie nun als Paar gekommen sind: Sie vereinen Ihre Liebe unter *einem* festen Dach. Das traditionelle Symbol dafür ist die Ehe. Sie stiften ein gemeinsames Verbindendes, das größer ist als Sie selbst. Das Paarsein ist das neue Zentrum Ihrer Identität, die Sie so, ohne den anderen, nie haben könnten, und um die Sie von vielen suchenden Singles beneidet werden. Und diese Paaridentität können Sie nun gestalten!

Legen Sie den Grundstein

Der Umzug vom Liebeszelt in den Gutshof fällt nicht immer leicht. Deswegen hat es sich bewährt, öffentlich ein »Übergangsritual« zu begehen, um sich der Hilfe und der Zustimmung anderer Menschen zu versichern. Wenn Sie beide ausdrücklich Ja sagen zu einer gemeinsamen Partnerschaft, dann schafft nur eine Heirat wirklich klare Verhältnisse. Klarheit ist ein wichtiges Merkmal guter Beziehungen. Der Theologe *Jörg Zink* nennt diese eindeutige Verpflichtung »die Verlässlichkeit des Liebenden auf dem langen Weg«, die das dem Menschen zugedachte Glück ist. Ihre Selbstverpflichtung gegenüber dem geliebten Menschen verlangt von Ihnen den Mut, ein Wagnis einzugehen – und zwar eines, das Sie für den Rest Ihres Lebens bindet. Sie legen Ihr kostbares Leben mit dem Leben des Geliebten zusammen und vertrauen darauf, dass es dadurch reicher und noch kostbarer wird.

Viele Menschen haben Angst, lebenslang gebunden zu sein. In diesem Fall verstellt die Angst vor dem Gebundensein den Blick auf den großen Preis am Ende. Die zentrale *simplify*-Botschaft dieses Buches lautet daher: Sehen Sie das »Ja« am Beginn im Blick auf das Schloss am Ende. Überwinden Sie Ihre Angst vor der Unfreiheit, schauen Sie stattdessen auf die Kraft Ihrer Liebe, aus der die Freiheit erwächst.

Der US-Bestsellerautor *John Gray* gibt einer Ehe oder Partnerschaft nur eine Chance, wenn beide an »praktische Wunder« glauben. Glückliche Paare sind Träumer und Fantasten. Sie sind überzeugt, dass die eisernen Regeln der Statistik oder der Sozialforscher für sie *nicht* gelten. Das ist der schönste *simplify*-Tipp für Liebende: Leben Sie, als ob alle Ihre Wünsche eines Tages erfüllt werden können.

Wenn eine Ehe trotz allem nicht infrage kommt und Sie ohne Trauung zusammenbleiben möchten, sollten Sie so viele Merkmale einer Hochzeitsfeier wie möglich übernehmen. Veranstalten Sie ein hochzeitsähnliches Fest, bei dem Sie Ihre Bindung vor Ihren beiden Herkunftsfamilien und Ihren Freunden öffentlich erklären.das entscheidende Bekenntnis ist jedoch nicht nur die öffentliche Erklärung, zu der Sie beide stehen, sondern vielmehr Ihr inneres Gelöbnis, diesem geliebten Menschen treu zu sein und zu bleiben und sich von jetzt an Ihrer gemeinsamen Beziehung zu widmen.

Geben Sie sich selbst dieses Treueversprechen – mit allen Konsequenzen: dass Sie von jetzt an nicht mehr nach anderen Partnerinnen oder Partnern Ausschau halten, dass Sie »nicht die Frau des Nachbarn und all seinen anderen Besitz« begehren, wie es im zehnten Gebot der Bibel heißt.

---

simplify-Ratschläge für Ihr Hochzeitsfest

1. Heiraten Sie nicht heimlich. Je größer die Zustimmung der beiden Familien ist, desto stärker ist auch der Zusammenhalt in Ihrer Partnerschaft.
2. Beziehen Sie die Eltern mit ein. Es ist wichtig, dass vor allem die Eltern des Hochzeitspaars an der Feier teilnehmen, und zwar die leiblichen Eltern. Stehen sie Ihrer Verbindung ablehnend gegenüber, sollte trotzdem gut über sie gesprochen werden, damit kein Teufelskreis der Ablehnung entsteht, der in jedem Fall auch Ihrer Ehe schadet.
3. Laden Sie schriftlich ein. Ihre Vermählungsanzeige ist für die meisten Verwandten und Freunde das einzige Schriftstück, das Ihre Hochzeit öffentlich bekundet. Verschicken Sie Ihre Anzeige als klassische Karte auf dem Postweg.
4. Bringen Sie die beiden Familien zusammen. Eine schöne Möglichkeit die Familien zusammenzuführen ist das Aufhängen beider Stammbäume im Festsaal. Wenn sich sämliche Verwandte beider Seiten darin wiederfinden, entsteht sofort ein neues Gemeinschaftsgefühl.
5. Entwerfen Sie eine Tischordnung. Einen funktionierenden Sitzplan zu entwerfen, kann eine knifflige Aufgabe sein. Aber es ist

eine gute Übung für die Ehepartner, sich mit allen Verwandten und Bekannten zu befassen.

6. Machen Sie ein Gruppenfoto. Damit würdigen Sie Ihre Gäste und schaffen eine wertvolle Erinnerung. Legen Sie das Bild Ihrer Danksagung bei.

Bauen Sie sich ein gemeinsames Leben auf

Wenn Sie vom Liebeszelt in den Gutshof umgezogen sind, beackern Sie Neuland. Es gibt eine Menge zu klären, weil sich viel ändert und viel Neues auf Sie zukommt. Wir betrachten das als Ihre Lebensfelder, die Sie rund um Ihren Gutshof anlegen und bestellen möchten. Sie sind dazu da, um Sie und Ihre Beziehung zu versorgen.

Der amerikanische Bewusstseinsforscher *Ken Wilber* hat fünf zentrale zwischenmenschliche Bedürfnisse formuliert.

Stellen Sie sich vor, diese fünf Grundbedürfnisse entsprechen fünf Feldern rund um Ihren Gutshof, den Sie als Paar betreiben. Ein guter Ertrag dieser Felder macht Ihr Vermögen aus. Je mehr Felder ein Paar gemeinsam bestellen und pflegen kann, desto reicher erlebt es – bei aller damit verbundenen Mühe – seine Beziehung.

Beide Partner ernähren sich wechselseitig auf allen fünf Ebenen. Kein Feld gehört einem Partner allein! Aus Ihrem kleinen Bauernhof wird nach und nach ein prächtiges Landgut.

Ansehnlich ist Ihr gemeinsamer Wohlstand dann, wenn Sie nicht nur ein erotisches Team oder eine Wirtschaftsgemeinschaft sind, sondern sich auf allen Gebieten Ihres Lebens als Paar empfinden und als Paar handeln. Wenn jeder von Ihnen beiden nicht nur für seine eigenen Bedürfnisse sorgt, sondern nach und nach immer besser weiß, was der andere braucht. So schaffen Sie eine Win-win-Situation, in der sich beide dabei helfen, emotional, gesellschaftlich und materiell glücklich zu werden.

Fragen Sie sich bei jedem der vorgestellten fünf Felder: Haben wir dieses Feld überhaupt? Betrachtet das einer von uns als »seines«, oder ist das »unseres«? Wie groß ist dieses Feld bei uns: stattlich, mittelprächtig oder mager? Ist es vielleicht ein Feld, das bei uns noch in Planung ist? Am schönsten wäre es, Sie bekommen beim Lesen Lust, Ihren Gutshof diesem Fünf-Felder-Plan entsprechend anzulegen!

Feld 1: Das Weizenfeld oder materielles Teilen

Hier geht es um das »täglich Brot«, das wird durch den Weizen symbolisiert. Wenn Sie die Weichen für eine partnerschaftliche Beziehung falsch gestellt haben, produziert dieses Feld viel Stress. Hauptursache dafür ist fast immer die mangelnde oder ungerechte Verteilung der Rechte und Pflichten.

Der Dünger Sie brauchen Konsequenz und Fairness beim Verteilen der vorhandenen Aufgaben nach innen und außen. Operieren Sie phasenorientiert, besonders wenn Sie Kinder wollen oder schon haben. Die Kinderphase ist ein dünnes Nadelöhr für Ihre beiderseitige Teilnahme am Arbeitsmarkt.

Die Früchte Wenn Sie sich als Paar bemühen, Ihr materielles Weizenfeld partnerschaftlich zu bestellen und zu gestalten, absolvieren Sie ein hervorragendes Training für den Ausgleich von Geben und Nehmen auf den weiteren Feldern.

Das ist die Revolution Besitzanzeigende Fürwörter wie »dein Beruf, mein Haushalt« gibt es nicht mehr. Wer im Beruf steht, benutzt die gemeinsamen Ressourcen von Zeit und Geld ebenso wie der, der vorwiegend den Haushalt managt.

Feld 2: Der Bauerngarten oder emotionales Teilen

Seine farbenprächtigen Blumen und aromatischen Kräuter stehen für die Gefühle, die Ihrer Beziehung den guten Geschmack und die richtige Würze verleihen. Und die Ihren Bauernhof einfach schmücken. Die Verbindung aus Nützlichem und Schönem erfreut Sie beide als

Paar, aber auch die anderen, die bei Ihnen wohnen oder zu Besuch kommen: Ihre Eltern, Geschwister, Kinder, Schwiegerkinder, Enkel, Freunde, Fremde.

Blumen und Kräuter erfordern Liebe, zarte Handarbeit, Fingerspitzengefühl. In diesem Garten steht an einem versteckten Platz auch Ihr gemeinsames Liebeszelt. Es ist mit hierher umgezogen. Umgeben von liebevoll gepflegten Pflanzen und im Schutz des Guthofs kommt es fast noch schöner zur Geltung als damals, als es ganz allein dastand und das Zentrum Ihres Universums bildete.

Der Dünger Trampeln Sie nicht auf den zarten Blumen der Empfindungen Ihres Partners herum. Verletzen Sie seine Gefühle nicht. Nehmen Sie stets Respekt als Grundlage für Ihren Umgang.

Die Früchte Der Ertrag Ihres emotionalen Gartens sorgt für die richtige Würze im Leben und stärkt Ihr Zusammengehörigkeitsgefühl. Sie schenken sich körperliche Nähe, emotionale Wärme und sexuelle Intimität.

Feld 3: Die Obstwiese oder geistiges Teilen

Das Feld des Gedankenaustausches wird durch eine Obstwiese symbolisiert. Hier stehen all Ihre »Bäume der Erkenntnis«. Sie pflegen sie durch gemeinsame Gespräche, die über das reine Tagesgeschehen hinausreichen. Mit der Obstwiese beackern Sie altes Kulturland. Hier nehmen Sie das Recht der Meinungsbildung wahr, das oft bedroht und massiv beschnitten war.

Der Dünger Führen Sie Gespräche über Ihre eigenen Interessensgebiete und über das, was Ihren Partner bewegt. Lernen Sie voneinander.

Die Früchte Auf diesem Feld wachsen gemeinsame Ideen, Visionen und Symbole, die Sie zu einem geistig so stark verbundenen Paar machen, dass Sie eine Missernte auf dem materiellen Weizenfeld auch einmal gut durchstehen können.

Feld 4: Der Kartoffelacker oder seelisches Teilen

Kartoffeln wachsen wie viele Gemüsesorten unter der Erde. Ihr oberirdisches Kraut verrät nichts über die wertvolle Lebensenergie, die sie in ihren unterirdischen Teilen speichern können. Genauso wachsen Ihre Seelenfrüchte in der Tiefe und müssen wie die Kartoffeln geduldig ausgegraben werden. Nehmen Sie sich dafür Zeit. Sprechen Sie darüber, was in Ihren Seelen vor sich geht.

Der Dünger Haben Sie Respekt vor den inneren Werten Ihres Partners. Lernen Sie die Kunst, seine schöne Seele zu sehen und nicht nur seine körperliche Schönheit (die im Gegensatz zur Schönheit der Seele im Lauf der Jahre meist etwas leidet).

Die Früchte Kartoffeln sind besonders nahrhaft und lange haltbar. Gute Seelenfrüchte haben die gleiche Qualität. Auch wenn es bei Finanzen und Zeitbudget (Weizenfeld), den Gefühlen (Blumengarten) oder Ihren Ansichten (Obstbäume) mal hapert – solange Sie im Kartoffelkeller Ihrer Seelen Vorräte haben, kriegen Sie das alles wieder in den Griff.

Feld 5: Der Weinberg oder spirituelles Teilen

Ein Gutshof mit Weingut, das hat was Nobles. Wenn Sie als Paar auch das Feld der Spiritualität bestellen, können Sie den vollen Reichtum einer Partnerschaft genießen.

Der Dünger Beginnen Sie mit behutsamen Gesprächen über Ihren eigenen Glauben, um ein spirituelles Klima zu schaffen. Regelmäßiger Austausch darüber fördert Ihre gemeinsame spirituelle Reise. Nach und nach werden Sie zu intimen Partnern auch in spirituellen Fragen. Sie helfen sich gegenseitig, höhere Ebenen der Wirklichkeit zu erfassen. Sie treten mit einer höheren Quelle in Kontakt, die Ihnen Bestätigung, Sinn und Verbundenheit vermittelt.

Die Früchte Spirituelle Intimität ist eine besondere Frucht und wird von Paaren als außerordentliches Geschenk empfunden, wie ein Ausnahme-Jahrgang beim Wein.

Versuchen Sie, von Feld 1 aufsteigend nach und nach die anderen Felder Ihres Gutshof-Areals urbar zu machen. Dafür ist es nie zu spät, vorausgesetzt, beide wollen es.

Der Speisezettel für Paare sollte darum vielfältige und abwechslungsreiche Kost enthalten. Sie können jedoch nicht immer auf allen fünf Bedürfnisfeldern Ihres Lebens gleichzeitig mit Ernten rechnen. Deshalb brauchen Sie Vorräte, damit Sie auch dann ernährt und versorgt sind, falls auf einem Feld einmal nicht so viel wächst. Man könnte das die Ökonomie des Herzens nennen.

Der amerikanische Ehe- und Familienpsychologe *John Gottman* hat 30 Jahre lang Paare untersucht. Seine Erkenntnis: In einer Partnerschaft sollte das Verhältnis von positiven zu negativen Äußerungen und Begegnungen 5:1 betragen. Ein Streit oder eine negative Bemerkung wird ausgeglichen durch fünf unterstützende, liebevolle Botschaften oder Handlungen. Das ist eine ganze Menge! Sie sollten daher diese positiven Eigenschaften oder Handlungsweisen stets großzügig bevorraten.

Gottman hat neben der 5:1-Regel auch eine ausgesprochen nützliche Liste mit gutem Paarverhalten erstellt. Wir bezeichnen sie als die sieben Grundrezepte, nach denen Sie aus den Vorräten Ihrer fünf Beziehungsfelder all das Gute zubereiten, das Ihre Beziehung nährt.

1. Rezept: Aktualisieren Sie Ihre Partner-Wiki

Als Mitglied eines Paares tragen Sie einen inneren, nie abgeschlossenen Lexikon-Artikel über Ihren Partner mit sich herum. Für eine gute Partnerschaft ist es wichtig, diese Fakten stets auf dem neuesten Stand zu halten.

Weg mit veralteten Informationen Bei Wikipedia kann jeder, der einen Fehler in einem Artikel entdeckt, einen Eintrag machen. Wenn Sie sich gegenseitig befragen, werden Sie staunen, wie viel sich bei Ihnen und Ihrem Partner in der Zwischenzeit geändert hat!

Bleiben Sie neugierig Verstehen Sie sich als Forscher, der alles über den Turm des anderen herausfinden möchte. Vermuten Sie nicht, sondern fragen Sie! Erhalten Sie sich die Freude daran, an Ihrem Lebensbegleiter stets neue Seiten zu entdecken.

2. Rezept: Bewundern und berühren Sie sich.

Die elementarsten Zutaten einer erfüllten Beziehung sind die positiven Gefühle füreinander.

Gut, dass ich dich habe! Es stärkt ein Paar ungemein, wenn sich beide bewusst machen, dass sie es mit diesem Menschen gut getroffen haben. Machen Sie dem anderen Komplimente. Sagen Sie, wie froh Sie darüber sind, mit ihm zusammen sein zu dürfen. Sprechen Sie mit Stolz und Respekt von Ihrem Partner. Machen Sie ihn nie vor anderen schlecht. Wenn Sie den Ideen, Vorschlägen oder Lösungen des anderen zustimmen können, würdigen Sie ihn ausdrücklich: »Das war eine wunderbare Idee von dir!«

Halten Sie Körperkontakt Berühren Sie den anderen, so oft es geht. Natürlich gehört auch Sex dazu, aber der gemeinsame erotische Höhepunkt kann die »kleine Kuschelkasse« nicht ersetzen.

3. Rezept: Wenden Sie sich einander zu

Positive Zuwendung besteht aus unzähligen kleinen Erlebnissen von Nähe. Gute Paare machen sich dauernd Wir-Angebote und finden in tausend kleinen Alltagsdingen zusammen: Schalten Sie auf Empfang. Denken Sie an die Super-Flirtregel und seien Sie nicht interessant, sondern interessiert. Bestätigen Sie mit einem Nicken oder einem ausdrücklichen Ja, dass Sie zugehört und verstanden haben.

Hinterlassen Sie Zeichen Zeigen Sie, dass Sie an den anderen denken. Bringen Sie vom Einkaufen etwas mit, was ihm Freude macht. Rufen Sie mittags an, wenn Sie wissen, dass der andere am Morgen einen wichtigen Termin meistern musste, und erkundigen Sie sich, wie es lief.

Verständnis kommt vor dem Rat Wenn Ihr Partner ein Problem hat, müssen Sie es nicht für ihn lösen, aber Sie sollten mit voller Aufmerksamkeit für ihn da sein. Geben Sie keinen vorschnellen Rat, sondern immer erst Nähe.

4. Rezept: Lassen Sie sich beeinflussen

Gottmans Studien ergaben, dass sich vor allem Männer schwer tun, Macht zu teilen und die Meinung der Frau anzuerkennen und sich von ihr beeinflussen zu lassen. Immer wieder geht es dabei um faires Teilen von Macht:

Akzeptieren Sie sich Auch wenn Sie gegensätzlicher Meinung sind – öffnen Sie Ihr Herz für die Position des anderen. Signalisieren Sie mit einem Ja, dass Sie weiterhin bereit sind, zuzuhören und sich mit seinen Gedanken auseinanderzusetzen. Treten Sie niemals in den Kommunikationsstreik des Schweigens, Weghörens oder Weglaufens. Nehmen Sie die Gefühle des anderen wahr, ohne sie zu kommentieren. Fassen Sie zusammen, was der andere gesagt hat: »Soweit ich dich verstanden habe, willst du/meinst du …«

Seien Sie diplomatisch Verwandeln Sie Ihre eigenen Forderungen in Bitten. Betrachten Sie es als persönlichen Erfolg, wenn Sie Zugeständnisse machen können, und zeigen Sie sich kompromissfreudig: Suchen Sie aus den Forderungen des Partners eine heraus, die Sie erfüllen können. Rechnen Sie aber nichts gegeneinander auf.

5. Rezept: Lösen Sie Ihre lösbaren Probleme

Gottman analysierte, wie gute Paare mit Konflikten umgehen. Er fand bei ihnen ein festes Streitschema in fünf Schritten, mit dem sie Konflikte ohne Beziehungsverlust meistern konnten. Gottman nennt es auch das »Gute-Manieren-Schema«. Dabei gewähren Sie Ihrem Partner den Respekt, den Sie auch einem Gast oder Fremden erweisen würden. Diese Schritte lauten:

Wählen Sie einen sanften Auftakt Achten Sie auf einen freundlichen Anfangston. Gottmans Forschungen ergaben, dass Diskussionen immer so enden, wie sie angefangen haben!

Starten Sie Rettungsversuche Formulieren Sie Vorwürfe elastisch. Gestehen Sie dem anderen zu, dass er auch Recht haben könnte.

Gehen Sie Kompromisse ein Signalisieren Sie Verhandlungsbereitschaft.

Tolerieren Sie die Fehler des anderen Bei der Bewältigung von Konflikten geht es nicht darum, den anderen zu ändern, sondern einen gemeinsamen Weg fürs Miteinander zu finden.

6. Rezept: Überwinden Sie unlösbar erscheinende Verschiedenheiten.

Neben lösbaren Problemen gibt es zwischen zwei Menschen auch immer einige unlösbar erscheinende Pattsituationen: Der eine will Kinder, der andere nicht.

Zu einer Lösung gelangen Sie am einfachsten, wenn Sie danach mit folgendem Satz fahnden: »Mein Traum bei diesem Thema wäre …« Erzählen Sie sich davon – völlig unabhängig von der Frage, ob sich dieser Traum realisieren lässt. Suchen Sie nach kleinen Zwischenschritten, die Sie Ihren Träumen näher bringen, ohne den anderen zu verletzen.

7. Rezept: Schaffen Sie einen gemeinsamen Sinn

Erforschen Sie gemeinsam die Grundlagen, die Ihre beiden Herzen berühren: Was sind Ihre tiefsten persönlichen Ziele? Auf der Grundlage dieser Güter können Sie Ihren gemeinsamen Gutshof bauen. Unter dem Dach einer glücklichen Partnerschaft haben die Träume, Visionen und Ziele von Ihnen beiden Platz.

Leben Sie intelligent zusammen

Die *simplify*-Raum-Therapie

Mit der folgenden Methode machen Sie aus dem potenziellen Nerv- und Streitthema Haushalt ein gemeinsames Projekt, das Ihre Beziehung vertieft. Welche Bereiche Ihres Zuhauses brauchen Zuwendung? In der Regel dreht es sich um sechs Tätigkeiten: Reinigen, Aufräumen, Reparieren, Ausmisten, Umräumen und Dekorieren. Diese Aktionen entsprechen sechs Ebenen in Ihrem Inneren: Gesundheit, Sicherheit, Klarheit, Gelassenheit, Flexibilität und Harmonie.

1. Gesundheit durch Reinigen Betrachten Sie Putzen als familiäre Gesundheitsvorsorge, zu der jeder seinen Teil beiträgt und die er auch erlernen muss. Erstellen Sie einen verbindlichen Putzplan, der wirklich alle Aufgaben auflistet. Jeder Reinigungsvorgang ist gleichzeitig ein Hausputz in Ihrer Seele. Probieren Sie es mit folgender Vorstellung: Wenn ich etwas sauber mache, reinige ich mich dadurch zugleich von negativen Gefühlen und Gedanken.

2. Klarheit durch Aufräumen Die Frage »Wer räumt hier auf, wer nicht?« sorgt oft für unbewusste Machtspiele. Haben die »Verweigerer« auch sonst nichts zu sagen? Erfinden Sie für Gemeinschaftsräume Regeln, die für alle Familienmitglieder gelten.

3. Sicherheit durch Reparieren Einrichtungen und Geräte gehen kaputt oder sind veraltet und müssen auf den neuesten Stand gebracht werden. In der Regel ist ein kostspieliger Fachmann erforderlich oder handwerkliches Können. Um die finanzielle Belastung abzufedern, bilden Sie eine Rücklage. Verteilen Sie dann die Gesamtkosten gleichmäßig über das Jahr.

4. Gelassenheit durch Ausmisten Geben Sie den Dingen beim Weggeben, Verschenken oder Verkaufen Ihren »Reisesegen« mit auf den Weg. Ihre Seele lernt daraus: Wer loslässt, wird gehalten – und gelassener!

5. Flexibilität durch Umräumen Damit ist das Umstellen von Möbeln gemeint oder das Umwidmen ganzer Räume. Wenn Sie es schaffen, Ihre Wohnumgebung immer wieder neu zu gestalten, dann geht das auch mit Ihrem Inneren und Ihrer Partnerschaft. Nichts bereichert Ihr Leben mehr als eine Seele, die sich weiterentwickelt.

6. Harmonie durch Dekorieren Jetzt kommt die angenehme Kür. Manche befürchten, dass Dekoration zu viel Geld verschlingt. Prüfen Sie daher, ob der Raum nicht einfach allein schon durch Weglassen mehr Harmonie gewinnt, durch Beschränkung auf wenige Farben oder durch eine weichere Beleuchtung.

Zweimal 20 goldene Minuten

Strategie für Männer Schenken Sie an drei bis vier Tagen pro Woche Ihrer Partnerin 20 Minuten lang ganz konzentriert Ihre Aufmerksamkeit. Wichtiger als gute Ratschläge oder Patentlösungen ist für eine Frau, dass Sie ihr intensiv zuhören und sie aus ehrlichem Herzen fragen: »Wie fühlst du dich heute?«

Strategie für Frauen Ermöglichen Sie Ihrem Mann ebenso oft in der Woche den Rückzug ins Alleinsein.

Vier heilende Gefühle

Gefühle wie Zorn, Wut, Muffigkeit oder Depressivität sind sehr nützlich, sobald Sie lernen, sie als Boten aus dem Unterbewusstsein zu verstehen, die auf einen Missstand aufmerksam machen wollen. Die geheimen Botschaften Ihrer vier (eigentlich heilenden) Gefühle lauten:

Ärger Etwas ist geschehen, was Sie nicht wollen. Formulieren Sie konkret, was das ist. Die darin enthaltene Heilung: Erwarten Sie keine Wunder von anderen, sondern sorgen Sie selbst für eine Änderung oder Korrektur.

Traurigkeit Sie haben etwas verloren oder vermissen etwas, was Sie brauchen oder sich wünschten. Die darin enthaltene Heilung: Lernen Sie, den Verlust in kleinen Schritten zu akzeptieren.

Kummer Sie würden gerne etwas verändern, es steht aber nicht in Ihrer Macht. Die darin enthaltene Heilung: Lassen Sie das Problem los. Lernen Sie, es zu vergessen oder es in größere Hände zu geben.

Angst Sie werden vor einem Fehlschlag, einem Verlust oder Schmerz gewarnt. Die darin enthaltene Heilung: Lassen Sie sich helfen. Überwinden Sie Ihre Scham, und sprechen Sie Ihre Angst aus. Zögern Sie nicht, um Hilfe und Rückhalt zu bitten.

Abwehr durch Doppelstrategie

Nutzen Sie die beschriebenen Heilungs- und Erholungsstrategien *gemeinsam*. Gönnen Sie sich *beide* 20 Minuten Abstand und schreiben Sie in der Stille auf, was Sie belastet. Verordnen Sie sich dann 20 Minuten gemeinsame Aufmerksamkeit, und erzählen Sie sich gegenseitig, was Sie derzeit belastet. Das negative Gefühl verschwindet, sobald Sie Verständnis füreinander gewinnen.

Die vier wichtigsten Worte

Gerade Frauen sollten immer wieder einmal innehalten und ihrem Mann das Zuhören erleichtern, indem sie sagen: »Ich bin froh, dass du mir zuhörst. Wenn es sich für dich manchmal so anhört, als ob ich dich beschuldige, ist das nicht so gemeint. Du kannst nichts dafür.« Natürlich können Sie Ihren Mann nur dann damit beruhigen, wenn Sie es tatsächlich nicht als Vorwurf gemeint haben.

Der Countdown der Liebe

Das sind Ihre schönsten Wörter gegen Lieblosigkeit in der Beziehung:

- Die sechs schönsten Wörter: »Ich gebe zu, ich hatte Unrecht.«
- Die fünf schönsten Wörter: »Das hast du wunderbar gemacht.«

- Die vier schönsten Wörter: »Was denkst du darüber?«
- Die drei schönsten Wörter: »Kann ich helfen?«
- Die zwei schönsten Wörter: »Vielen Dank!«
- Das schönste Wort: »Wir«
- Und am allerschönsten: Verständigung ohne Worte!

Klären Sie die Kinderfrage

In jedem Menschen ist eine Vision enthalten, wie sein Leben aussehen soll. Aber nur wenige Menschen haben Zugang zu diesen Bildern. Sie misstrauen ihrem Lebens-Navi und vertrauen lieber den äußeren »Fakten«, die sie in den Zeitungen lesen.

Mit den folgenden Visionsübungen können Sie Ordnung in Ihre innere Bildersammlung bringen.

Visionsübung 1: Babybeobachtung

Achten Sie auf Schwangere und Babys in Ihrer Umgebung. Fassen Sie die Babysachen in der Kinderabteilung an. Rührt Sie das innerlich an? Unabhängig von Ihrem Alter: Wenn Sie klar wissen, dass Sie Kinder wollen oder auf einmal den Wunsch nach einem Baby verspüren, gehört die Kinderfrage auf den Tisch. Ihr Partner muss sich die Zeit nehmen, sich dieser Frage zu stellen.

Oft werden die Karriere und die schlechte Vereinbarkeit von Familie und Beruf als Gründe dafür angegeben, dass ein Paar nicht noch ein Kind möchte oder gar keine Kinder hat. Aber haben Sie wirklich beides ehrlich gegeneinander abgewogen? Für karrierebewusste Männer und Frauen ist die berühmte Frage von *Stephen Covey* eine lohnende innere Übung: Können Sie sich vorstellen, Sie liegen auf dem Sterbebett und sagen sich: »Ach, wäre ich in meinem Leben doch mehr ins Büro gegangen«? Covey rät auch, den eigenen Nachruf zu schreiben. In zwei Versionen: einmal für einen traumhaft-optimalen Verlauf Ihrer Karriere, ein zweites Mal für den denkbar schlechtesten. In der Realität werden Sie irgendwo dazwischen landen. Bringt Ihnen das die volle Erfüllung? Wiegt das den Verzicht auf Kinder für Sie auf? Verlagern Sie die Wahrnehmung Ihres eigenen Wertes bewusst einmal vom Beruf ins Private.

Visionsübung 2: Ihre inneren Großeltern

Stellen Sie sich mit geschlossenen Augen den für Sie idealen Großvater beziehungsweise die ideale Großmutter vor – völlig unabhängig von Ihren realen Großeltern. Sehen Sie vor Ihrem inneren Auge, wie diese Person auf Sie zugeht: Was macht sie? Was empfinden Sie dabei?

Bei dieser Übung erlauben Sie Ihrer Seele einen Moment lang, sich selbst in ihrer reifsten Gestalt zu zeigen. Es ist Ihr eigenes, zukünftiges Selbst, das Sie da ansehen und umarmen. Manche Menschen bekommen mithilfe dieses Umwegs über ihre fantasierten Enkelkinder leichter Zugang zu ihren inneren Kindern. Denn wer so ein wunderbarer Großvater oder so eine gütige Großmutter werden will, braucht natürlich erst einmal eigene Kinder.

Vergessen Sie den Mythos vom richtigen Zeitpunkt. Das gilt für eine 20-Jährige wie für eine 40-Jährige. Selbst die beste Planung ersetzt nicht das grundsätzliche Vertrauen in die Zukunft.

Visionsübung 3: Visualisieren Sie Ihr künftiges Kind

Fragen Sie sich zunächst jeder für sich: Wie sieht unser ungezeugtes Kind aus? Wo ist es jetzt? Stellen Sie sich vor, dass es Ihnen einzeln die Frage stellt: »Darf ich kommen?« Stimmen Sie beide zu, kann die Liebe fließen, und das Baby ist eingeladen zu kommen.

Visionsübung 4: Ihr Familientisch

Für wie viele Kinder ist in Ihrer Seele Platz? Schließen Sie die Augen, und denken Sie sich 15 Jahre voraus in die Zukunft. Stellen Sie sich Ihr Traumhaus vor. Gehen Sie in Gedanken ins Esszimmer, und decken Sie den Familientisch für ein Abendessen, mit allen Details: Gläser, Geschirr, Besteck, Getränke, Speisen für Eltern und Kinder. Lassen Sie sich Zeit: Wie viele Teller könnten Sie noch dazustellen? Wie groß ist Ihre Tafel? Diese Vorstellungsübung überrascht vor allem die

Männer. Beim Stichwort »Kind« denken sie meist an einen Säugling, an Wickeltisch und Kindergeschrei. Sie wenden sich innerlich ab, und vieles in ihnen sperrt sich. Wenn sie aber an eine große Familienrunde am Esstisch denken, an ein kleines Familienorchester, eine Räuberbande am Lagerfeuer oder an das große Familienfoto anlässlich des eigenen 70. Geburtstags – dann sieht die Sache schon ganz anders aus. Dann richten viele Männer sich innerlich auf und strahlen.

Haben Sie keine Angst vor Ihren Defiziten

Kinder eröffnen einen natürlichen Weg zum Erwachsenwerden. Schwangerschaft, Geburt und das Leben mit einem Neugeborenen bringen »unsere Defizite zur Welt«, wie die Psychotherapeutin *Eva-Maria Zurhorst* sagt. Über Ihr Kind bekommen Sie die Chance, Ihre eigene unbewusst verlaufene Entwicklung noch einmal bewusst wahrzunehmen. Sie lernen eigene Erfahrungen zu reflektieren, alte Verletzungen loszulassen, sich zu relativieren, sich mit den eigenen Eltern auszusöhnen und dem eigenen Wesen dabei immer mehr auf die Spur zu kommen. Kinder sind in diesem Sinne die besten spirituellen Lehrmeister, die Sie haben können.

Denken Sie bei all dem immer daran, dass Sie keine Super-Eltern werden müssen. Die Entwicklung eines Kindes wird zu etwa einem Drittel, so sagt man, von der Erziehung bestimmt, zu einem Drittel ist sie genetisch im Erbgut verankert, und zu einem Drittel wird sie vom gesellschaftlichen Umfeld und von der Persönlichkeit dieses unverwechselbaren Menschen bestimmt.

Schreiben Sie ein Strategiepapier

Wenn Ihr gemeinsamer Entschluss fest steht: »Ja, wir wollen (noch) ein Kind«, dann haben wir noch einen wichtigen *simplify*-Tipp für Sie. Machen Sie einen Vertrag. Lassen Sie sich als Frau von Ihrem Partner schriftlich versichern, dass die Familie in seinem und Ihrem Leben Priorität hat. Untersuchungen haben eindeutig ergeben: Anfangs beteuern Männer, ihren guten Willen, im Haushalt mitzuarbeiten und einen intelligenten Ausgleich zwischen Familie und Beruf zu schaffen. Dann aber kommen die »Sachzwänge«, und alle guten Vorsätze sind vergessen. Ein schriftliches Strategiepapier dieser Art erhöht die Chance, dass Sie als Paar zusammenbleiben. Es bewahrt Sie vor dem Rückfall in die alte Zwei-Felder-Wirtschaft (Frau im Haus, Mann im Beruf), auch wenn Ihnen das im Moment die einfachste und angenehmste Lösung zu sein scheint.

Feiern Sie das Fest des Lebens

Feste sind nicht nur ein Ausdruck von Lebensfreude. Sie haben eine wichtige Bedeutung als Rituale, besonders bei Übergangs- und Umbruchssituationen (»rites de passage«). Wie bei einer Hochzeit gilt auch bei der Geburt eines Kindes: Ein Fest aus diesem Anlass ist ein wichtiges und schönes Zeichen, und wenn Sie ein paar Details beachten, wird es grandios.

Geben Sie Ihrem Kind einen guten Namen. Wählen Sie den Namen einer Gestalt, die für Sie (und das Kind) eine gute Bedeutung hat. Ein Begrüßungsfest für das Kind ist wichtig für Ihre Partnerschaft und für das Kind, denn es erhält dabei öffentlich die Kraft der beiden Herkunftsfamilien. Alle sollen zu Ihrem Kind sagen: »Wir sind froh, dass es dich gibt; wir geben dir unseren Segen. Mit dir soll es gut weitergehen.« Das Begrüßungsfest für ein Neugeborenes ist ein Fest der Dankbarkeit für das Leben.

---

simplify-Ratschläge für eine erfüllte und glückliche Partnerschaft ohne Kinder

1. Vermeiden Sie einseitigen Verzicht, denn daran kann die Beziehung zerbrechen.
2. Sprechen Sie nicht schlecht über Paare mit Kindern. Wer andere bekriegt, führt vor allem Krieg gegen sich selbst.
3. Suchen Sie sich als kinderloses Paar ein »geistiges Kind«. Lassen Sie sich jenseits von Beruf und Freizeit in den Dienst des Lebens nehmen, indem Sie etwas für die Zukunft der Menschheit tun.

4. Begreifen Sie Kinderlosigkeit als Chance. Inzwischen weiß man, dass es unfreiwillig kinderlos gebliebenen Paaren hilft, ein Abschiedsritual zu finden, mit dem sie diese Phase ihres Lebens voller enttäuschter Hoffnungen friedlich und klar beenden. Der angenommene Verzicht kann Sie als Paar auf einer tiefen Ebene verbinden und neue Kraft für eine gemeinsame Aufgabe wecken. Vielleicht liegt Ihre gemeinsame Berufung dann in einem schöpferischen Feld, das Ihre volle Energie erfordert.

Erleichtern Sie sich den Paar-Alltag

Entkommen Sie der Mecker-Falle

Die klassischen Klagen von Müttern lauten: »Ich fühle mich so allein gelassen mit den Kindern.« Die klassischen Klagen der Väter: »Ich hänge mich jeden Tag für sie und die Kinder rein, verdiene die Brötchen für alle, aber das zählt nicht. Sie meckert nur an mir herum. Ich komme ja auch nicht mehr zu dem, was mir Spaß macht!« Immer häufiger lautet die Schein-Lösung des Dilemmas: Wir trennen uns und sind dann beide wieder frei. Gravierender Nachteil: Das Leben ist für ein geschiedenes Paar mit Kindern noch viel komplizierter zu organisieren. Es muss andere Lösungen geben. Hier sind einige.

Warnsignale erkennen Wenn es in Ihnen kocht wie in einem noch nicht ausgebrochenen Vulkan und Sie anfangen, Groll gegen Ihren Partner zu empfinden, dann ist das ein Zeichen dafür, dass Sie nicht genug für sich selbst sorgen. Sich immer nur aufzuopfern, ist der schlechteste Weg, so die Erkenntnis des Therapeuten-Ehepaars *Patty Howell* und *Ralph Jones*. Groll ist ein Signal Ihrer Seele, dass Ihre

Batterien leer sind. Egal, wie sehr Sie Ihren Partner, Ihre Kinder, Ihre gesamte Umgebung mit stillem Zorn oder lauter Wut überziehen – er wird bleiben, wenn Sie nicht ein Gleichgewicht zwischen der Fürsorge für Ihre Kinder und der Fürsorge für sich selbst herstellen.

Bewegungsfreiheit schenken Die Schweizer Paartherapeutin *Rosemarie Welter-Enderlin* hat einen wichtigen Stabilisator für faire Partnerschaft formuliert: Beide Partner müssen sich auch als Eltern weiterhin frei als erwachsene Individuen bewegen dürfen. Überprüfen Sie mit der folgenden Doppelfrage, wie viel Freiheit jeder von Ihnen wirklich hat:

- *Frage 1:* Kann die Frau ab und zu die Familie verlassen, um sich in ihre private Sphäre zurückzuziehen, ohne vorher die Kinderbetreuung und die Mahlzeiten planen zu müssen? Kann sie dabei frei über Geld und Zeit verfügen?
- *Frage 2:* Kann der Mann ab und zu seinem eigenen Vergnügen nachgehen, ohne dass es mit beruflichen Tätigkeiten oder schlechtem Gewissen gegenüber seiner Familie verknüpft ist?

Faire Regelungen aushandeln Tauschen Sie sich mithilfe der Doppelfrage darüber aus, was jeder von Ihnen braucht. Handeln Sie ein gerechtes Abkommen aus, das Ihnen beiden jeden Monat genug individuelle »Erwachsenenfreiheit« gewährt. Verhandeln Sie offen, aber hart. Geschiedene Väter erleben häufig, dass sie durch die gerichtlich festgesetzten Pflichtwochenenden mehr Zeit mit ihren Kindern verbringen als während der Ehe!

Verlässlich bleiben Halten Sie diese Vereinbarungen unbedingt ein: Verlässlichkeit ist ein Grundpfeiler der Liebe. Überprüfen Sie einmal im Jahr, ob das vereinbarte Arrangement noch sinnvoll ist oder ob Sie neu verhandeln sollten.

Teilen Sie Pflichten auf Beruf, Weiterbildung, Kindererziehung, Haushalt – hier hilft nur eine sachliche Analyse mit allen Beteiligten, welche Aufgaben reduziert, delegiert, vereinfacht oder ganz gestrichen werden können.

Starten Sie mit kleinen festen Pflichten schon im Kindergarten-
alter. Gewöhnen Sie nicht nur die Mädchen, sondern erst recht die
Jungen daran, im Haushalt mitzuhelfen. Hier ist das Vorbild des Va-
ters wichtig, der faire Arbeitsteilung vorlebt. Lassen Sie nicht locker,
wenn Ihr Sohn kneifen will. Er wird es später brauchen, um zum
Gelingen seiner eigenen partnerschaftlichen Beziehung beitragen zu
können.

Bilden Sie ein Netzwerk Verbünden Sie sich mit anderen Familien,
die etwa gleichaltrige Kinder haben und in Ihrer Nähe wohnen. Auf
Dauer stabilisieren solche Familiennetzwerke Ihre Beziehung, weil
nicht alles allein vom Partner abhängt.

Was bitte war nochmal Sex?

»Mein Partner hat anscheinend überhaupt kein Interesse mehr an
Erotik.« – Ein Seufzer, der in Ehen und Partnerschaften häufig zu
hören ist, mal von ihm, mal von ihr. Die folgenden Antworten auf
diese äußerst heikle Frage in einer Partnerschaft sind inspiriert von
den Ideen des amerikanischen Psychologen *Phil McGraw.*

Sex ist die Spitze des Eisbergs In fast allen Fällen steckt dahinter aber
der Wunsch nach mehr Intimität, Respekt, Anerkennung, Zärtlichkeit oder Sensibilität. Fangen Sie mit sich selbst an. Was ist Ihr Anteil
an der Misere? Erst wenn Sie das in ehrlichen Sätzen formulieren
können, dürfen Sie auf den anderen zugehen und etwas von ihm verlangen.

Sex ist ein Muster Der größte Einschnitt ist die Geburt eines Kindes:
Aus Verliebten werden Vater und Mutter. Sie identifizieren sich mit
ihren eigenen Eltern, und die hatten vor ihren Augen keinen Sex.
Sehen Sie das Elterndasein nicht als Ihre neue Natur, sondern als eine
neue Rolle, neben der Sie noch genauso die Rolle des sexuellen Partners und Liebhabers innehaben können.

Optische Reize Wichtiger als Abnehmen, ein neuer Haarschnitt oder aufregendere Klamotten ist Ihr Selbstbild. Sagen Sie zu sich: »Ich bin nicht nur Mama oder Papa. Ich bin immer noch ein heißer Typ.«

Miteinander reden Verlassen Sie sich nicht darauf, dass der andere Ihre Gedanken errät. Sie müssen es zur Sprache bringen. Aber wie? Wie die Igel beim Sex – sehr vorsichtig. Ohne Vorwürfe, nicht während einer Partnerschaftskrise, nicht während des Autofahrens. Erforschen Sie Ihre erotischen Träume und die Ihres Partners.

Die Last teilen Bringen Sie Ihren Partner so weit, dass er sagen kann: »Unser Sexleben wieder zu entfachen, das wird unser gemeinsames Projekt.« Und vergessen Sie das Märchen vom spontanen Sex. In Ihrer Situation braucht es Vorbereitung: dass die Kinder früh genug schlafen und Sie noch ausreichend wach sind, dass Sie nicht bis zum Müdewerden fernsehen, dass Sie sich in Ihren Wünschen entgegenkommen.

Das Herz weiten Stellen Sie sich die Erotik als einen Garten an Ihrem Gutshof vor, der wächst und sich fortwährend wandelt. Im Lauf der Jahre werden Sie spüren, dass auch Streicheln, Umarmen oder Nähe Geschenke von Eros sind. Entspannen Sie sich, nehmen Sie statt Schönheitsoperationen und Viagra die große *simplify*-Medizin der Gelassenheit – rezeptfrei und völlig ohne Risiken und Nebenwirkungen.

Die weiteren Aussichten

Die zauberhaften Träume im Liebeszelt und die Startmotivation beim Einzug im Gutshof scheinen sich, so meinen viele, irgendwann abzunutzen. Routine macht sich breit. Einen gut funktionierenden Alltag zu organisieren, kostet Kraft und macht nicht unbedingt leidenschaftlicher. Ihre Paarenergie wird im Alltag verbraucht, das belebende Wir verliert seine Kraft. Und damit rückt die Frage nach dem Ich wieder in den Vordergrund.

Wo bleibe ich? Wo ist mein eigener Turm geblieben, meine Freiheit und Selbstständigkeit? Diese bohrende Frage allein kann Sie unglücklich machen. Denn jetzt sehen Sie Ihren Partner als Hindernis und Störfaktor. Sie entwickeln Fantasien, wie viel glücklicher, einfacher, unbeschwerter Ihr Leben ohne ihn oder sie wäre. Wozu Sie alles fähig wären, wären Sie nicht so an diesen Menschen gebunden. Viele Paare haben im Gutshof unter dem äußeren Druck ihrer vielen Aufgaben zwar gelernt, zu funktionieren. Ihre individuelle Entwicklung aber kam dabei zu kurz.

Sie meinen in einer Sackgasse angekommen zu sein. Und dann passiert oft eine furchtbare Verwechslung: Sie haben diese Einschränkung satt, meinen aber, diese Grenzen, von denen da die Rede ist, würde Ihr Partner setzen. Das ist nicht verwunderlich, denn die kollektive Meinung traut der Partnerschaft zwischen zwei Menschen nicht mehr viel zu, am liebsten mit dem achselzuckenden Verweis auf die Statistik, wie viele Partnerschaften scheitern. So gehen Tag für Tag Männer und Frauen diesem fatalen Zirkelschluss auf den Leim – und verlassen den Menschen, den sie lieben. Doch das ist der größte Irrtum im Königreich der Liebe.

simplify-Idee: Ent-machten Sie die bösen Mächte – Der Finsterwald

Das ist die wichtigste Botschaft, die wir Ihnen am Eingang des Finsterwaldes mitgeben möchten: Ihre Reise in den Finsterwald ist kein bedauernswerter Unfall, sondern eine notwendige Station auf Ihrem persönlichen Weg durchs Königreich der Liebe. Was Sie in die Dunkelheit, Einsamkeit und Verwirrung dieser bizarren Landschaft der Liebe treibt, ist nicht der andere – auch wenn es sich für Sie so anfühlen mag. Die Unruhe und Unzufriedenheit kommen aus Ihrem Inneren. *C. G. Jung* nannte diese treibende Kraft den »Ganzheitstrieb der Seele«. Dieser Trieb verlangt von Ihnen, aufs Ganze zu gehen und sich keinesfalls mit bequemen Kompromissen zufrieden zu geben.

Niemandem wird die Reise erspart, aber Sie können dabei wechselseitig die tragende Kraft Ihrer Partnerschaft nutzen. Das Paarsein wird Sie schützen.

simplify your love heißt: Ver*ein*fachen Sie Ihren Blick auf die Liebe. Sehen Sie auf das eine tragende Gemeinsame, das größer ist als Sie. Spielen Sie Ihre Reise zu sich selbst und Ihr Paarsein nicht gegeneinander aus. Erlauben Sie sich gegenseitig, vorwärts zu gehen, ohne sich zu verlassen. Bleiben Sie Verbündete. Im Finsterwald wird Ihre Partnerschaft auf die Probe gestellt, aber sie gibt Ihnen gleichzeitig die Kraft dazu, diese Probe zu bestehen.

Wachen Sie auf

Viele Paare laufen blindlings in den Finsterwald gegenseitiger Anklagen, weil sie nicht den Unterschied zwischen einer Identitätskrise und einer Beziehungskrise kennen. Mit den folgenden Fragen können Sie testen, ob der Handlungsbedarf noch eher bei Ihnen selbst oder schon in Ihrer Partnerschaft liegt.

Indizien für eine Identitätskrise

Welche der folgenden Sätze treffen auf Sie zu?

- ☐ Ich führe ein bedeutungsloses Durchschnittsleben.
- ☐ Ich möchte nicht, dass mein Leben so weitergeht wie jetzt.
- ☐ Ich finde meinen Beruf langweilig/bin arbeitslos.
- ☐ Ich fühle mich wertlos.
- ☐ Ich habe überall Probleme, nicht nur in meiner Partnerschaft.

215

☐ Ich fühle mich isoliert.

☐ Ich habe Angst vor der Zukunft.

☐ Ich weiß nicht, was ich wirklich will.

☐ Ich frage mich oft, ob das schon alles gewesen sein soll.

☐ Ich bin eigentlich jemand ganz anderes.

Wenn Sie eine oder mehrere dieser Fragen mit Ja beantwortet haben, stecken Sie im »inneren Stau«. Das sollten Sie jetzt tun, um einer Partnerschaftskrise vorzubeugen:

Übernehmen Sie Verantwortung Hüten Sie sich davor, Ihr Gefühl der Stagnation heimlich Ihrem Partner anzukreiden oder sogar offen vorzuwerfen.

Vertrauen Sie Ihrem inneren Wecker Besonders häufig eingeschaltet wird dieses Weckprogramm in der Lebensmitte zwischen 35 und 40 oder in anderen Übergangszeiten (Wechseljahre, Verrentung und so weiter). Solche Prozesse sind anstrengend, aber lohnend.

Ergreifen Sie die Initiative Sprechen Sie offen mit Ihrem Partner über Ihr Unbehagen. Bitten Sie um Unterstützung und Geduld.

Schauen Sie auf das Verbindende Danken Sie für alles, was Sie bisher schon Gutes aus der gemeinsamen Beziehung schöpfen konnten. Worin hat Ihr Partner Sie bereits unterstützt? Sagen Sie es ihm, je konkreter, desto besser!

Indizien für eine Beziehungskrise

Welche der folgenden Sätze treffen auf Sie zu?

☐ Ich fühle mich auf das Funktionieren in der Beziehung festgelegt.

☐ Meine positiven Beziehungssignale erreichen meinen Partner nicht.

☐ Ich zweifle, ob der andere der richtige Partner für mich ist.

☐ Ich spüre keine erotische Anziehungskraft zwischen uns beiden.

☐ Ich spüre keine emotionale Verbundenheit zwischen uns beiden.

☐ Ich spüre keine geistige Verbundenheit zwischen uns beiden.
☐ Ich kann die Ansprüche und Wünsche meines Partners nicht erfüllen.
☐ Bei uns herrscht nur Rückzug und Schweigen.
☐ Wir können uns gegenseitig nur noch kritisieren und verurteilen.

Wenn Sie eine oder mehrere dieser Fragen mit Ja beantwortet haben, steckt Ihre Partnerschaft im Stau. Jetzt hilft nur radikale Offenheit. Sprechen Sie die Punkte, die Sie oben mit »Ja« beantwortet haben, ohne Vorwürfe und in ruhigem Ton an. Erzählen Sie von Ihrem Kummer, von den dunklen Gestalten, die Ihnen vielleicht schon im Finsterwald Ihrer Beziehung begegnet sind.

Der Drache

Wenn Sie den Finsterwald näher erkunden, werden Sie bald einem schauerlichen Drachen begegnen, der dort sein Unwesen treibt.

Dieser Drache ist niemand anderer als Ihr Partner mit all seinen Unarten. Wie konnten Sie das Monster damals im Liebeszelt nur übersehen haben?

Aber dann tauchen da noch mehr Drachen auf, bis Sie schließlich vor Ihrem wahren Feind im Finsterwald stehen. Es ist nicht der Drache Ihres Partners, sondern – Ihr eigener.

Wenn Sie ihn aufgespürt haben, haben Sie einen untrüglichen Hinweis darauf, dass Sie Ihrem Ego, aber auch Ihrer verlorenen Seele ganz nahe gekommen sind. Der Drache ist der Gegenspieler Ihrer Seele, spielt sich zugleich aber als ihr Beschützer auf.

Ihr Drache verkörpert Ihren dunkelsten Aspekt, eine Wahrheit, vor der Sie selbst am meisten erschrecken.

Drachenzähmung

Verabschieden Sie sich von dem Gedanken, dieses Untier im Finsterwald gewaltsam besiegen zu können. Sie werden sich dabei nur selbst wehtun. Sprechen Sie Ihren Drachen unerschrocken an. Erlauben Sie Ihrer Seele liebevolle Bilder der Verwandlung.

Fürchten Sie sich auch nicht länger vor dem Drachen Ihres Partners. Eilen Sie also dem hilflosen Drachen des anderen zu Hilfe, füttern Sie ihn mit liebevollem Verständnis, damit er sich wieder an seine gute Seele erinnern und beruhigen kann.

In der folgenden Drachenliste werden Ihnen einige bekannt vorkommen. Doch nur ein einziger davon ist der wirkliche Bewacher Ihrer Seele, der ihr schrecklich zusetzt. Lesen Sie zunächst alle neun Beschreibungen durch, danach beschäftigen Sie sich näher mit den beiden Exemplaren, die Ihrem eigenen und dem Drachen Ihres Partners am nächsten kommen.

Der zornglühende Feuerspucker

Er benimmt sich lange hochkontrolliert und diszipliniert, ein Musterdrache gewissermaßen, dessen gewaltiges inneres Feuer aber irgendwann ausbrechen kann wie ein Vulkan. Er überschüttet Sie mit heftigen Schuldgefühlen, bitterbösen Vorwürfen und ätzender Kritik.

Zähmung: Freunden Sie sich mit dem Gedanken an, dass auch Sie aggressiv sind. Füttern Sie Ihren inneren Drachen mit viel Güte, Geduld und Humor.

Der schleimhäutige Riesenstolzdrache

Er gibt sich gern bescheiden, weiß aber genau, wie unentbehrlich seine Hilfe ist. Keiner, so meint er, könne so gut wie er die Seele unterstützen.

Zähmung: Verhelfen Sie Ihrem Drachen zu mehr Freiheit. Heften Sie sich nicht so eng an die Fersen Ihres Partners. Ihre Beziehung braucht mehr Luft, Ihr Partner und Ihre Kinder weniger Dauer-Fürsorge, als Sie denken. Manipulieren Sie andere nicht durch Gefälligkeiten.

Der trickreiche Funkensprüher

Sein Image und seinen Status möbelt er publikumswirksam auf, um als leistungsstarker Funkeldrache bekannt zu werden. Er blufft, täuscht und schummelt. Er verwechselt Bewunderung mit Liebe und täuscht nicht nur andere, sondern vor allem sich selbst. Den größten Schmerz aber fühlt er nicht: dass ihm die Tapferkeit fehlt, vollkommen aufrichtig zu sein gegenüber sich selbst.

Zähmung: Umgeben Sie sich und Ihren inneren Drachen mit ein paar ehrlichen Menschen, die Ihnen unverhohlen die Wahrheit sagen dürfen.

Die missgünstige Trauerechse

Dieser Drache neigt zu extremen Stimmungsschwankungen und fühlt sich schnell auf den Schwanz getreten. Heimlich wird er aber von Neid über fremde schöne Türme, Zelte und Gutshöfe zerfressen. Er versteht nicht, warum so viel Schönheit und Glück bei anderen zu finden ist, aber er trotz seines Gespürs für alles Echte und Edle das schlechtere Los zieht.

Zähmung: Schaffen Sie alle Extrawürste für dieses feinnervige Tier ab. Zur inneren Stärke gehört auch die Kraft zum Gewöhnlichen, etwa einen ganz normalen Tag mit einem ganz normalen Partner teilen zu dürfen.

Der habgierige Drachenraffer

Ängstlich hortet er seine Wissensschätze, teilt ungern Zeit mit anderen, grübelt über seinen Fachgebieten und hütet sich, seine Gefühle zu zeigen. Der bohrende Schmerz in seiner Drachenbrust kommt daher, dass er nicht weiß, wie er sich für andere öffnen soll.

Zähmung: Überwinden Sie Ihre Menschenscheu. Üben Sie täglich, anderen gegenüber freigiebig zu sein.

Der misstrauische Zitterdrachenrohling

Er wittert ständig Angreifer und ist äußerst wachsam, immer auf der Hut, extrem misstrauisch. Er wird schmerzlich gequält von Selbstzweifeln, die ihn dazu verdammen, sich nach einer Autorität zu sehnen, der er dann doch wieder misstrauen muss.

Zähmung: Nutzen Sie Ihre Fähigkeit zum klugen Planen und verordnen Sie sich ein Anti-Angst-Programm: eine Entscheidung treffen und dazu stehen; drei Dinge nennen, die heute gut gegangen sind.

Der unersättliche Vergnügungslindwurm

Getrieben von seinem unersättlichen Bedürfnis nach reizvollen Erlebnissen oder Aufgaben kreist er unruhig hoch über dem Boden. Der Schmerzpunkt ist bei diesem genusssüchtigen Wesen versiegelt und verdeckt so die Angst vor Leere, die diesen Drachen umtreibt.

Zähmung: Holen Sie Ihren inneren Drachen herunter auf den Boden der Realität. Reduzieren Sie seine und Ihre Aktivitäten. Laufen Sie nicht jedem Reiz hinterher. Weniger ist mehr!

Der schamlose Drachenzertrümmerer

Wenn er wütend um sich schlägt, um seine arme kleine Seele zu beschützen, merkt er gar nicht, was er dabei alles zerstört. Rücksichtslos setzt er sich mit dem Recht des Stärkeren durch.

Zähmung: Suchen Sie sich etwas Kleines, Zartes, das Sie beschützen können – ein Kind, ein Tier, eine Blume. Damit finden Sie den Zugang zu Ihrem anrührend weichen Kern, aus dem Ihre ganze Kraft letzten Endes ihre Energie bezieht.

Der stinkfaulige Großgähndrache

Wo dieser träge Drache zu Hause ist, schleichen sich bald Resignation, Passivität und Gleichgültigkeit ein. Zusätzlich zersetzend wirkt seine provozierende Anspruchslosigkeit, mit der er Begeisterung im Keim ersticken kann. Der verborgene Schmerz in seinem armen Drachenherz: Er weiß nicht, wie er seine Talente entfalten soll und kann deswegen auf kein Ziel zugehen.

Zähmung: Lassen Sie nicht andere machen, sondern ergreifen Sie von sich aus die Initiative. Staunen Sie, welche Kräfte das in Ihnen weckt.

Die Räuberhöhle

Tief im Finsterwald in einer unheimlichen Schlucht liegt die Räuberhöhle. Dorthin geraten Sie, wenn es Ihrer Beziehung an Respekt und Ebenbürtigkeit mangelt. Der eine von Ihnen ist in die mächtigere Position des Räubers gegangen, der andere in die schwächere des armen Opfers – das ist das Grundmuster.

Das Gefühl, wie ein Dummchen in eine Räuberhöhle geraten zu sein, symbolisiert oft die negativen Erfahrungen einer Frau. Sie hat beruflich pausiert oder zurückgesteckt und trägt die Hauptlast der Familienphase. Frustrierende Gefühle des Mangels, der Ohnmacht und der Sinnlosigkeit machen sich in ihr breit. Vorher war sie frei, jetzt ist sie finanziell abhängig und vom Leben ausgesperrt. Sie fühlt sich von ihrem Partner beraubt: ihrer

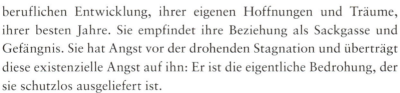

beruflichen Entwicklung, ihrer eigenen Hoffnungen und Träume, ihrer besten Jahre. Sie empfindet ihre Beziehung als Sackgasse und Gefängnis. Sie hat Angst vor der drohenden Stagnation und überträgt diese existenzielle Angst auf ihn: Er ist die eigentliche Bedrohung, der sie schutzlos ausgeliefert ist.

Erkennen Sie die Ohnmachtssymptome

Sie kommen sich abgewertet, ausgeschlossen, verloren und verlassen vor. Ihr Alltagsleben ist ungemütlich, der Umgangston hart, die Gefühle abgekühlt, es herrscht Eiszeit. Der Grund hinter all dem: Sie haben versäumt, selbst für Zugänge zur Außenwelt zu sorgen und können Ihre Bedürfnisse nach mehr Autonomie nicht ausreichend vertreten.

Die Gefahr wächst, dass Sie irgendwann kopflos ausbrechen, um dem trostlosen Leben in der kalten Räuberhöhle zu entkommen. Wenn es ganz schlimm kommt, laufen Sie mit dem erstbesten Wilderer davon.

Wege aus der Räuberhöhle

- Lösen Sie sich von der Opferrolle Ergreifen Sie mutig die Initiative.
- Richten Sie sich selbstbewusst neben Ihrem Partner auf Erklären Sie die Situation für nicht akzeptabel. Verhandeln Sie hart, aber geduldig und fair. Vereinbaren Sie, alle wichtigen Entscheidungen gemeinsam zu treffen.
- Regeln Sie den Umgang mit dem gemeinsamen Geld neu Wer das Geld kontrolliert, hast meistens auch mehr Macht in der Beziehung.
- Verschaffen Sie sich mehr Bewegungsfreiheit Definieren Sie Ihren Bedarf an »Eigenzeit«. Für ihn gilt in dieser Zeit Anwesenheitspflicht bei den Kindern.
- Erkennen Sie Ihre eigene Räuberseite Nehmen Sie ungerechtfertigte Schuldzuweisungen oder Projektionen zurück.
- Sehen Sie die Liebe Nehmen Sie in Ihrem vermeintlichen Räuberhauptmann wieder den Menschen wahr, der Sie liebt und zu Ihnen hält.

Das Hexenhaus

An anderer Stelle im Finsterwald steht ein windschiefes Hexenhaus. Dorthin geraten Sie, wenn es Ihrer Beziehung an Ehrlichkeit und Einfühlungsvermögen mangelt. Im Hexenhaus gibt es böse Zaubertränke aus Gemeinheiten, bitteren Vorwürfen und verdrehten Wahrheiten, die als schleichendes Gift Ihre Beziehung zersetzen. Hier ist einer im Besitz aller Geheimrezepte, mit denen man seinen Partner emotional fertig machen kann.

Im Alltag haben oft die Männer das niederschmetternde Gefühl, dass sie sich wie Tölpel in ein Hexenhaus haben locken lassen. Statt der erhofften Wärme und Zuwendung bekommen sie in der Hexenküche nur üble Stimmung und Meckereien verabreicht. Aus der Sicht des Mannes ist seine Partnerin nur noch launisch und zänkisch wie eine alte Hexe. Sie vergiftet die Atmosphäre und lehrt Mann und Kinder das Fürchten. Weil sie ihn ständig kritisiert, infrage stellt und klein macht, hat er zu Hause keinen Erholungsort mehr, der einen Kontrapunkt zur Berufswelt mit ihren Kämpfen darstellt. Das verstört ihn, denn als kleiner Junge hat er gelernt, dass man zu Hause von einer Frau umsorgt wird. Stattdessen wird er mit Ansprüchen konfrontiert und mit Vorwürfen überhäuft.

Erkennen Sie die Vergiftungssymptome

Die Gefahr wächst, dass Sie vor den zermürbenden Auseinandersetzungen im Hexenhaus einfach fliehen. Wenn Sie so im Finsterwald herumirren, erliegen Sie auf freier Wildbahn besonders schnell den Verlockungen einer anderen Frau, die Ihnen all die Wärme und Liebe zu geben verspricht, die Sie zu Hause grausamerweise nicht bekommen.

Wege aus dem Hexenhaus

- Bringen Sie Licht ins Dunkel des Hexenhauses Im Streitklima werden Vorwürfe oft übermäßig aufgeblasen, enthalten aber im Inneren immer einen wahren Kern. Konzentrieren Sie sich darauf, diesen Kern freizulegen und arbeiten Sie zusammen eine Lösung aus.

- **Zeigen Sie Herz** Üben Sie sich täglich darin, Ihre Gefühle anzuschauen, zu deuten und gut damit umzugehen.
- **Machen Sie den Mama-Check** Überprüfen Sie, ob Sie auf Ihre Frau Schattenaspekte eines inneren Mutterbildes projizieren. Träumen Sie nicht länger den Kindertraum von mütterlicher Nestwärme und Vollversorgung. Überwinden Sie diese Versuchung, gehen sie in die Erwachsenenposition und erzeugen Sie selbst Wärme und Fürsorge.
- **Erkennen Sie Ihre eigene Hexenseite** Nehmen Sie ungerechtfertigte Schuldzuweisen und Projektionen zurück.
- **Sehen Sie die Liebe** Sehen Sie in Ihrer vermeintlichen Hexe wieder die Frau, die mit all ihren Gefühlen und Gedanken an Ihnen teilhat.

Streiten Sie sich – aber fair

Die vier apokalyptischen Reiter in Ihrer Beziehung

Bedroht wird Ihre Partnerschaft durch vier Verhaltensweisen, die der Paarforscher John Gottman in Anlehnung an *Albrecht Dürers* gleichnamigen Holzschnitt die »vier apokalyptischen Reiter« genannt hat.

1. Reiter: Kritik Kritik besteht aus Meckern, Herumnörgeln, Beschuldigungen und Anklagen, die über den konkreten Anlass hinaus den Partner persönlich treffen und ihn pauschal abwerten: »Du bist immer so geizig«, »Du hast nie Zeit«. Oft beruhen solche Vorwürfe auf eigentlich richtigen Beobachtungen, aber im Lauf der Jahre ist ein ungesundes Muster daraus geworden. Damit vergiften Sie Ihre Umgebung und sich selbst.

2. Reiter: Verachtung Sie haben sich damals ineinander verliebt, weil Sie sich gegenseitig bewundert haben.

3. Reiter: Abwehr Sie rechtfertigen sich, verleugnen Ihren eigenen Anteil an Konflikten. Sie leben nach dem Motto: Ich bin das Opfer, du bist der Täter.

4. Reiter: Mauern Sie blocken ab, reagieren nicht mehr, sind gleichgültig und kalt, und zum Schluss ziehen Sie sich vollkommen zurück – innerlich oder ganz konkret, indem Sie sich immer weniger blicken lassen.

So wehren Sie die Reiter ab

Rechtzeitiges Einlenken Senden Sie in Streit- und Krisensituationen mehr positive Botschaften (Gottman empfiehlt: pro negativer Äußerung mindestens fünf positive), und gehen Sie auf jedes auch nur halbwegs gute Signal Ihres Partners ein.

Guter Blick zurück Bewahren Sie jeder für sich die angenehmen Details Ihrer Liebesgeschichte wie einen Schatz in Ihrem Herzen und Ihrem Gedächtnis auf. Es sind wirklich wertvolle Kostbarkeiten. Schreiben Sie alles Gute auf, eventuell auch gemeinsam. Fügen Sie regelmäßig neue glückliche Momente hinzu.

Soforthilfe für Männer Beurteilen Sie nicht die Gefühle Ihrer Frau (»Du bist zu empfindlich«), sondern respektieren Sie sie. Gehen Sie von der wohlwollenden Voraussetzung aus: Meine Frau weist mich auf Probleme hin, um sie gemeinsam mit mir zu lösen. Kritik heißt für sie: Lass uns etwas für die Beziehung tun.

Soforthilfe für Frauen Bringen Sie Ihre Beschwerden freundlich vor. Nageln Sie Ihren Partner nicht als den Allein-Schuldigen fest, und setzen Sie ihn nicht unter Druck. Hüten Sie sich vor unsachlichen Vorwürfen, die mit »Du« anfangen. Zeigen Sie ihm mit deutlichen Gesten Ihre Liebe.

Vorsorgemaßnahmen gegen Eskalation

Wie können Sie diese Einsichten in den Alltag hinüberretten? Wir empfehlen Ihnen (ähnlich wie bei der körperlichen Gesundheit) ein eisernes Präventionsprogramm. Vereinbaren Sie in »Friedenszeiten« gemeinsam die folgenden Regeln, die Ihnen im Sonnenschein eines freundlichen Miteinander zum Teil eigenartig vorkommen mögen.

Einigen Sie sich auf ein Zeitlimit Klingt verrückt, funktioniert aber: Legen Sie fest, dass Streit bei Ihnen nie länger als 15 Minuten dauert. Dann ist in den meisten Fällen alles Nötige gesagt. Wenn es sich länger hinzieht, werden alte Kamellen ans Tageslicht gezerrt, und die heilsame Konfrontation geht über in einen Grabenkampf, der beide ermüdet und verletzt.

Keine Fluchtszenen Wenn einer von Ihnen eine dumme, verletzende, gemeine oder vorwurfsvolle Bemerkung macht und der andere dagegen protestiert, darf keiner von Ihnen den Raum verlassen. Es kann zu einer schrecklichen Unsitte werden, dass der eine gewissermaßen eine psychologische Handgranate entsichert, sie in den Raum wirft und flieht, während sie im Herzen des anderen ihre verheerende Wirkung entfaltet.

Begrenzen Sie das Streitfeld Klären Sie gleich am Anfang Ihrer Auseinandersetzung: Worum geht es jetzt in diesem Augenblick? Was ist konkret passiert? Lohnt es sich, darüber zu streiten? War es vielleicht nur eine Panne, ein Foul? Wer gibt Schuld zu? Können wir es sportlich sehen? Wenn nicht: Wann sollten wir einmal ausführlicher darüber sprechen?

Pflegen Sie einen guten Umgangston Verzichten Sie in Ihrer Kommunikation als Partner grundsätzlich – auch wenn kein Streit ansteht – auf Schimpfwörter, sarkastischen Humor, möglichst auch auf Ironie.

Bleiben Sie realistisch Unterhalten Sie sich in einer guten, streitfreien Phase über das Thema: Wie gut ist unsere Beziehung? Sie werden feststellen: So übel ist Ihre Partnerschaft gar nicht. Beglückwünschen Sie sich, dass Sie sich gefunden haben. Begraben Sie Fantasien, dass das Gras anderswo vielleicht noch grüner ist.

Sammeln Sie keine Munition Wenn Sie sich über etwas Kleines oder Großes an Ihrem Partner ärgern, äußern Sie es liebevoll, aber möglichst sofort.

Fädeln Sie ein Gespräch gut ein Beginnen Sie Gespräche ausgeruht. Wenn Ihr Partner am Abend mit Ihnen sprechen möchte, dürfen Sie sich vorher eine Pause wünschen, um Ihre Zuhör-Akkus aufzuladen. Das geht am besten bei einem Spaziergang allein, beim Musikhören oder stillem Lesen.

Hören Sie klug zu Der Sozialforscher *Larry Barker* hat eine eigenartige Fähigkeit des Menschen entdeckt: Wenn Sie so tun, als ob Sie zuhören, wird bald daraus echtes Zuhören. Sehen Sie Ihren Partner oft an (ohne ihn anzustarren), nicken Sie häufig, geben Sie zustimmende Laute von sich, lächeln Sie ermunternd, wechseln Sie Körperhaltung und Gesichtsausdruck

Seien Sie sich nah Sobald Ihr Partner über etwas spricht, für das er sich schämt, sollten Sie mehr tun als sich neutral und still zu verhalten. Eine gute »Kuschelhaltung« erleichtert das. Setzen Sie sich für knifflige Gespräche aufs Sofa, zünden Sie eine Kerze an, sehen Sie einander an und berühren oder umarmen Sie sich.

Ärgern Sie sich in der Ich-Form Fangen Sie Ihre Sätze mit »ich« an, dann wird daraus seltener ein Vorwurf als bei Sätzen, die mit »du« beginnen.

Fragen Sie nach Ausgleich Wenn Sie sich über ein Detail an Ihrem Partner aufregen (er wäscht nie ab), dann stellen Sie in Gedanken ein gleichwertiges Detail aus Ihrer Positivsammlung daneben (er hat unsere Finanzen im Griff).

Feiern Sie Versöhnung Akzeptieren Sie die weiße Flagge. Achten Sie sorgfältig auf Versöhnungsangebote des Partners. Vergebung hat nichts mit Schwäche zu tun, sondern drückt Ihre Souveränität aus, vergangene Verletzungen loslassen zu können. Bewahren Sie dabei

Ihre eigene Würde, und lassen Sie sich an diesem Punkt nicht weiterhin von Ihrem Partner verletzen. Wenn Sie eine wirklich schwierige Situation als Paar überstanden haben, dürfen Sie ein kleines anerkennendes Gedenkfest feiern.

Keine körperliche Gewalt Niemals. Auch nicht angedeutete, nicht einmal verbale (»Ich hätte Lust, dir eine zu schmieren«). Brechen Sie das Gespräch ab, wenn einer von Ihnen aggressiv wird. Erklären Sie deutlich, dass Sie nicht mehr weiter reden können und bitten Sie Ihren Partner, das Gespräch abzubrechen. Legen Sie zusammen einen Zeitpunkt fest, und ergreifen Sie dann selbst die Initiative, die Unterhaltung in ruhigerer Stimmung fortzusetzen.

Suchen Sie bei lang anhalten Konflikten professionelle Hilfe, bevor Ihre Beziehung in eine unüberwindliche Krise gerät.

Verteidigen Sie Ihre Partnerschaft

Ihre Partnerschaft hat (wie jedes Glück) nicht nur Bedrohungen von innen auszuhalten, sondern wird auch von äußeren Feinden attackiert. Die gefährlichsten Gegner, so das erstaunliche Ergebnis der Studien von John Gottman, sind:

- Eifersucht (auf einen Gegner, den es womöglich gar nicht gibt),
- eine dritte Person, in die sich Ihr Partner oder Ihre Partnerin verliebt (und die sehr wohl existiert) und
- der Clan (beispielsweise die Schwiegermutter).

Dazu kommen noch Bedrohungen durch falsche Ratgeber, aber auch wirtschaftliche Probleme, Krankheiten und Arbeitslosigkeit, die eigentlich gar nicht das Paar an sich angreifen, aber häufig zum Anlass einer Trennung werden.

Gegen diese potenziellen Feinde Ihrer Beziehung dürfen und müssen Sie sich verteidigen, und zwar klug, rechtzeitig und möglichst zu zweit.

Entscheiden Sie sich gegen die Eifersucht

Eifersucht ist Angst vor Verlust innerhalb einer Dreiecks-Situation, bestehend aus drei Menschen. Ein eifersüchtiger Mensch wird hin- und hergerissen zwischen Liebe und Hass: Er hat Angst, den geliebten Menschen zu verlieren – und beginnt paradoxerweise, ihn zu hassen. Das ist eigentlich widersinnig. Aber es geht bei Eifersucht nicht um Fakten, sondern um Vorstellungen.

Wenn Sie eifersüchtig sind, wollen Sie die geliebte Person ganz für sich. Sie machen Ihrem Partner Szenen, spionieren hinter ihm her, kontrollieren seine Sachen und Räume. Sie suchen seine Worte nach »Indizien« ab. Verhängnisvoll daran: Je weniger Sie konkret finden, desto mehr malen Sie sich die schwärzesten Befürchtungen in Ihrer Fantasie aus.

Gegenmittel: Genießen Sie bewusst die Gegenwart des Partners und belasten Sie sie nicht mit Verdächtigungen. Malen Sie sich seine positiven Seiten aus, sagen Sie ihm auch, was Ihnen an ihm gefällt. Damit wird auch Ihr eigener Wille schwinden, ihn zu beherrschen.

Enttarnen Sie Ihren Schatten

Die Eifersucht auf einen fantasierten Rivalen gehört zu den so genannten Entlastungsprojektionen: Sie schieben Ihr mangelndes Selbstwertgefühl von sich weg und hängen es dem Rivalen an. So müssen Sie sich nicht mehr mit Ihren negativen Anteilen auseinandersetzen und fühlen sich kurzfristig besser. Langfristig aber blockieren Sie damit wichtige Reifungsprozesse – etwa die Einsicht, wie liebenswert Sie gerade mit Ihren Schwächen und Fehlern sein können.

Gegenmittel: Bekennen Sie sich zu Ihrer Eifersucht. Holen Sie sie heraus aus dem Dunkel Ihres Unbewussten, hinein ins Licht Ihres Bewusstseins.

Entdecken Sie die Freiheit der Partnerschaft

Sie haben so viel Angst, verlassen zu werden, weil Sie Ihr Selbstvertrauen weitgehend aus der Beziehung zum Partner beziehen. Nur hier fühlen Sie sich liebenswert und in Ordnung. Sie brauchen die dauernde Nähe des anderen und seine ständige Bestätigung. Genau das aber nervt den Partner.

Gegenmittel: Stellen Sie sich Ihre Zweierbeziehung nicht als einen Raum vor, in dem Sie beide immer zusammen sein müssen. Erinnern Sie sich, dass Ihr Gutshof ein Haus mit vielen Räumen ist: Wohn- und Schlafzimmer für die Intimität Ihrer Partnerschaft, daneben aber für jeden ein eigenes Zimmer für die Intimität seiner eigenen Entwicklung. Diese Räume sind Ihre Zukunftswerkstätten, in denen jeder mit sich selbst weiterkommen kann.

Trennen Sie die Eifersucht von sich ab

Sie sind vielleicht eifersüchtig, aber Sie sind nicht Ihre Eifersucht. Es ist ein Programm, das in Ihnen abläuft.

Gegenmittel: Betrachten Sie Ihre Eifersucht wie eine schwierige Angestellte, die Sie aber immer wieder einmal zu einem Spaziergang nach draußen schicken können.

Unter Wilderern: Fremdgehen

Viele finstere Faktoren können Ihre Beziehung stark belasten. Das meiste davon sind Störungen Ihrer Kommunikation, die aber nach und nach böse Defizite mit sich ziehen: wenig Gefühle, wenig Verständnis, wenig Sex.

Wenn Sie nichts gegen diese Mangelerscheinungen tun, entsteht ein Vakuum. Das zieht einen Dritten von außen an, der diesen leeren Raum wieder auffüllt. Die Statistik zeigt: Dieser Dritte kommt meistens aus Ihrem Freundeskreis oder dem Arbeitsumfeld und lebt größtenteils selbst in einer festen Beziehung. Dann erscheint Ihr System energetisch wieder komplett. Aber es ist keinesfalls intakt.

Seitensprung: Das tödliche Risiko für Ihre Beziehung

Unser *simplify*-Rat: TUN SIE'S NICHT!

Denn für 43 Prozent der Deutschen ist laut einer Emnid-Umfrage aus dem Jahr 2006 ein Seitensprung Grund genug, eine Beziehung sofort zu beenden. Mit allen fürchterlichen Konsequenzen: Scheidung oder Trennung, eine finanzielle Katastrophe, schwere Schädigungen Ihrer Kinder, Ihres Freundeskreises, Ihres beruflichen Renommees. Eine Trennung kostet Sie Unmengen Zeit, psychische Kraft und senkt sogar Ihre Lebenserwartung. Selbst wenn Sie nach der Trennung eine neue Beziehung aufbauen können, wird auch diese von Ihrer Tat noch lange belastet.

Ragnar Beer fasst die bestürzend eindeutigen Ergebnisse seiner zehnjährigen Langzeitstudien in ernsten Worten zusammen: »Der Seitensprung gehört zu den schlimmsten Ereignissen, die eine Partnerschaft treffen können. Für den untreuen Partner lassen sich die vielfältigen möglichen Folgen kaum absehen, die das Vertuschen des Geschehenen, ein schlechtes Gewissen, Zweifel an der Beziehung oder ungewollt eine neue Liebe nach sich ziehen. Wenn die Menschen wüssten, welchen Ärger und welches Leid sie durch einen Seitensprung sich selbst und ihrem Partner einhandeln, würden die allermeisten wohl darauf verzichten und ihre Kraft lieber in die Beziehung investieren.«

So kommen Sie beide um das Fremdgehen herum

Am besten, Sie betrachten die Versuchung durch einen Dritten in Ihrer Partnerschaft wie die Bedrohung durch einen Wilderer im Finsterwald: Wenn Sie sich beide rechtzeitig richtig schützen, kann er sich nicht zwischen Sie drängen. Deshalb hier die Präventivmaßnahmen:

Nehmen Sie Beschwerden ernst Auch wenn sie Ihnen noch so unbegründet erscheinen, sollten Sie Klagen Ihres Partners, seinen Ärger, Frust oder Kummer niemals einfach vom Tisch wischen.

Kontrollieren Sie sich nicht gegenseitig Weder emotional noch materiell. Behandeln Sie sich nicht als Ihren selbstverständlichen Besitz.

Erforschen Sie Ihre Gefühle für einen Dritten Seien Sie radikal ehrlich mit sich selbst, wenn etwas in Ihnen funkt. Was sagt Ihnen dieses Signal in Bezug auf Ihre Beziehung? Ein Gefühl, dessen Botschaft Sie verstanden haben, können Sie immer nutzen, um Ihrer Beziehung Gutes zu tun.

Verändern Sie Ihr Sexualleben Sexuelle Unzufriedenheit ist bei etwa 80 Prozent der Betrügenden der Grund fürs Fremdgehen. Die meisten Befragten würden die Wünsche ihres Partners gerne erfüllen – wenn sie nur davon wüssten!

So schützen Sie sich selbst vor der Versuchung Ist Ihre Beziehung bereits in einer labilen Phase, sollten Sie sich vor der akuten Versuchung des Fremdgehens durch ein Anti-Flirt-Programm schützen. Machen Sie immer deutlich, dass Sie fest liiert sind. Sprechen Sie von Ihrer Beziehung und bekennen Sie sich dazu. Tragen Sie einen Ehering, stellen Sie im Büro Fotos von Ihrer Partnerin und Ihren Kindern auf. Lassen Sie sich nicht mit einem Kollegen auf ein privates Treffen zu zweit ein. Vermeiden Sie das Alleinsein mit einer für Sie attraktiven Person. Tauschen Sie keine Telefon- oder Handynummern mit ihr aus, rufen Sie nicht zurück. Setzen Sie sich nicht allein mit ihr in ein Auto. Erwidern Sie keine »zufälligen« Blicke oder gar Berührungen. Im Zweifelsfall reagieren Sie so, wie Sie sich verhalten würden, wenn Ihr Partner persönlich anwesend wäre.

Was können Sie nach einem Seitensprung tun?

Seitensprünge müssen nicht das sofortige Aus für die Beziehung bedeuten, obwohl ihre Folgen massiv sind. Das Paar hat eine Chance, seine Beziehung zurückzugewinnen – wenn es ihm gelingt, das Ende der Affäre zum Anfang der Heilung seiner Beziehung zu machen.

Wenn Sie nach einem Seitensprung Ihre Beziehung retten wollen, empfiehlt es sich, nach folgendem verhaltenstherapeutischen Konzept vorzugehen. Es stammt aus einem Therapieplan für Seitensprung-Paare, den der Paartherapeut *Christoph Kröger* an der TU Braunschweig nach amerikanischem Vorbild entwickelt hat.

1. Beenden Sie eine Affäre sofort und endgültig
2. Schränken Sie die Vorwürfe ein Wenn Sie in der Position des betrogenen Partners sind, haben Sie eine schwere Kränkung erlitten und sind traumatisiert. Fressen Sie Ihren Schmerz nicht in sich hinein. Holen Sie sich einen Seelsorger oder Therapeuten als wertneutralen Experten zu Hilfe. Weinen Sie sich gründlich aus, drücken Sie Ihre Wut über den Verrat aus. Trotzdem ist es in dieser heiklen Phase auch sinnvoll, dass Sie Ihrem treulosen Partner nicht pausenlos Vorwürfe machen.
3. Stellen Sie ein Stoppschild gegen Streit auf Vereinbaren Sie ein Codewort, mit dem Sie sich als Paar gegenseitig stoppen können, wenn ein Streit zu eskalieren droht.
4. Vermeiden Sie zusätzliche Trennungen Viele Paare ziehen nach dem Seitensprung eines Partners in Betracht, sich vorübergehend zu trennen. Christoph Kröger empfiehlt, stattdessen nach gemeinsamen Aktivitäten zu suchen, die Ihnen beiden gut tun. Konzentrieren Sie sich auf sich als Paar. Halten Sie auch Ihre Freunde heraus, und reden Sie nicht mit ihnen darüber.
5. Klären Sie Ihre Positionen Gehen Sie dem Konflikt auf den Grund. Verständigen Sie sich darüber, wie Sie beide die Situation vor und nach dem aufgedeckten Seitensprung verstehen.
6. Fassen Sie Ihre Perspektive zusammen Formulieren Sie Ihre Sicht der Dinge in einem Brief an den anderen.
7. Geben Sie sich Zeit Sehen Sie den Seitensprung nicht als Beweis, dass Ihre Beziehung unheilbar zerrüttet ist. Legen Sie einen Zeitraum von etwa einem Jahr fest.
8. Übernehmen Sie beide Verantwortung für den Seitensprung Auch wenn es für Sie als Betrogenen erst einmal sehr hart klingt: Nur hier liegt die gute Lösung verborgen. Wenn Sie als Betrogener im anderen aber ausschließlich den bösen Täter sehen, bleibt für Sie selbst nur die Rolle des armen Opfers übrig. Opfer aber haben wenig Handlungsspielraum.

9. **Versöhnen Sie sich** Ein Seitensprung ist aus Sicht des Betrogenen ein unverzeihlicher Fehler. Es wäre daher falsch, ihn für den Verrat um Verzeihung zu bitten und zu erwarten, dass damit alles wieder gut ist. Streben Sie stattdessen einen langsamen Prozess der Versöhnung an.

10. **Vertrauen Sie der Kraft Ihres Liebesherzens** Diese Übung ist besonders wirksam, wenn beide Partner beschließen, sie 14 Tage lang zu machen. Setzen Sie sich zusammen und malen Sie gemeinsam das große Herz Ihrer Beziehung. Schreiben Sie schweigend in dieses Herz alle positiven Eigenschaften und Energien, die Sie in Ihrer Beziehung derzeit vermissen. Wenn Sie sich das Gleiche wünschen wie Ihr Partner, kreisen Sie den von ihm notierten Gedanken ein. Diskutieren und zensieren Sie diese Punkte nicht.

Konzentrieren Sie sich die nächsten 14 Tage voller Neugierde auf sich und Ihren Partner. Vertrauen Sie darauf, dass Ihr Paarherz Ihnen täglich genau die Eigenschaften schicken wird, nach denen Sie sich sehnen. Begrüßen Sie jedes kleine Anzeichen dankbar und mit zuversichtlichem Herzen.

Tipps für den Betrogenen

Hüten Sie sich vor dem Triumph des Unschuldigen Die Zukunft Ihrer Beziehung hängt auch ab von Ihrem Verzicht auf die Genugtuung. Der andere muss zu seiner Verfehlung stehen, aber er darf sein Gesicht nicht verlieren. Stellen Sie ihn auch nicht vor Dritten als Verräter bloß. Wenn Sie ihn blamieren und erniedrigen, verlieren Sie ihn.

Gehen Sie Ihren Selbstzweifeln nach Auch wenn es furchtbar weh tut: Fragen Sie sich als Betrogener, wie Sie selbst zu einer Atmosphäre in der Beziehung beigetragen haben, in der schließlich eine Affäre ausgelöst wurde. Haben Sie sich auch der Nähe des anderen entzogen?

Verringern Sie das Gefälle Wenn Sie Ihre Beziehung erhalten wollen, dürfen Sie das Gefälle zwischen sich und Ihrem Partner nicht zu groß werden lassen. Schauen Sie »durch den lieblosen Verrat hindurch« auf den seelischen Kern Ihres Partners. Können Sie dorthin Ihre Liebe schicken und von dort seine Liebe wahrnehmen?

Richten Sie sich auf Jetzt kommt es darauf an, das Schwere zu überwinden und Neues zu gestalten. Der Seitensprung hat Ihre Beziehung gewaltsam geöffnet. Jetzt gibt Ihnen die Krise eine Menge Möglichkeiten, zu einem ehrlicheren und offeneren Miteinander zu kommen.

Tipps für den Betrügenden

Leugnen Sie nicht, wenn der Seitensprung auffliegt 45 Prozent der Seitensprünge werden nach Studien des Psychologen Ragnar Beer aufgedeckt, weil ihn der Partner selbst herausfindet. Verspielen Sie nicht den letzten Rest des Vertrauens, sondern geben Sie alles sofort zu.

Nehmen Sie Ihre Projektionen zurück Notieren Sie alle positiven Eigenschaften Ihres heimlichen Geliebten. Daneben schreiben Sie die Gefühle, die in Ihnen durch die Affäre geweckt wurden. Geben Sie dem Ganzen folgende Überschrift: »Meine Sehnsucht und meine ungelebten Seiten«. Das bedeutet: Diese Eigenschaften fehlen nicht Ihrem Partner, sondern Ihrer Partnerschaft! Sie haben sie bisher nicht in Ihre Beziehung eingebracht.

Treffen Sie eine Entscheidung Indem Sie sich klar für Ihren festen Partner entscheiden, wird die festgefahrene Situation wieder dynamisch, eine Lösung wird möglich.

Reden und handeln Sie Als Betrügender sind Sie vor dem weggelaufen, was Ihre feste Beziehung am dringendsten gebraucht hätte: Veränderungen im eingefahrenen Rollenspiel. Holen Sie das jetzt unbedingt nach, um alten Verhaltensballast abzuwerfen.

Machen Sie einen geheim gebliebenen Seitensprung mit sich selbst aus Um mit Ihren Schuldgefühlen fertig zu werden, sollten Sie einen geheim gebliebenen Seitensprung einem Seelsorger oder Therapeuten beichten, aber nicht Ihrem Partner. Wenn Sie sich klar entschieden haben, bei ihm zu bleiben, brauchen Sie einen beendeten Seitensprung nicht zu outen.

Wenn Sie die Affäre doch beichten wollen, sollten Sie Ihrem Partner die Ernsthaftigkeit Ihrer Reue dadurch beweisen, dass Sie erstens vor Ihrer Aussprache die Nebenbeziehung beenden und zweitens sich zuvor freiwillig bei einer Paartherapie angemeldet haben. Sie signalisieren damit: »Unsere Beziehung ist die einzig richtige, und ich will ernsthaft etwas dafür tun!«

Erschaffen Sie Ihre Beziehung neu

Wenn Sie eine Trennung von Ihrem Partner ernsthaft in Betracht ziehen, sind Sie im finstersten Winkel des Finsterwaldes angelangt, dem Ort der totalen Orientierungslosigkeit für sich selbst und der Hoffnungslosigkeit für das Paar. Sie liegen mit sich oder Ihrem Partner im Widerstreit, Sie könnten an sich oder an Ihrem Partner verzweifeln, Sie sind wütend und traurig, fühlen sich schuldig oder verloren, verfolgt oder allein gelassen.

Die normale Reaktion wäre, vor diesem schwärzesten Punkt zu fliehen oder die Augen zu verschließen. Dann ist die Liebe erblindet und stirbt. Es gehört aber zu den vielen Geheimnissen der Liebe, dass sie Ihnen gerade an diesem dunkelsten Punkt die Augen öffnen und Sie an den einzigen Ort Ihrer Liebeslandkarte führen will, von dem aus Sie den Weg hinaus aus dem Dunkel finden können.

Die Einsiedelei: Hilfe im Finsterwald

Vertrauen Sie sich der Liebe ein letztes Mal an, bevor Sie ganz aufgeben. Gehen Sie ein letztes Wagnis ein. Öffnen Sie mitten im Dunkel die Augen Ihres Herzens – Augen, die weiter sehen können als Ihr Verstand. Diese Augen sehen nicht auf das Verlorene, sondern auf das Zukünftige, das hinter dem Chaos auf Sie als Paar wartet.

Mitten in diesem Dunkel Ihrer Einsamkeit und Verzweiflung gibt es auch einen rettenden Strohhalm, einen friedlichen Ort. Wir nennen ihn die Einsiedelei. Es gehört zu den großen Erkenntnissen der Tiefenpsychologie, dass jeder Mensch diesen inneren Zufluchtsort in seiner Seele hat. Diesen Ort finden Sie in den Gralsmythen ebenso wie in der mystischen Tradition.

Die stille Einsiedelei ist Ihr Rückzugspunkt aus der verwirrenden Situation Ihrer Beziehung und Ihrer Seele. Ein Ort, an dem Sie sich sammeln können. Diese stille Klause dient Ihrer Entlastung. Hier sollen Sie innehalten, hinschauen und in sich gehen, damit Sie nicht mehr umherirren müssen.

Stellen Sie sich die schlichte Einsiedelei so genau wie möglich vor. Wenn Sie ein Bild malen würden, wie sähe die Klause und der Platz um sie herum aus? Rufen Sie nach dem Einsiedler, der hier zu Hause ist. Nehmen Sie in Ruhe wahr, wie er erscheint. Wie sieht er aus? Was hat er an? Wenn Sie Liebe und Vertrauen spüren, gehen Sie in Gedanken auf ihn zu.

Der gute Einsiedler ist das Symbol für eine innere verborgene Kraft Ihrer Seele, die Sie zu Hilfe holen können. Trotz seiner Abgeschiedenheit sitzt Ihr innerer Einsiedler an der Quelle der Erkenntnis.

Beantworten Sie die Entwirrungsfrage

Der Gefühlsaufruhr in Ihnen machte bisher besonnenes Nachdenken schwer. Die Gegenwart Ihres inneren Einsiedlers hilft Ihnen, Ihr Problem kurz und nüchtern zusammenzufassen, etwa durch Fragen folgender Art:

- Was habe ich noch nicht verstanden? Wofür soll ich mich öffnen?
- Was ist jetzt das Wichtigste in meiner schwierigen Situation?
- Wo liegen meine inneren Barrieren? Und die meines Partners?
- Was ist jetzt die rettende Kraft?
- Was ist der verborgene Sinn meines Lebens?

Stellen Sie sich vor, dass Sie der Einsiedler daraufhin ruhig fragt: »Was willst du im Grunde deines liebevollen Herzens erreichen? Was soll am Ende Gutes dabei herauskommen?« Lauschen Sie nach innen, denken Sie in die Zukunft und beantworten Sie in Ruhe seine Frage. Bitten Sie ihn danach, Ihnen die ersten drei guten Schritte dorthin zu zeigen.

Wachen und Beten wie ein Einsiedler

Betäuben Sie sich nicht mit Alkohol, Tabletten, Fernsehen oder Computerspielen. Stellen Sie Frustkäufe und Frustessen ein. Verzetteln Sie Ihre geistige Energie nicht durch stundenlanges Telefonieren oder Lamentieren. Sie haben immer die Chance, eine Wendung nach innen zu vollziehen. Wenn Ihnen das schwer fällt, hilft das folgende »Einsiedlergebet« von *Dietrich Bonhoeffer,* das er im Gefängnis für seine verzweifelten Mitgefangenen verfasst hat. Es kann Ihnen Halt und Kraft geben und Hilfe von innen mobilisieren:

In mir ist es finster, aber bei dir ist das Licht.
Ich bin einsam, aber du verlässt mich nicht.
Ich bin kleinmütig, aber bei dir ist die Hilfe.
Ich bin unruhig, aber bei dir ist der Friede.
In mir ist Bitterkeit, aber bei dir ist die Geduld.
Ich verstehe deine Wege nicht,
aber du weißt den Weg für mich.

Gehen Sie den Weg des größten Widerstandes

Ihr innerer weiser Eremit gibt sich nicht mit kleinen Reparaturen zufrieden, sondern er will, dass etwas Großes aus Ihnen als Mensch und etwas noch Größeres aus Ihnen und Ihrem Partner als Paar wird.

Dafür hat er gelernt, den Weg des größten Widerstandes zu gehen. Nur so hat er die zwei mächtigen Triebe gemeistert, die für viele Ihrer Konflikte verantwortlich sind: den Trieb zur ungehemmten Machtausübung über andere und den Trieb zur ungehemmten sexuellen Befriedigung. Der Machttrieb setzt den Partner unter Druck, kontrolliert ihn mit Geld, bedrängt ihn durch körperliche oder emotionale Überlegenheit. Der Sexualtrieb fordert ein zwanghaftes Ausagieren oder Unterdrücken der Lust, macht Sie zum Betrüger oder Verweigerer und Ihren Partner zum Betrogenen oder Entbehrenden. In beiden Fällen gibt es kein liebevolles Ich und kein liebevolles Wir mehr.

Er wird Ihnen helfen, Ihren persönlichen Weg zu finden, wie Sie sich und Ihrer Beziehung zuliebe auf das blinde Ausagieren beider Triebe verzichten lernen. Wenn Sie seiner Weisheit folgen, werden Sie spüren, dass eine grundlegende Wandlung in Ihrem Inneren hin zum Wesentlichen stattfindet.

Hand aufs Herz: Fühlen Sie das Paarherz schlagen

Ihr tiefstes gütiges Wesen folgt nach der Läuterung in der Einsiedelei einer einzigen wunderbaren Weisheit: sich von nun an in allen Fragen der Partnerschaft nur der Liebe anzuvertrauen.

Stellen Sie sich vor, wie Sie sich auf dem großen schwimmenden Paarherz hinknien und die Hand auf die Oberfläche legen.

Fühlen Sie, wie dieses Herz in seiner Tiefe sanft, ruhig, aber kraftvoll schlägt. Sagen Sie, mit der Hand immer noch auf dem großen Herzen unter Ihnen: »Ich bleibe.«

Sagen sie sodann, während Sie auf das Herz Ihrer Partnerschaft blicken: »Füll mich wieder auf.« Im nächsten Abschnitt erfahren Sie, wie Sie dieser Kraft ein wenig nachhelfen können.

Die Paarevolution

An dem Punkt, an dem Sie jetzt stehen, finden Sie den Schlüssel für die glückliche Zukunft Ihrer Partnerschaft weniger im coolen Analysieren oder vernünftigen Planen, sondern vor allem im Entdecken einer neuen Paarvision. Dabei handelt es sich um eine besondere Art von Vision: Sie ist gleichzeitig alt und neu, klein und groß, *evolutionär* und *revolutionär*. Deswegen nennen wir sie Paarevolution.

Ihre Paarevolution ist etwas vollkommen Neues. Sie gehen auf ein neues Ziel zu und sind drauf und dran, mit Ihrem alten (aber neu erfahrenen) Partner einen neuen Bund fürs Leben zu schließen.

Sie löst feste Muster und kleinkarierte Machtverhältnisse in Ihrer Partnerschaft auf. Sie sorgt zunächst für Verwirrung. Die Phase der Orientierungslosigkeit macht aber auch Platz für Neues. Das ist die Chance für Sie beide, zu einer neuen Ordnung zu finden, die größer ist als Ihre bisherigen Vorstellungen von Beziehung.

Sie unterwerfen sich der Liebe, nicht dem Partner. Sie erfahren eine Liebe, die größer ist als Sie und Ihr Partner. Sie strömt warm durch Sie beide hindurch und erfasst Ihre Seelen.

Die Evolution Ihres Herzens

Ihre Paarevolution ist ein revolutionärer Umbruch und zugleich eine dynamischer Evolutionsimpuls. Sie baut auf dem auf, was Sie zusammen geschaffen haben. Sie haben sich im Lauf Ihrer Partnerschaft aufeinander zu entwickelt und sich dem anderen angepasst. Auch wenn Sie das zum Schluss gar nicht mehr wollten oder jetzt unter den Opfern leiden, die Sie für Ihre Partnerschaft gebracht haben: Die Einheit zwischen Ihnen, das gemeinsame Paarherz unter Ihnen, ist ein Faktum. Ihm können Sie vertrauen.

So finden Sie eine neue Vision

Als Sie damals zusammen im Liebeszelt lagen, schwirrte die Luft im Zelt vor lauter Visionen, die Sie beide für sich als Paar erträumten.

Nun brauchen Sie eine neue Vision, ein Bild, eine Vorstellung, auf die hin zu leben sich lohnt. Die Größe dieser Vision bestimmt die zukünftige Größe Ihrer Partnerschaft. Diese Paarvision ist nicht die Idee von einem der beiden Partner, sondern es ist ein Bild, das wie ein vergrabener Schatz im gemeinsamen tragenden Paarherzen Ihrer Partnerschaft verborgen ist. So locken Sie Ihre Visionen ans Tageslicht:

Den Pakt erneuern Schließen Sie miteinander einen Pakt mit dem Ziel, eine neue gemeinsame Paarvision für beide zu finden. Erteilen Sie sich gegenseitig den Auftrag, herauszufinden, welche aktuellen Anliegen und Zukunftsvorstellungen jeder von beiden hat.

Leitmotive herausfiltern Suchen Sie nach alten Leitbildern. Welche sind inzwischen verbraucht, welche aber glimmen noch und könnten neu entfacht werden?

Alte Aufträge stornieren Um zu einer neuen Vision zu kommen, müssen Sie alte loslassen. Vielleicht hatten Sie früher die Paarvision: »Wir wollen ein eigenes Haus für die Familie bauen«. Wenn die Kinder ausgezogen sind, kann sich diese Idee verwandeln: »Die Pflege des Hauses kostet zu viel Geld, Kraft und Zeit. Es wird verkauft, wir ziehen in eine Wohnung und gewinnen mehr Ressourcen für das, was uns jetzt wichtig ist.« Das alte Beziehungsbild »Hauskauf« war nicht falsch. Aber nun ist es an der Zeit, es zu ersetzen. Eine erneuernde Beziehungsvision erkennen Sie daran, dass sie beide Partner anspricht, motiviert und wieder neu mit Freude erfüllt. Sie überzeugt beide, dass sie mehr gewinnen werden, als sie verlieren.

Gute Vorbilder aufspüren Sehen Sie sich in Ihrer Umgebung nach anderen Paaren um, jüngere und ältere. Von wem möchten Sie etwas lernen? Wo sagen Sie beide: »Dieses Paar macht etwas gut, lass uns das doch auch so regeln«?

Reisen Sie in die Zukunft Wenn Sie eher ein bildhafter Typ sind, probieren Sie es mit der Methode Zeitreise: Setzen Sie sich entspannt hin, schließen Sie die Augen und stellen Sie sich ein konkretes Datum in der Zukunft vor: Weihnachten 2020, Ihr 70. Geburtstag, die Hochzeit Ihrer ältesten Tochter. Beschreiben Sie, immer noch mit geschlossenen Augen, Ihre Umgebung – ganz genau und ruhig ein wenig banal. Wo sind Sie? Wo ist Ihr Partner? Was haben Sie an? Wie ist das Wetter? Was beschäftigt Sie gerade? Wer ist bei Ihnen? Bemühen Sie sich, sich nichts vorzustellen oder auszudenken, sondern beobachten Sie nur.

Reden Sie mit Ihrem zukünftigen Ich Eine weitere bewährte Übung ist diese Variante der Zeitreise: Ihr zukünftiges Selbst besucht Sie. Stellen Sie sich vor, wie Sie sich selbst gegenübersitzen: eine weise, kluge Person, die zehn oder 20 Jahre älter ist als Sie. Fragen Sie, was Sie als Paar ihrer Meinung nach zurzeit falsch machen und welche Vision sich für Sie beide lohnt.

Sammeln Sie Bilder Wenn Sie ein Maler oder Bildhauer wären, wie würden Sie Ihre Paarvision darstellen? Manchmal kristallisiert sich dabei ein Symbol heraus, beispielsweise ein großer alter Baum, unter dem Sie gemeinsam sitzen. Suchen und sammeln Sie Bilder, Fotos, Videos, Kopien davon. Gibt es welche, bei denen es bei Ihnen beiden »klick« macht?

Drehbuch umschreiben Entwickeln Sie Szenarien mit verschiedenen Varianten. Stellen Sie sich vor, dass Sie ein Drehbuch schreiben mit vielen alternativen Vorschlägen für ein fremdes Paar, das unter dem gleichen Problem leidet. Vielleicht kennen Sie den Film *Und täglich grüßt das Murmeltier,* in dem sich ein zynischer Reporter langsam in einen liebesfähigen Menschen verwandelt, indem er unzählige Varianten eines einzigen Tages durchlebt. In Ihnen beiden stecken ebenso viele Möglichkeiten, zum Guten zu kommen!

Die weiteren Aussichten

Lassen Sie sich nicht von der Größe Ihrer märchenhaften Paarvision einschüchtern. Erweitern Sie in kleinen Schritten Ihre Möglichkeiten. Experimentieren Sie ohne Scheu mit neuen Variationen im Alltag. Sprechen Sie jeden Morgen kurz über das Thema: Was können wir heute anders und besser machen als früher? Wo kann ich meine Einfälle mit deinen verknüpfen? Üblicherweise braucht man drei Wochen, um eine Gewohnheit zu ändern. Geben Sie nicht zu früh auf, ziehen Sie frühestens nach sechs Wochen eine ehrliche Bilanz.

So kommen Sie schrittweise Ihrem großen Ziel näher: dem Verlassen des Finsterwaldes. Die nächste, fünfte und letzte Station in der Landschaft der Liebe ist unser Symbol für die märchenhafte Vision, der Sie sich nun auf Ihrem Weg durch das Land der Liebe nähern: Ihrem neuen Zuhause, dem Schloss.

simplify-Idee: Ent-hüllen Sie die königliche Liebe – Das Schloss

Am Ende Ihrer Reise durch das Königreich der Liebe steht Ihr Einzug ins Schloss.

Das Schloss, in das Sie einziehen, verdanken Sie beide der Liebe, die zwischen Ihnen gewachsen ist. Sie hat es für Sie erbaut. Das Schloss ist durch und durch Geschenk, auch wenn der Weg dorthin für Sie beide mit viel Anstrengung verbunden war.

Die Liebe, die Sie beide im Schloss als Königspaar erleben, ist die gleiche Liebe, mit der Sie sich im Liebeszelt erkannt haben, mit der Sie im Gutshof miteinander verbunden und nach der Sie im Finsterwald verzweifelt auf der Suche waren. Und doch ist die Liebe im Schloss neu. Sie ist größer, aber leiser. Souveräner, aber bescheidener. Sie ist ein Fest des einander Genießens und gleichzeitig erfüllt von einer geheimnisvollen Stille.

Machen Sie einen Schlossrundgang

Auf diesem Rundgang werden Sie Ihren früheren Erfahrungsräumen wieder begegnen, denn Sie haben sie durch Ihre gemeinsamen Prozesse ins Schloss integriert. Alle bilden nun zusammen eine neue sinnstiftende Einheit.

Der Schlossberg Das Schloss liegt oberhalb der Einsiedelei mit der

243

Quelle auf dem Berg, der aus dem Finsterwald herausragt. C. G. Jung verband mit dem Berg »das große Aufragende, die erwachsene Persönlichkeit«. Der mühsame Anstieg nach oben symbolisiert die »Qual der Bewusstwerdung«, der Sie sich tapfer gestellt haben.

Führen Sie ein neues Ritual ein. Feiern Sie nach überstandenen anstrengenden Phasen in Ihrer Beziehung ein »Bergfest für zwei Helden«. Die schwierige Etappe ist gemeistert, die Anstrengung hat sich für Sie beide gelohnt, und Sie können sich gratulieren.

Die Zugbrücke Sie versinnbildlicht Ihre neue Fähigkeit, Ihre Beziehung besser vor stressigen Einflüssen schützen zu können. Gemeinsam können Sie entscheiden, wann Sie das Tor geöffnet haben wollen. Bedrohungen aus dem Finsterwald werfen Sie als Königspaar nicht mehr aus der Bahn. Sie reagieren gelassener und flexibler, sollte sich Ihr Partner noch einmal dort verirren.

Der Finsterwald bleibt finster, aber vom Schloss aus gibt es Rückhalt und Sicherheit. Vereinbaren Sie kleine Signale, mit denen Sie in der Gegenwart Dritter Ihren Partner unauffällig um emotionalen Beistand bitten können. Als Königspaar dürfen Sie sich jederzeit zu zweit zurückziehen, sich aus den Problemen Ihrer erwachsenen Kinder oder anderer Verwandter heraushalten. Sie dürfen Paar-Zeiten haben, in denen Sie für niemanden erreichbar sind.

Die Türme Seit Sie beide »unter der Haube« sind, sind Ihre Persönlichkeitstürme noch weiter in die Höhe gewachsen und haben – als Symbol für ein gesundes inneres Abgeschlossensein – schöne Turmhauben bekommen. Manche Anteile Ihrer Seele reiften erst in der Partnerschaft voll aus. Jetzt sind sie weithin sichtbar und tragen die Sternenbanner der Liebe. Sie ragen hoch in den Himmel, Zeichen für den weiten Blick, den Sie im Lauf Ihrer Partnerschaft gewonnen haben. Sie überschauen nicht nur Ihr eigenes Reich, sondern haben auch ein Bewusstsein für den gesellschaftlichen und politischen Raum bekommen. Die kleinen Türmchen stehen für Ihre Kinder und Kindeskinder, die leiblichen wie die geistigen.

Als Paar haben Sie es geschafft, Ihre Beziehung auf dem Weg zum Schloss in ein »lernendes System« zu verwandeln. Verlangen Sie das als Bürger auch von Ihrem Staat und Ihrer Gesellschaft, die zum Beispiel die Vereinbarkeit von Beruf und Familie behindern. Warten Sie nicht darauf, dass »die da oben« etwas tun. Engagieren Sie sich jetzt!

Das Liebeszelt So schnell es manchmal zusammenfiel – letztendlich erwies sich seine leichte Bauweise als Vorteil. Denn Ihr Liebeszelt konnte an der alten Stelle abgebrochen und an einem schönen neuen Platz im Schlossgarten wieder aufgebaut werden. Um dem Zauber der Liebe zu begegnen, brauchen Sie nicht in anderen Gefilden fremdzugehen. Die zärtliche oder leidenschaftliche Liebe wird Ihnen als Königspaar unerwartet intensiv zur Verfügung stehen.

Lassen Sie Ihre Leidenschaft nicht von alten Mustern und Frustrationen bestimmen. Fangen Sie von vorne an. Entspannen Sie sich körperlich, ohne etwas machen oder haben zu wollen. Ihre liebevollen Herzen haben die Macht, Ihre Körper neu füreinander zu erschließen.

Die Wirtschaftsgebäude Sie ähneln dem Fachwerkbau Ihres Gutshofes und stehen für Ihre gemeinsame Lebensleistung als Paar, Berufstätige, Eltern, Ehrenamtliche. Im Schloss wird sichtbar, dass Sie immer an etwas gebaut haben, das größer ist als Sie beide. So verlagert sich Ihr Blick auch immer mehr vom Haben zum Sein, vom Materiellen zum Menschsein.

Als Königspaar haben Sie nicht nur das Recht, sondern sogar die Verpflichtung, mit Ihren guten Erfahrungen andere Menschen zu fördern. Suchen Sie sich Netzwerke, in die Sie Ihre Lebenserfahrung und Kompetenzen einspeisen können (Vereine, Internetforen, Kirchen, Selbsthilfegruppen). So tragen Sie zum Wohl der Gesellschaft bei.

Die Ahnengalerie Sie liegt zentral im Schloss und symbolisiert die Versöhnung mit Ihren beiden Herkunftsfamilien und früheren Partnern. Niemand wird bei Ihnen ausgeklammert, alle werden gewürdigt, jeder hat seinen Platz. Es gibt keine Familiengespenster, die bei Ihnen ihr Unwesen treiben könnten. Selbst wenn Ihnen die reale Versöhnung verwehrt ist, weil der Betreffende den Kontakt zu Ihnen abgebrochen hat oder sogar schon tot ist, können Sie diesen Weg innerlich gehen. Was immer vorgefallen ist, niemand kann von Ihrer Seele verlangen, dass sie Böses mit Bösem erwidert. Erlauben Sie Ihrer liebevollen Seele, freundlich, versöhnlich und im besten Sinne königlich auf alle zu schauen.

Das Diplomatenzimmer Hier stehen leere Rüstungen neben den Türen, die Waffen von einst hängen friedlich an der Wand. Als Königspaar streiten Sie nicht mehr wie früher, sondern gehen mit Meinungsverschiedenheiten diplomatischer um. Sie sind zuverlässiger, gelassener, kompromissbereiter und haben einen vorauseilenden Blick für die Bedürfnisse des anderen.

Sagen Sie Ihrem Partner, wenn Sie sich von ihm positiv gestützt und wahrgenommen fühlen. Ein guter Diplomat spart nie mit Lob und Bewunderung, verpackt seine Kritik aber – diplomatisch. Menschen vertragen frisch gelobt eher einmal eine kritische Rückmeldung.

Der Festsaal Im Schloss haben Sie Platz, das Leben zu feiern und einander zu genießen. Erneuern Sie ständig Ihren positiven Paar-Mythos. Feiern Sie die Gedenkfeste Ihrer Beziehung (Kennenlernen, Verlobungstag, Hochzeitstag). Erzählen Sie Ihren Kindern davon, schauen Sie sich alte Fotos an. Lassen Sie sich möglichst oft gemeinsam als Paar fotografieren, und stellen Sie diese Bilder auf. Feiern Sie Ihre originellsten persönlichen Paarmomente: der Tag, als er das falsche Auto aus dem Schnee ausgrub; der Tag, an dem beide ihre Schlüssel verloren. Tragen Sie solche Paarmomente in einen immerwährenden Kalender ein, und denken Sie sich passende kleine Rituale dafür aus.

Die Kapelle Sie ist Symbol für Ihr spirituelles Bewusstsein, dass nicht alles Gelingen Ihr eigenes Verdienst ist, sondern ein Geschenk. Stellen Sie sich vor, dass an der Innenwand der Kapelle ein schöner Spruch steht, den Sie gerne lesen, zum Beispiel: »Ich segne dich, und du sollst ein Segen sein«. Sprechen Sie diesen Segen innerlich Ihrem Partner zu. Segnen Sie alles, womit er in Berührung kommt. Das stärkt Ihre Beziehung, hält Ihr Herz offen und schützt auch Ihre Kinder.

Erfassen sie das ganze Panorama

Als königliches Paar im Schloss sind Sie wie ein gemeinsamer Organismus, der an seinem Wachstum arbeitet und dabei vieles aufnimmt, prüft, übernimmt oder auch wieder verwirft. Sie gewinnen einen großen Blick für das Ganze, überschauen das weite Panorama Ihrer Welt und der Wirklichkeit überhaupt. Als »Panorama-Paar« können Sie flexibler, gelassener und kraftvoller als je zuvor auf veränderte Situationen reagieren.

Acht Weisheiten großer Denker, nach denen Panorama-Paare leben

Verbundenheit Als Panorama-Paar werden Sie feststellen, dass Sie nicht mehr zwischen Mein und Dein unterscheiden können. Sie sind über Ihr großes Beziehungsherz miteinander verschmolzen, und empfinden sich als Einheit. Für Sie gilt das Wort des persischen Dichters *Dschelaleddin Rumi:* »Niemals sucht in Wahrheit der Liebende, ohne vom Geliebten gesucht zu werden. Wenn das Licht der Liebe in dieses Herz gesenkt wurde, muss man wissen, dass es auch in jenes Herz gesenkt wurde. Kein Händeklatschen stammt allein von einer Hand.«

Umsicht Als Panorama-Paar begegnen Sie sich behutsam und umsichtig. Sie widmen sich den inneren Angelegenheiten Ihrer Beziehung mit wachsender Sorgfalt. So schützen Sie Ihre Liebe vor Verletzungen und den anderen vor Schaden. Folgen Sie dem Vorbild des Dichters und Filmemachers *Jean Cocteau:* »Jeden Abend lege ich mich glücklich nieder, wenn ich meinem Nächsten auf keine Weise geschadet habe.«

Hingabe Als Panorama-Paar wissen Sie: In der Tiefe Ihres Herzens ist Ihre schönste Hoffnung und Ihr größter Wunsch, einander zu stützen und zu lieben, mit aller Zärtlichkeit und Kraft. Diesem Wissen zu folgen heißt, nicht nur den anderen, sondern auch sich selbst mithilfe der Liebe zu erobern. Was Sie als reife Liebe miteinander erleben, hat der Hamburger Existenzanalytiker *Uwe Böschemeyer* so formuliert: »Es ist, als hätte der eine den anderen aus sich heraus geliebt.«

Reichtum Als Panorama-Paar geht es Ihnen nicht darum, was Ihnen die Beziehung bringt. Oder was der andere Ihnen nützt. Oder ob es sich lohnt, zusammenzubleiben. Oder ob man es mit einem anderen Partner besser hätte, schöner, leichter. Stellen Sie keine Nutzen/Kosten-Rechnungen mehr auf. Sie beschränken Ihre Teilnahme am anderen nicht darauf, dass Sie sich Ihren Teil nehmen. So wie es der Zisterzienser *Balduin von Ford* gesagt hat: »Mit der Liebe, die in uns ist, sind zwei Dinge untrennbar verbunden: die Liebe zum Gemeinsam-Haben und die Gemeinsamkeit in der Liebe. Fehlt eines davon, so ist die Liebe noch nicht glücklich.«

Einsamkeit Als Panorama-Paar haben Sie erkannt, dass zu jedem von Ihnen ein unauslotbarer Wesensgrund gehört. Je besser Sie sich kennen, desto größer ist Ihr Bewusstsein für die eigenen Turm-Einsamkeiten, die Ihnen ganz allein aufgegeben sind und die dem anderen fremd bleiben werden. Wie *Rainer Maria Rilke* wissen Sie, dass eine große Liebe nicht nur aus Gemeinsamkeit besteht: »Vielmehr ist die gute Ehe die, in welcher jeder den anderen zum Wächter seiner Einsamkeit bestellt und ihm dadurch das größte Vertrauen beweist, das er zu verleihen hat.« Verstehen Sie die Liebe als Raum, in dem sich zwei Einsame beschützen und »einander in großer Gestalt und vor einem weiten Himmel sehen«.

Trost Als Panorama-Paar ist es Ihnen selbstverständlich, sich gegenseitig zu trösten und aufzumuntern. Sie leben nach den Worten des Dichters *Verlaine:* »Auf, nichts ist besser für die Seele, als eine andere Seele von der Traurigkeit zu befreien!« Sie sind sich der inneren Leiden Ihres Partners bewusst und begleiten ihn dabei mit Verständnis und Mitgefühl. Trotzdem haben Grübeleien und Schwermut bei Ihnen keine Chance. Gegen Traurigkeit helfen Sie sich gegenseitig mit der Klarheit und Heiterkeit, die aus einem liebevollen Herzen fließen.

Einfachheit Als Panorama-Paar erfassen Sie die komplexe Wirklichkeit Ihrer Beziehung. Aber Sie lassen nicht zu, dass Ihre Beziehung kompliziert wird. Sie haben miteinander einen Standpunkt gefunden, der Sie unabhängig macht von der Unruhe im kollektiven Meinungsfeld. Mit den Jahren hat sich bei Ihnen der Satz *Friedrich Schillers* bewahrheitet: »Einfachheit ist das Resultat der Reife.« Ihre Liebe hat eine großartige Schlichtheit erreicht, seit Sie beide den Punkt gefunden haben, wo Sie ganz in Ihrer Beziehung ruhen.

Glaube Als Panorama-Paar können Sie sich gegenseitig auch in Glaubensfragen austauschen. Loten Sie Ihren Glauben durch Gespräche aus. Erzählen Sie sich Ihre Träume. Teilen Sie »erhabene Momente«. Sprechen Sie mit Freimut und ohne Vorbehalt von Ihren religiösen Erfahrungen. Suchen Sie gemeinsame Glaubensrituale, die Ihnen beiden gefallen und gut tun. Lassen Sie überholte Glaubensbilder los, und motivieren Sie sich gegenseitig, die innere Seelenlandschaft neu zu erforschen. Eine spirituell tragfähige Beziehung erlaubt Ihrer Seele, dass sie »Seele werden kann in einem anderen« (*Friedrich Schleiermacher*).

Das Wegmuster im Land der Liebe

Die Abfolge der fünf Wohnungen der Liebe ergibt ein unsichtbares Muster, mit dem die Liebe ihre beiden auseinander driftenden Pole aus Ich und Wir immer wieder verband. Das Ich vertritt dabei den Pol der Autonomie, das Wir steht für das Paarsein. Die Zwischenschritte schafft die Liebe über das freundliche Du, das als geflügelter Bote zwischen den beiden hin und her eilt und zum Ausgleich einlädt.

Im *Turm* haben Sie sich auf Ihr Ich konzentrieren können. Ihre Autonomie und Selbsterforschung standen im Mittelpunkt. Ihre Persönlichkeit hat sich entfaltet. Die Mauern des Turmes wurden durchlässiger, die Suche Ihrer Seele nach dem Du begann.

Im *Liebeszelt* traf Ihr verliebtes Ich auf ein wunderbares Du. Die Verschmelzung zwischen Ihnen beiden löste Ihre Ich-Grenzen auf. Sobald die Liebessterne über dem Zelt zu leuchten begannen, erschien die große Vision eines gemeinsamen Wir. Sie beide empfanden den köstlichen Geschmack des Wir-Seins und fühlten sich wie Könige.

Der *Gutshof* förderte und forderte das Wir in hohem Maße. Egoismen wurden abgeschliffen, was das anspruchsvolle Ich in seine Grenzen wies. Das verständnisvolle Du wurde vorausgesetzt oder eingeklagt, auf jeden Fall aber zu wenig gepflegt. So wurden vor lauter Wir das Du und das Ich immer schwächer und verschwanden aus dem Blick.

Im *Finsterwald* lag das Wir am Boden. Ihr zu kurz gekommenes Ich irrte umher, um die versäumte Selbstfindung nachzuholen. Auch das Du, das so oft übersehen und abgewertet wurde, ging verloren und litt. Es lockte die Versuchung, sich einem dritten, einem fremden Du zuzuwenden. Die Krise des Wir wurde aber auch zur Chance, sich in der eigenen Tiefe wiederzufinden. Das weckte erneut die Sehnsucht, sich wieder mit dem verlorenen geliebten Du zu vereinigen.

Im *Schloss* finden sich die beiden nun verwandelt und gereifter wieder. Ich und Du sind wahrhaftiger geworden, weil sie ihren Seelen erlaubten, sie zu führen. So wurde eine neue Begegnung möglich. Damit erneuert sich das Wir. Das Im-Paar-Sein und das Man-selbst-Sein werden miteinander versöhnt. Sie verstehen es nun, das Pendel zwischen Ich und Wir hin und her schwingen zu lassen. Zugleich achten Sie sorgfältig auf das Du, das Ihnen hilft, den Ausgleich zwischen den Polen im Blick zu behalten.

Leben Sie die königliche Liebe

Was tut ein königliches Paar den ganzen Tag? Es lebt erst einmal das ganz normale Leben, wie Königinnen und Könige auch.

Fünf königliche Stunden

Glückliche Paare verbringen mehr Zeit miteinander als weniger glückliche Paare – das ist eines der ganz sicheren Forschungsergebnisse von John Gottman, der Tausende Paare beobachtet und befragt hat. Es kam allerdings nicht auf die Menge der miteinander verbrachten Zeit an, sondern auf die Qualität. Hier die fünf wichtigsten Arten von Qualitätszeit, mit der Sie Ihren Paaralltag krönen können:

Zeit der Zuneigung Umarmen Sie sich, küssen, halten, berühren Sie sich. Gerade nach einem anstrengenden Tag oder einem nervigen Gespräch kann körperliche Nähe besonders gut die seelische Nähe herbeirufen. Mindestdosis: fünf Minuten täglich.

Zeit der Fragen Gewähren Sie sich eine Audienz. Der altmodische Begriff kommt vom lateinischen Wort für »hören«, und genau darum geht es: Stellen Sie sich gegenseitig Fragen, und hören Sie zu, was der andere antwortet. Überlegen Sie sich kluge Fragen, fordern Sie Ihren Partner heraus. Das kann von praktischen Plänen (»Wohin wolltest du schon immer einmal in den Urlaub mit mir fahren?«) bis zu tieferem Stöbern in der Seele des anderen gehen (»Hast du noch einen Herzenswunsch, den ich dir erfüllen kann?«). Rechnen Sie dafür etwa zwei Stunden pro Woche.

Zeit der Anerkennung Ein Vorwurf wiegt schwerer als mehrere lobende Bemerkungen. Nehmen Sie sich daher vor, Ihrem Partner oder Ihrer Partnerin jeden Tag ein Lob zukommen zu lassen. Loben Sie nicht pauschal (»Du bist toll«), sondern konkret und ehrlich.

Zeit der Trennung Wenn einer von Ihnen aus dem Haus geht, verabschieden Sie sich zärtlich und ohne Hektik. Sorgen Sie dafür, dass Sie dabei wenigstens über ein Ereignis informiert werden, das an diesem Tag im Leben Ihres Partners stattfindet. Versichern Sie dem anderen, daran zu denken – vor allem, wenn es etwas Unangenehmes ist. Unterschätzen Sie nicht die Herzensverbindung, die dadurch zwischen Ihnen geschaffen wird. Die kann intensiver sein als mehrere Handyanrufe. Zeitbedarf: mindestens zwei Minuten pro Abschied.

Zeit des Wiedersehens Wenn Sie wieder zusammen sind, berichten Sie sich von Ihren Erlebnissen. Jeder muss etwas erzählen, und jeder muss dem anderen zuhören können – auch wenn er müde oder gelangweilt ist. Im Lauf der Zeit entwickeln Königspaare dabei eine Kultur der geistreichen Unterhaltung: Sie sammeln während des Tages unterhaltsame und bewegende Momente wie kleine kostbare

Perlen, die sie am Abend dem anderen mitbringen. Zeitbedarf: rund 20 Minuten pro Wiedersehen.

Summe: fünf Stunden pro Woche Angenommen, einer oder beide gehen fünf Tage die Woche aus dem Haus, ergeben die genannten Zeiten rund fünf Stunden pro Woche. Das sind nicht einmal 5 Prozent Ihrer wachen Zeit. Diese königliche Qualitätszeit für Ihre Partnerschaft lässt sich auch in beruflich oder anderweitig angespannten Phasen erübrigen. Und sie trägt Früchte!

Sieben Ratschläge für Königspaare

Der große evangelische Theologe *Jörg Zink* und seine Frau *Heidi* sind seit über 60 Jahren ein Paar. In einer wunderbar verdichteten Summe von Lebensweisheiten hat Jörg Zink die Erfahrungen dieses langen gemeinsamen Lebenswegs zusammengefasst.

1. Gönnen Sie sich gegenseitig Eigenes Gönnen Sie Ihrem Partner eigene Wege, eigene Zeit, eigene Entscheidungen, eigene Vorlieben. Gönnen Sie sich aber auch gemeinsame Freunde, die Ihnen beiden wichtig sind und Ihrer Partnerschaft gut tun.

2. Erweisen Sie sich gegenseitig in weltanschaulichen Dingen Respekt Lassen Sie den anderen los, besetzen Sie ihn nicht mit Ihren Vorstellungen. Lassen Sie ihm seine Gedanken, Wahrnehmungen, Erfahrungen, Einschätzungen und Glaubensvorstellungen. Sie müssen auch nicht alles vom anderen wissen, und er muss nicht alles mit Ihnen teilen, solange gegenseitiger Respekt herrscht und nichts geleugnet werden muss.

3. Gewähren Sie sich gegenseitiges Dabeibleiben Bleiben Sie beim anderen, wenn seine Seele mit Dunkelheit erfüllt ist. Bleiben Sie bei ihm, wenn er krank ist oder ein Leiden durchzustehen hat. Lassen Sie ihm aber auch die Freiheit, sagen zu dürfen, was er wirklich braucht und was nicht.

4. Entlassen Sie sich jede Nacht gegenseitig in Frieden Was immer Sie gerade miteinander ausgetragen haben, beenden Sie am Abend die Entfremdung oder den Streit. Bleiben Sie nicht beim Versäumnis oder Versagen des anderen stehen. Gehen Sie weiter in dem Bewusstsein, dass Ihre Beziehung größer ist als die gerade erlebte Verletzung. Lassen Sie vor dem nächsten Tag alles zurück.

5. Übernehmen Sie gegenseitig Bilder aus der Glaubenslandschaft des anderen Nehmen Sie langsam und in kleinen Schritten die religiösen Erfahrungen des anderen in Ihren eigenen Spielraum des Glaubens auf. Ihre eigenen entscheidenden Erfahrungen verlieren dabei nichts von ihrem Glanz. Am Ende münden viele davon mit denen des Partners in einen großen Strom.

6. Nehmen Sie sich gegenseitig aus nächster Nähe wahr, ohne sich zu analysieren Sie können einem anderen Menschen nie so nahe sein, dass Sie wissen, wer der andere ist. Er darf auch nach vielen Jahren immer noch mehr sein als das Bild, das Sie von ihm haben. Legen Sie ihn nicht darauf fest!

7. Betrachten Sie sich gegenseitig als Geschenk Nehmen Sie es nicht als selbstverständlich an, dass ein anderer dieses Leben mit Ihnen teilt. Fragen Sie sich jeden Tag, wie es wäre, wenn Sie alleine leben müssten. Empfinden Sie die Nähe des anderen als Gnade und Geschenk, auch wenn dabei nicht alle Träume erfüllt werden. Schauen Sie auf Ihren Partner mit Dankbarkeit, und sprechen Sie sie auch aus.

Die Herrlichkeit der Könige: Mitgefühl und Verstehen

Die Königskunst besteht darin, die zwei wichtigsten Kräfte der Liebe klug zu kombinieren. Erstens die Kraft, sich in den anderen hineinzufühlen und zweitens die Kraft, den anderen wahrhaftig zu verstehen.

Die Gabe des Mitgefühls können Sie erlernen Ohne innere Wärme und lebendige Empfindungsfähigkeit »verholzen« Menschen im

Alter; ihre Ansichten werden starr und stur, ihre Gefühle verbittern oder sterben ab, ihre ganze Einstellung wird egozentrisch. Ein hörendes, mitfühlendes Herz hält sie dagegen jung und lebendig. Zu echtem Mitfühlen gelangen Sie über Fragen wie: »Was hat dich verletzt? Was fehlt dir? Woran leidest du? Womit kann ich dich trösten? Was lindert deinen Kummer?« Stellen Sie diese Fragen liebevoll im Blick auf Ihren Partner, aber auch auf Ihr eigenes Herz.

Auch um die Gabe des Verstehens können Sie sich bemühen Wenn Sie sorgfältig und geduldig über sich, Ihren Partner und Ihre Beziehung nachdenken, werden Ihnen Ihre eigenen Vorurteile oder Begrenztheiten klar. Neue Zusammenhänge erscheinen, und die Deutung Ihrer Erfahrungen gewinnt an Tiefe.

Zu mehr Einsicht gelangen Sie über folgende Fragen: »Was habe ich – meinen Partner oder mich selbst betreffend – noch nicht gesehen, bedacht oder verstanden? Worauf weist mich sein Verhalten jenseits des Offensichtlichen noch hin? Was ist die tiefere Bedeutung dieser Situation? Welche höhere Weisheit könnte dahinter verborgen auf uns warten?«

Vereinigen Sie Mitgefühl und Verstehen zur Weisheit Mitfühlen und Verstehen schenken Ihnen Zugang zu »allen Schätzen dieser Erde«. Nun haben Sie Ihr neues Zentrum im Herzen des Lebens selbst gefunden. Das biblische Wort für diese wissende Hingabe an das, was größer ist als man selbst, ist Weisheit.

Mit einem letzten großartigen Gedicht von *Dschelaleddin Rumi* über die Liebe soll dieses Kapitel enden:

Ich sage dir, warum das Weltmeer seine Wogen schlägt:
Es tanzt die Welt im Glanze eines Edelsteins – der Liebe.
Ich sage dir, aus welchem Stoff der Mensch geformt ist:
Er tönt nach Liebe, eingehaucht von Gottes schöpferischem Atem.
Ich sage dir, warum die Himmel ohne Ende kreisen:

Weil Gottes Thron sie mit dem Widerschein der Liebe füllt.
Ich sage dir, warum die Morgenwinde wehen:
Um ständig frisch den Rosenhain der Liebe aufzublättern.
Ich sage dir, warum die Nacht sich einen Schleier umlegt:
Sie will der Liebe diese Welt als Brautzelt weihen.
Ich kann dir alle Rätsel dieser Schöpfung lösen;
Denn aller Rätsel Lösungswort ist eines: Liebe.

Vereinfachen Sie sich selbst

Der Turm auf der Spitze Ihrer Lebenspyramide ist Ihr Ich. Ihre Persönlichkeit, wie sie in jedem Jahr und in jedem Tag Ihres Lebens gebaut und geändert, geprägt und gestaltet wurde.

simplify-Idee: Ent-decken Sie Ihr Lebensziel

Kein Mensch ist »einfach nur so« auf der Erde. Jedes Leben hat ein Ziel, hat seinen inneren Sinn. Es speist sich aus vier Quellen:

1. Das Leben an sich Sie sind hier, um das Leben an sich am Leben zu erhalten. Ganz im biologischen Sinn: Indem Sie eigene Kinder bekommen oder indem Sie auf irgendeine andere Weise das Leben anderer Menschen sichern.

2. Der Wunsch Ihrer Eltern Wenn zwei Menschen sich ein Kind wünschen, verbinden sie damit immer einen Wunsch – selten bewusst, sondern als Auftrag ihres Unbewussten. Der Wunsch Ihrer Eltern steuert Ihr Leben in indirekter Weise, wie eine Botschaft, die Ihnen in einem verschlossenen Umschlag mitgegeben und oft erst einige Jahrzehnte später geöffnet wird.

Ein Hinweis auf den (meist unbewussten) Auftrag Ihrer Eltern findet sich manchmal in dem Vornamen oder dem Kosenamen, den Sie bekommen haben. Es lohnt sich, die Bedeutung zu ergründen. Eine Frau namens Irene (griechisch: Frieden) entdeckte, dass sie gezeugt wurde, um in eine heillos zerstrittene Familie Frieden zu bringen.

3. Ihre Begabungen und Schwächen Auch aus dem, was Sie gut können und gerne tun, ergibt sich eine Richtungsangabe für Ihr Leben. Wenn Sie zum Beispiel körperlich eher schmächtig ausgefallen sind, mussten Sie in Ihrer Kindheit andere Fähigkeiten entwickeln, um sich gegenüber den anderen zu behaupten. Sie wurden ein witziger Geschichtenerzähler, ein findiger Tüftler oder ein bewunderter Musiker. So entstand aus Ihren Stärken und Schwächen Ihr unverwechselbares Profil, mit dem Sie Ihre Lebensaufgabe zu bewältigen versuchen.

4. Ihr Lebenstraum Jeder Mensch hat einen Traum. Eine Sehnsucht, die ihm gewisser erscheint als die Wirklichkeit. Eine Vision, die klarer ist als alles, was er vor Augen hat. Die meisten Menschen verlieren ihren Lebenstraum aus den Augen. Sie trauen ihm nicht. Sie lassen sich ihren Traum ausreden. Sie verzichten auf ihn, weil man ihnen beigebracht hat, dass dieser Verzicht notwendig ist. Bei der letzten Etappe des *simplify*-Weges geht es vor allem darum, diesen Traum wiederzufinden und damit das eigene Lebensziel.

Überwinden Sie Ihre sanften Süchte

Viele Menschen bekommen keinen Zugang zu der großen Sehnsucht ihres Lebens, weil sie von unangenehmen kleinen Blockaden daran gehindert werden. Das sind die so genannten »sanften Süchte«, die ungeheuer weit verbreitet und meist auch gesellschaftlich akzeptiert sind: sich in den Sessel fallen lassen und mit einer Tüte Chips und ein paar Drinks vor dem Fernseher hängen bleiben; sich hinter dem PC vergraben, spielen, bei Ebay einkaufen.

Sanfte Süchte erscheinen harmlos, aber sie stehlen Ihnen Zeit, Geld und Energie, betäuben Ihre Emotionen, stören Ihre sozialen Kontakte und rauben Ihnen einfach Lebensfreude – auch wenn sie auf den ersten Blick so wirken, als enthielten sie von dieser Lebensfreude ganz besonders viel. Sie werden an einer sanften Sucht nicht sterben, aber wirklich leben werden Sie mit ihr auch nicht.

Die Befriedigung jeder Sucht, auch einer sanften, ist stets nur von kurzer Dauer. Sie produziert neues Verlangen nach dem Ewiggleichen.

Sind Sie süchtig?

1. Kleine Fluchten Der Hauptnutzen der sanften Süchte: Sie helfen Ihnen, unangenehmen Gefühlen zu entfliehen.

2. Magnetische Anziehungskräfte Die Attraktivität Ihrer kleinen Süchte ist sehr stark.

3. Vernünftige Erklärungen Ihr Kopf entwickelt nicht nur gute Vorsätze, die sanfte Sucht einzudämmen, sondern parallel dazu eine Reihe guter Gründe, genau das nicht zu tun.

4. Stinkige Gedanken Trotz der oben genannten Rechtfertigungen: Wenn Sie die Chipstüte geleert oder eine halbe Nacht das Netz durchsurft haben, fühlen Sie sich keineswegs glücklich oder erfüllt, sondern ärgern sich über sich selbst.

5. Süße Verstecke Eins der untrüglichsten Merkmale für eine Sucht, auch für eine sanfte, ist das Verbergen.

Mit dem folgenden 4-Schritte-Programm schaffen Sie es, sich aus dem freundlichen Würgegriff der kleinen Verführungen zu befreien.

1. Treffen Sie eine bewusste Entscheidung Formulieren Sie dabei positiv. Entscheiden Sie sich nicht *gegen* Ihre Süchte, sondern *für* ein bewussteres, intensiveres Leben.

2. Nutzen Sie die kluge Lebensmathematik Die Formel für Ihren inneren Reichtum ist einfach: Fügen Sie Ihrem Leben Aktivitäten hinzu, die Sie mit Freude erfüllen – dann verlieren die sanften Süchte fast von selbst ihre Macht.

3. Finden Sie Ihren Hunger Jede *Sucht,* auch wenn sie noch so klein ist, enthält eine *Suche.* Wonach hungern Sie? Stellen Sie sich Ihre Sucht bildhaft vor Augen und testen Sie, welcher der genannten Le-

benswünsche am ehesten zu ihr passen könnte: Sich ausdrücken können. Geliebt werden. Lieben.

4. Lösen Sie das Puzzle Zu jeder Sucht gibt es ein genau passendes Ergänzungsstück, das aus der Energie verzehrenden Obsession eine Energie spendende Bereicherung Ihres Lebens machen kann. Sie finden es, indem Sie ausprobieren, mit welchen anderen Tätigkeiten Sie den geistigen und geistlichen Hunger stillen können, der hinter Ihrer sanften Sucht steckt. Ein paar Beispiele:

Sanfte Sucht: Fernsehen. *Hunger:* Sich verbunden fühlen. *Alternative:* Einen Freund anrufen, sich treffen.

Überwinden Sie Ihre unangenehmen kleinen Blockaden, damit Sie frei werden für den nächsten, ganz besonders sympathischen Schritt.

simplify-Idee: Ent-wickeln Sie Ihre Stärken

Viele Menschen glauben, dass sie ihre *Schwächen* bekämpfen müssen, um erfolgreich zu werden. Das ist aus zwei Gründen sinnlos: Sie werden lediglich *durchschnittlich*, wenn Sie Ihre Stärken vernachlässigen. Und Sie werden unweigerlich *demotiviert*, wenn Sie sich mit Ihren Schwächen beschäftigen.

Jeder Mensch hat wie jedes Unternehmen *spezielle Stärken*. Seine Kombination aus Fähigkeiten, Erfahrungen und Know-how kann so einzigartig sein wie ein Fingerabdruck. Zu den speziellen Stärken gehören auch Ziele, Wunschvorstellungen, Vorbilder, Leitbilder und Visionen. Sie steuern – bewusst oder unbewusst – die eigene Entwicklung in eine positive oder negative Richtung.

Meine zehn größten Stärken

Schreiben Sie hier Ihre besten Fähigkeiten auf – die aus Ihrer eigenen Sicht und die nach Ansicht anderer, sowohl die beruflichen als auch die privaten. Hören Sie nicht auf, bis Sie zehn Stück zusammen haben. Wenn Ihnen keine zehn Begriffe einfallen, sprechen Sie mit einer Vertrauensperson: Fragen Sie Ihren Partner, einen guten Freund, was er an Ihnen schätzt.

_____   _____
_____   _____
_____   _____
_____   _____
_____   _____

Kreuzen Sie nun die Ihrer Meinung nach drei wichtigsten Stärken an. Das sind Ihre *Schlüsselqualifikationen.* Es ist bei Ihren Stärken von entscheidender Bedeutung, Ihr Gesamtbild von sich selbst zu vereinfachen, indem Sie sich auf Ihre herausragenden Punkte konzentrieren.

Wenn es Ihnen schwer fällt, die drei hervorstechenden Stärken zu benennen, arbeiten Sie anders herum: Klammern Sie die weniger wichtigen ein – bald schälen sich Ihre wesentlichen Stärken heraus.

Meine beruflichen und privaten Schlüsselaufgaben

Stellen Sie sich folgende Fragen: Was will und muss ich in der nächsten Zeit beruflich wie privat tun, um in meinen eigenen Augen *glücklich* und (im besten Sinne) *erfolgreich* zu sein? Schreiben Sie fünf Aufgaben auf, die Sie für vorrangig halten.

_____
_____
_____
_____
_____

Kreuzen Sie die aus Ihrer heutigen Sicht *wichtigste* Aufgabe dieser fünf an. Fragen Sie sich: Was würde mir am schnellsten helfen, meinen Vorstellungen von Glück und Erfolg näher zu kommen?

Schreiben Sie hinter jede der fünf Aufgaben die Anzahl der Monate, die Sie voraussichtlich bis zur Vollendung benötigen. Fragen

Sie sich: Auf welche Aufgaben will ich mich in den nächsten sechs Monaten *konzentrieren*?

Wenn Sie Probleme haben, Ihre eigenen Stärken zu formulieren, versuchen Sie es mit folgendem Umweg: Schreiben Sie die Namen der fünf Menschen auf, die Sie am meisten bewundern (das können tote oder lebendige, prominente oder auch Menschen aus Ihrer näheren Bekanntschaft sein). Dahinter notieren Sie in Stichpunkten, was genau Sie an diesen Vorbildern fasziniert.

_____   _____
_____   _____
_____   _____
_____   _____
_____   _____

Der Trick: Die Eigenschaften auf der rechten Seite sind in der Regel Ihre eigenen Fähigkeiten, die Sie vor sich selbst und anderen verborgen halten. Es sind Ihre besten Seiten, die Sie bisher noch nicht zu entdecken gewagt haben – Ihre Stärken, die auf ihre Entwicklung warten. Das ist Ihre Kernaufgabe für die nächste Zeit!

Formulieren Sie Ihre Kernaufgaben so, dass sich möglichst keine Trennung von Beruf und Privatleben ergibt. Integrieren Sie beide Bereiche, und balancieren Sie sie so gut wie möglich aus. Freuen Sie sich über Ihre Stärken und darüber, dass Sie mit diesen Gaben schon innerhalb des nächsten halben Jahres Ihre aufgeschriebenen Aufgaben weiter erfüllen werden, als Sie je geahnt hätten.

simplify-Idee: Ent-lasten Sie Ihr Gewissen

Identifizieren Sie Ihre kleinen Richter

Viele Menschen, die an übertriebenen Schuldgefühlen leiden, haben einen oder mehrere kleine Richter auf ihrer Schulter sitzen, die ihnen sagen, was richtig und was falsch ist. Das kann die Stimme eines Elternteils sein, eines Verwandten oder Geschwisters oder von jemandem, der Sie in Ihrer Kinder- und Jugendzeit beurteilt hat. Sehen Sie sich Ihre Richter an und finden Sie heraus, wessen Stimmen da zu Ihnen sprechen. Reden Sie mit Ihren Richtern. Teilen Sie ihnen entschieden mit, dass Sie nun alt genug sind, um auf sich selbst zu hören.

Gönnen Sie Ihren Richtern Ruhe

Menschen mit Schuldgefühlen arbeiten (körperlich oder seelisch) oft bis zur Erschöpfung und fühlen sich noch immer schuldig. Hören Sie auf, bevor Sie erschöpft sind. Sagen Sie sich, dass Sie Ihr Bestes gegeben haben. Stellen Sie sich Ihre Schuldgefühle wieder als kleine Richter vor. Legen Sie sie zu Bett und sagen Sie ihnen: »Selbst wenn ich noch drei Stunden schuften würde, ihr wärt ja doch nicht zufrieden. Darum höre ich lieber jetzt auf und bin morgen frisch und ausgeruht. Nun gebt Ruhe, gute Nacht!« Gehen Sie dann selbst schlafen.

Seien Sie mit sich selbst identisch

Menschen mit Schuldgefühlen leben oft in mehreren getrennten Zusammenhängen. Sie sind zum Beispiel in der Ehe überfordert, erzählen davon aber nichts im Büro – und sie sind im Büro überfordert, erzählen davon aber nichts zu Hause. Dann sitzen zu Hause die Büro-Richter auf der Schulter und sagen: »Verschwende deine Energie nicht privat, denk mehr an die Firma!« Beenden Sie solche ungesunden Spaltungen. Stehen Sie zu Ihren Schwächen.

Akzeptieren Sie die Schattenseiten

Stellen Sie sich vor, dass alle Ihre guten Handlungen zwangsläufig einen Schatten werfen, und dass es nicht in Ihrer Macht steht, das zu vermeiden. Sie haben keinen Einfluss auf diesen Schatten!

Finden Sie eine Vertrauensperson

Suchen Sie sich jemanden, dem Sie alles von sich erzählen und dem Sie sozusagen alle Ihre kleinen Richter der Reihe nach vorstellen können – und bei dem Sie sicher sind, dass er Ihnen einfach zuhören wird, ohne Ihnen gleich gute Ratschläge geben zu wollen. Das kann ein Freund sein, oder auch ein Therapeut oder ein Beichtvater.

Denken Sie zwei Generationen weiter

Stellen Sie sich Ihre Enkelkinder (oder Großneffen und -nichten) vor und dass sie genau die gleichen Schuldgefühle haben und Fehler machen werden wie Sie jetzt. Das ist keine Idee, sondern eine erwiesene Tatsache. Es liegt an Ihnen, sie davor zu bewahren, indem Sie die oben aufgeführten Regeln beherzigen und die Erbfolge der Schuldgefühle durchbrechen.

simplify-Idee: Ent-rätseln Sie sich selbst

Das Enneagramm – eine Antwort auf die Frage: Wer bin ich? Wir haben immer wieder die gleichen Probleme, wiederholen die gleichen Fehler, scheitern an derselben Stelle. Wenn es gelänge, die für uns typischen Schwierigkeiten zu orten, dann müssten wir doch besonders wirksame, genau auf uns zugeschnittene Gegenstrategien entwickeln können. Genau das tut das Persönlichkeitsmodell des Enneagramms (ennea = griechisch »neun«), indem es Ihr spezifisches Verhaltensmuster benennt und dazu drei grundlegende Feststellungen macht:

1. Jeder Mensch hat sein Lebensthema Die vielen Ziele lassen sich grob in neun Kategorien aufteilen – die neun Typen des Enneagramms.
2. Kein Mensch ist perfekt, deshalb kommt es darauf an, dass Sie Ihren Schwächen nicht blind erliegen, sondern Ihre Stärken entwickeln. Ihr persönliches Enneagramm-Muster hilft Ihnen dabei.

3. **Jeder der neun Typen ist gleich wertvoll** Sie werden ein glückliches und erfülltes Leben führen, wenn Sie die Stärken Ihres Musters entwickeln – und nicht, indem Sie ein andere Typ sein möchten als der, der Sie eigentlich sind.

Der kleine Enneagramm-Test

Wie Sie den Test ausfüllen

Füllen Sie den Fragebogen spontan und locker aus. Legen Sie dabei den Schwerpunkt auf Ihr privates Ich. Wenn Sie berufstätig sind oder waren, können Sie den Fragebogen ein zweites Mal unter diesem Aspekt ausfüllen und erfahren so etwas über Ihr berufliches Persönlichkeitsprofil.

- Wenn die Aussage eines Satzes auf Sie *halbwegs zutrifft,* vergeben Sie in der Auswertungstabelle *eine 1* hinter dem entsprechenden Buchstaben.
- Wenn die Aussage *total zutrifft,* vergeben Sie *eine 2*.
- Trifft die Aussage nicht zu, schreiben Sie *eine 0* dahinter.

Test

1. Ich setze auf gutes Aussehen, Leistung und Effizienz f
2. Andere halten mich manchmal für unnahbar, launisch und abgehoben g
3. Beziehungen sind mir wichtig und ich investiere viel Liebe, Zeit und Geld in sie e
4. Es ärgert mich, wenn andere sich nicht anstrengen und ihre Aufgaben nicht ernst nehmen d
5. Es fällt mir schwer, um etwas zu bitten oder anderen eine Bitte abzuschlagen e
6. Es spornt mich an, mit anderen im Wettbewerb zu stehen f
7. Es tut mir weh, jemanden leiden zu sehen e
8. Geringschätzung durch andere verletzt mich tief g
9. Ich arbeite ständig an mir selbst und verbessere auch gern andere d

10. Ich bin auch bei unwichtigen Details sorgfältig und genau d1

11. Ich bin belastbar, stark und halte viel aus b 2

12. Ich bin bereit, die Führung zu übernehmen und Macht und Einfluss auszuüben b 1

13. Ich bin direkt, offen und sage unverblümt meine Meinung, egal ob das den anderen passt oder nicht b 0

14. Ich bin ein leidenschaftlicher und sinnlicher Vollblutmensch b 1

15. Ich bin gern mit wichtigen Leuten zusammen e 2

16. Ich bin gern allein und ziehe mich oft aus Gesellschaft zurück h 1

17. Ich bin gutmütig, zulassend und umgänglich c 2

18. Ich bin lieber mit anderen zusammen als allein e 1

19. Ich bin manchmal antriebslos und fatalistisch, voller Resignation c 2

20. Ich bin ordentlich, vernünftig, sparsam und pünktlich d 2

21. Ich bin schnell, flexibel, redegewandt und charmant f0

22. Ich bin sensibel, empfindsam und verlasse mich oft auf mein Gefühl g 2

23. Ich bin vielseitig talentiert und mache oft mehrere Sachen gleichzeitig a 1

24. Ich bin warmherzig und gemeinschaftsorientiert i 2

25. Ich bin zurückhaltend und lege Wert auf meine Privatsphäre h 1

26. Ich bluffe manchmal und biege mir die Wahrheit etwas zurecht f 2

27. Ich brauche viel Zeit zum Ausruhen und Entspannen c 2

28. Ich brauche Zeit, bis ich mit einer Aufgabe beginne und beschäftige mich stattdessen mit lauter unwichtigen Dingen c 1

29. Ich brauche Zeit, eine Entscheidung zu treffen und dazu zu stehen i 1

30. Ich demaskiere gerne Angeber oder ungerechte bzw. unehrliche Leute b 0

31. Ich drücke mich gerne in Symbolen und durch künstlerische Stilmittel aus g 0

32. Ich finde es reizvoll, immer wieder neue Ideen zu entwickeln a

33. Ich fühle mich in die Probleme anderer ein e

34. Ich fühle mich oft eins und sehr verbunden mit der Natur und anderen Menschen c

35. Ich geize mit Zeit, Geld oder Nähe, die ich anderen widme h

36. Ich genieße gerne das Leben, gönne mir aber oft »zu viel des Guten« a

37. Ich habe das Gefühl, ständig von einem inneren Kritiker kontrolliert zu werden d

38. Ich habe ein gesundes Selbstvertrauen und stecke andere damit an f

39. Ich habe eine feine Antenne für Widersprüche und erforsche die geheimen Motive hinter dem, was andere sagen oder tun i

40. Ich habe nicht immer das richtige Fingerspitzengefühl für andere b

41. Ich habe oft das Gefühl, dass ich mich anderen zuliebe zurückhalten muss und meine Energie nicht voll ausleben kann, weil sie das nicht aushalten b

42. Ich halte meine Gefühle zurück und kann sie schlecht verbalisieren h

43. Ich kann anderen zuliebe große Opfer bringen a

44. Ich kann in unmittelbarer Gefahr sehr klar sehen und mutig und umsichtig handeln i

45. Ich kann leichter sagen, was ich nicht will, als was ich will c

46. Ich kann marktorientiert denken und mein Image entsprechend anpassen f

47. Ich kann mich in viele verschiedene Menschen hineinversetzen und alle Seiten verstehen c

48. Ich kann mich schnell für etwas begeistern und das Gute darin entdecken a

49. Ich kenne melancholische oder depressive Phasen im Leben g

50. Ich lege Wert auf eine besondere Gestaltung meiner Räume, Kleidung und Arbeit g

266

51. Ich liebe Erfolge und mag nicht an Misserfolge erinnert werden f

52. Ich löse Probleme durch sorgfältiges Nachdenken h

53. Ich mag klare Regeln und weiß gerne, woran ich mich halten kann i

54. Ich mag spontane, schlagfertige und optimistische Menschen a

55. Ich möchte als einmaliger, ganz besonderer Mensch wahrgenommen werden g

56. Ich pflege Beziehungen zu Leuten, die sozial oben stehen f

57. Ich rede lieber über meine Arbeit als über meine Gefühle f

58. Ich reiße mich oft zusammen und bin innerlich angespannt d

59. Ich sabotiere meinen eigenen Erfolg, indem ich mich ständig frage, was schief gehen könnte i

60. Ich schmiede gerne Pläne für eine angenehme Zukunft, spüre aber beim Umsetzen meine Grenzen a

61. Ich schütze mich bei Stress und in Krisen durch ruhiges Auftreten h

62. Ich sehne mich nach Freiheit und Ungebundenheit a

63. Ich sehne mich oft nach dem, was andere haben g

64. Ich setze hohe Maßstäbe und lebe nach Werten, die mir viel bedeuten d

65. Ich setze mich großherzig und hilfsbereit für Schwächere ein b

66. Ich sitze Probleme lieber aus als dass ich die direkte Konfrontation suche c

67. Ich stehe gerne anderen mit Rat und Tat zur Seite e

68. Ich stehe treu, zuverlässig und loyal zu meiner Familie, Kirche oder Firma i

69. Ich stufe andere Menschen danach ein, wie bedrohlich sie für mich sind oder nicht i

70. Ich suche intensive, außergewöhnliche Augenblicke im Leben g

71. Ich tue mich gerne mit Leuten zusammen, die sich auf meinem Gebiet auskennen h

72. Ich überlasse anderen die Initiative h

73. Ich überschreite Grenzen und breche Regeln, wenn sie mir nicht einleuchten b

74. Ich versuche, verborgene Zusammenhänge zu erfassen h

75. Ich weiß instinktiv, was richtig und was falsch ist d

76. Ich weiß viel und erweitere mein Wissen ständig durch Lesen und Beobachten h

77. Ich werde ärgerlich und gereizt, wenn ich nicht Recht behalten kann d

78. Ich werde oft von Selbstzweifeln geplagt und zweifle auch Autoritäten an i

79. Ich will, dass andere sich bei mir zu Hause wohl fühlen e

80. Ich wittere Gefahr und Bedrohung früher als andere i

81. Konflikte und Streit mag ich nicht, am liebsten will ich meine Ruhe haben c

82. Manchmal erlebe ich mich als Außenseiter, den andere nicht verstehen g

83. Manchmal fühle ich mich gefühlsmäßig von anderen ausgelaugt und werde krank e

84. Meine verletzliche, liebevolle Seite zeige ich nur Menschen, denen ich voll vertraue b

85. Mich langweilen Pflichtaufgaben und Routinejobs a

86. Negatives zieht mich runter, deswegen betone ich die positiven Seiten einer Sache und versuche auch, andere aufzuheitern a

87. Ohne Nähe zu anderen bin ich traurig und komme mir abgelehnt und klein vor e

88. Vergnügen, Spaß und Spiel kommen bei mir vor lauter Arbeit zu kurz d

89. Was ich mir vorgenommen habe, erreiche ich auch f

90. Wenn ich mich von anderen gehetzt oder unter Druck gesetzt fühle, werde ich bockig und mache gar nichts mehr c

Auswertungstabelle

Ihre Punkte:		Typ Nummer:
a	14	7
b	4	8
(c)	20	9
d	13	1
(e)	18 (P)	2
f	4 (7)	3
(g)	18 (15)	4
h	11	5
i	13	6

Ergänzen Sie in der Tabelle das Feld »Typ Nummer« mit folgenden Zahlen: a=7 b=8 c=9 d=1 e=2 f=3 g=4 h=5 i=6

Auswertung

Nun können Sie Ihr Enneagrammprofil ablesen. Je mehr Punkte Sie bei einem Typ gesammelt haben, desto eher könnte es Ihr Typ sein. Wenn beispielsweise bei Typ 9 (Buchstabe c) und Typ 1 (Buchstabe d) über 20 Punkte stehen, bei den anderen Typen aber unter 10, dann sollten Sie sich mit den Beschreibungen der NEUN und der EINS besonders beschäftigen.

Das Muster, bei dem Sie die meisten Antworten bejahen können, zeigt Schwerpunkte Ihrer eigenen Persönlichkeit und *könnte* Ihr Muster sein. Ihren »Erstverdacht« können Sie bestätigen, wenn Sie Folgendes feststellen:

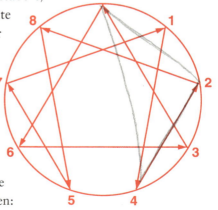

1. Sie konnten bei den beiden Nachbarpunkten links und rechts *auf* dem Kreis mehrere Fragen bejahen (Beispiel: am meisten Punkte bei der NEUN, bei ACHT und EINS auch eine deutliche Häufung).

2. Sie haben bei den beiden Mustern, die *innerhalb* des Kreises durch Linien mit dem eigenen Muster verbunden sind, ebenfalls mehrere Fragen bejahen können (Beispiel: am meisten Punkte bei FÜNF, bei ACHT und SIEBEN auch einige Treffer).
3. Lassen Sie den Fragebogen von jemandem ausfüllen, der Sie gut kennt und die Fragen unter dem Gesichtspunkt beantwortet »So würdest du meiner Meinung nach reagieren«. Diese Fremdeinschätzung liefert wertvolle Informationen zur Musterbestimmung und kann die Grundlage eines interessanten Gesprächs sein.

Wenn Sie aus dem Testergebnis trotz allem noch nicht richtig schlau werden, hilft die nachfolgende Betrachtung der drei Zentren. Viele Menschen, bei denen sich die Punkte recht gleichmäßig auf die neun Typen verteilen, gewinnen bei einer der drei Dreiergruppen größere Klarheit. Aus der Auswertungstabelle und Ihrer Sympathie für eines der drei Zentren bekommen Sie sicher einen Hinweis, welcher der neun Typen der Ihre ist.

Orientierung mithilfe der drei Zentren

Die neun Typen des Enneagramms sind eingeteilt in drei Regionen: Bauch, Herz und Kopf. Diese drei so genannten Zentren lassen sich recht gut den drei Gehirnregionen des Menschen zuordnen.

Das menschliche Gehirn besteht – extrem vereinfacht – aus drei Schichten. In der Reihenfolge ihres Erscheinens in der Entwicklungsgeschichte unterscheidet man das *Kernhirn* (aus der Phase der Reptilien), das *Zwischenhirn* (der frühen, also alten Säugetiere) und das *Großhirn* (der jungen Säugetiere). Die Bezeichnungen für die Gehirnregionen variieren. Die Dreiteilung hat sich aber für die Erklärung der Funktionalität unserer Persönlichkeit als hilfreich erwiesen.

Die Namen sollten auch nicht dazu verleiten, etwa das Kernhirn für ein primitives Organ zu halten. Schon das menschliche »Reptilienhirn« ist dem Gehirn eines wirklichen Reptils weit überlegen. Außerdem arbeiten alle drei Strukturen in untrennbarer Weise zusammen. Es lässt sich jedoch beobachten, dass jeder Mensch einem bestimmten Teil seines Gehirns größeres Vertrauen entgegenbringt als anderen. Das kann aus Erfahrungen herrühren oder ererbt sein. In der Regel tritt das persönliche Muster (und damit die »Zahl« des Enneagramms) mit dem beginnenden Erwachsensein hervor, also etwa Anfang 20.

Bauchzentrum (Typ ACHT, NEUN und EINS)

Die Angehörigen dieser drei Typen sind den Regungen ihres Kernhirns besonders verbunden. Diese älteste Hirnregion sichert unsere primären Bedürfnisse: Selbsterhaltung und Arterhaltung, regelt also Nahrung, Schutz, den Rang in der Gruppe, Territorium und Sexualität. Das Kernhirn ist der Sitz der Lebensenergie und der Instinkte. Es entscheidet aufgrund der Sinneswahrnehmungen blitzartig über lebensnotwendige Reaktionen: Angriff oder Flucht? Es trifft die Entscheidungen »aus dem Bauch heraus«.

Wenn Sie in Konflikt- und Stresssituationen vorwiegend dumpfen Groll empfinden und das Gefühl haben, der Ärger und der Schmerz stecken Ihnen »in den Knochen«, dann gehören Sie wahrscheinlich zu den »Bauchtypen«.

Die drei Muster im Bauchzentrum haben ein ausgeprägtes *Urvertrauen* zu den Empfindungen ihres Kernhirns aus der Zeit der Reptilien. Die ACHT bezieht ihre Stärke und Direktheit aus der Urgewalt dieser Quelle, die NEUN ihre Beharrlichkeit und Zufriedenheit, und die EINS ihre Unbedingtheit und Treffsicherheit. Das Kernhirn hat etwas  besonders Gewisses. Im Vergleich zu den beiden anderen Hirnstrukturen braucht es nur wenig Speicher. Die Reaktionen sind im Wesentlichen »fest verschaltet«, müssen nicht erlernt oder hinterfragt werden und laufen daher sehr schnell ab.

Bei den Bauchtypen geht es um *Leben und Tod*. Ihr Thema lautet: »Bin ich mein eigener Herr?« Wenn die Autonomie in Gefahr ist, verteidigen sie ihre *Vitalität* in drei Gestalten von *Zorn*. Bei der ACHT ist es der leicht entfachbare, primär nach außen gerichtete Zorn, der ohne Hemmungen ausgelebt wird. Bei der NEUN ist es der »eingeschlafene« Zorn, die passive Aggression durch Verweigerung und Widerstand. Bei der EINS ist der Zorn vorwiegend nach innen gerichtet: Um ihren Zorn zu legitimieren, sucht sie nach Gründen, Verursachern und Schuldigen.

Alle drei Bauchtypen haben ein ausgeprägtes Bewusstsein für Ungerechtigkeit und Unwahrhaftigkeit. Wie kein anderer Typ im Enneagramm kann eine ACHT für Unterdrückte und Entrechtete kämpfen, eine NEUN Frieden zwischen zerstrittenen Parteien stiften und eine EINS kompromisslos für die Verbesserung der Zustände eintreten.

Vom Kernhirn aus gesehen bedeuten zarte Gefühle einen Kontrollverlust. Bauchtypen neigen dazu, in Krisen Beziehungen vorwiegend als *Duell* zu verstehen. Die ACHT fragt: Begehrst du mich? Die NEUN: Bin ich gut genug für dich? Und die EINS testet unentwegt: Teilst du mein Wertesystem? Ein Bauchtyp bietet bei Beziehungsproblemen einen fairen Kampf an: Setz dich mit mir auseinander! Sein *Problem*: Ein Bauchtyp behauptet sich selbst, indem er andere tendenziell abwertet.

Herzzentrum (Typ ZWEI, DREI und VIER)

Das Zwischenhirn der frühen Säugetiere (limbisches System) schmiegt sich wie eine Umrandung (lat. limbus) um das Kernhirn und übersetzt dessen direkte Instinktreaktionen in flexiblere Verhaltensweisen. An die Stelle simpler Schwarz-weiß-Muster treten komplexe Schattierungen verschiedener Gefühle, ein riesiges Potenzial verflochtener Polaritäten von gut und schlecht, Liebe und Hass, Freude und Trauer, Ärger und Glück. Hier ist Raum für eine sich verändernde Ästhetik, die von jedem Individuum aufs Neue erlernt werden muss. Das limbische System enthält genügend Speicherplatz für eine ausgiebige Erziehung. Hier sind alle *Gefühlsbindungen* zu Hause: zwischen Kind und Mutter, Familie, Sippe, Stamm und Gesellschaft. Auch der grundlegende Paarbund zwischen Mann und Frau ist hier verankert.

Natürlich haben auch Bauch- oder Kopftypen Zugang zu den sozialen Funktionen des limbischen Systems, bei den Herztypen werden diese aber an erste Stelle gesetzt. Das limbische System ist das Bindeglied zwischen den niederen und den höchsten Funktionen unseres Gehirns, und dementsprechend empfinden sich Angehörige des Herzzentrums oft als besonders »lebensnah und zugewandt« – verglichen mit »egozentrischen« Einzelkämpfern des Bauchzentrums und »abgehobenen« Singles aus der Kopfzone.

In Konflikt- und Stresssituationen können Herztypen ähnlich ausrasten wie die Bauchmenschen, aber oft beschreiben sie das mit der Vorstellung, »von den Gefühlen übermannt« zu werden. Sie erleben sich als hin- und hergerissen. Ein Konflikt entfacht in ihnen den Widerstreit komplizierter Empfindungen, viel widersprüchlicher als die eindeutigen Botschaften bei den Bauchtypen.

Bei den Herztypen geht es um *Liebe und Leid*. Das Grundthema lautet »Wie geht es mir mit den anderen?« Bei der ZWEI wird diese Frage vor allem an die Außenwelt gestellt, die Stimmungen anderer werden übernommen. Bei der DREI sind die eigenen Emotionen »eingeschlafen«. Als Ersatz imitiert sie situationsgerecht und wirkungsvoll die Gefühle anderer. Die VIER richtet das »Was fühle ich?« vor allem an die Innenwelt und wird dabei von Ihren eigenen Gefühlen überwältigt.

Bei Beziehungsproblemen neigen Herztypen zur einseitigen Sicht einer Partnerschaft als *Duett*: Geh nicht weg! Spürst du mich? Wie komme ich bei dir an? Magst du mich? Ein Herztyp sucht nach Wertschätzung und Anerkennung. Sein *Problem*: Maßgebend für ihn sind seine eigenen Gefühle, es mangelt an Objektivität. Daher kann er sich verstricken in Illusionen und Täuschungen.

Kopfzentrum (Typ FÜNF, SECHS und SIEBEN)

Das Großhirn ist fünfmal so groß wie seine beiden darunter liegenden Nachbarn zusammen. Hier ist die Fähigkeit der Reflexion beheimatet, das beobachtende Abwägen der Reaktionen von Altsäuger- und Reptilienhirn. Sprache, Lesen, kreative Prozesse, Rechnen, Planung, das Nachsinnen über Sympathie, Liebe, Religion, Schicksal und Philosophie haben hier ihren Platz. Das Großhirn kann, wie man inzwischen weiß, die Ordnungen der beiden darunter liegenden Systeme drastisch verändern. Durch bildhafte Vorstellungen im Großhirn lassen sich körperliche Krankheiten heilen, emotionale Erinnerungen werden bisweilen verändert und umgeschrieben. Unser neues Gehirn ist verschwenderisch ausgestattet: Es bildet die Strukturen des Reptilienhirns noch einmal ab, und diese »Sicherheitskopie« beansprucht nur einen winzigen Teil seiner Kapazität.

Noch einmal: An den Segnungen des Großhirns haben alle drei Zentren Anteil. Kopftypen tendieren aber dazu, lieber in ihrem Großhirn zu sinnieren als in der wirklichen Welt Erfahrungen zu machen. Sie sind überwältigt vom eigenen inneren Mikrokosmos und sehen das Leben als ein Rätsel, das es zu lösen gilt.

Beim Kopftyp geht es um die *Angst*. Bei der FÜNF ist es die nach innen gerichtete Angst vor der verwirrenden Macht der eigenen Gefühle, von denen sie sich abkoppeln möchte. Die SECHS versucht, sich von ihrer inneren Angst zu trennen und projiziert sie auf die Außenwelt. Die SIEBEN gibt ihre Angst ganz nach draußen ab und konzentriert sich auf die erfreulichen Alternativen zu den inneren Möglichkeiten. Das Grundthema aller Kopftypen ist die *Distanz*. Ihre Grundfrage lautet »Was denke ich darüber?« Daraus ergeben sich allerlei Ungewissheiten: Wie passt alles zusammen? Bin ich hier sicher? Woher kommt Orientierung? Was steckt dahinter?

In Krisen sehen Kopftypen eine Beziehung als *Doppel-Solo*: Am besten ist ein Paar doch, wenn jeder alleine sein kann. Das *Problem* eines Kopfmenschen ist der innere Rückzug, weg aus der gefährlichen, störenden oder schmerzvollen Außenwelt hinein in den endlos weiten Mikrokosmos im eigenen Kopf. Die Angst führt zu persönlichen Absicherungssystemen, die von anderen als lieblos oder verletzend empfunden werden können.

Orientierung mithilfe der neun Muster

Im Folgenden stellen wir Ihnen die neun Muster des Enneagramms kurz vor. Beim ersten Durchlesen werden Ihnen sicher einige Leute einfallen, die genau auf die vorgestellte Beschreibung passen. Seien Sie nicht enttäuscht, wenn Sie sich selbst nicht auf Anhieb in einem der Typen wiedererkennen. Nehmen Sie sich Zeit, damit sich das Ganze setzen kann und lesen Sie nach ein paar Tagen die neun Beschreibungen noch einmal. Bei den meisten Menschen wird es schon beim zweiten Durchgang viel klarer.

EINS

Hier ist der Mensch, der sein Leben *richtig* machen will. Er strebt nach Perfektion und Vollkommenheit, sowohl für sich selbst als auch für seine Umgebung (die perfekte Wohnung, die perfekte Beziehung, der perfekte Beruf). Er lebt nach einem hohen Wertesystem und versucht, die Welt entsprechend zu verbessern und zu belehren. Eine EINS ist ein ernsthafter Mensch, der für seine Arbeit lebt und sich oft das Vergnügen versagt. Wenn etwas allzu leicht und locker läuft, wird eine EINS manchmal misstrauisch. Sie ist überzeugt, dass alles seinen Preis hat. Fehler und Unordnung belasten sie, ja sie provozieren ihren Ärger.

Ihr *wunder Punkt* ist *Zorn*. Eine innere Wut, die von anderen häufig als Sturheit und Verbissenheit empfunden wird.

Ihre *Gaben* sind *Durchhaltevermögen*, *Geduld* und *Gelassenheit*.

Mit einer EINS kann man leicht über das Thema *Lebensziel* sprechen. Dem Gedanken, dass das Leben einem höheren Zweck dient, ist eine EINS unmittelbar aufgeschlossen. EINSEN sind offen für politische, soziale oder religiöse Ideen und Reformen. Generell lässt sich das Lebensziel einer EINS so beschreiben: *Ich will etwas erneuern.*

Für jeden Typ des Enneagramms gibt es ein *Symbolland*, und bei der EINS ist es die *Schweiz*. Das bedeutet keineswegs, dass in der Schweiz lauter EINSEN leben, aber die Grundenergie der Mentalität dieses Landes ist eben diese Mischung aus Perfektion und unterschwelligem Ärger, verbunden mit einer gewissen Humorlosigkeit. Die Fassade muss untadelig aussehen, die Schuldfrage wird exportiert: Mögen die in der Schweiz gelagerten Gelder auch aus dubiosen Quellen stammen – die sind ja weit außerhalb des Landes.

Eine klassische *literarische* EINSER-Figur ist die stets korrekte *Micky Maus*. Auch *Asterix* und *Don Camillo* sind EINSER, die beide als Kompagnon eine ACHT haben (Obelix und Peppone).

Die *Karikatur* der EINS ist der nörgelnde Kritiker mit erhobenem Zeigefinger, der selbst nichts schreiben könnte, aber für sein Leben gern an den Fehlern anderer herumkorrigiert.

ZWEI

Eine Person des Typs ZWEI ist die personifizierte *Hilfsbereitschaft*. Sie ist beziehungsorientiert, engagiert sich für andere und will gebraucht werden. Mit Schmeichelei und Zuwendung wirbt sie um Vertrauen und Anerkennung.

Ihr *wunder Punkt* ist der *Stolz*. Hinter ihrem Ganz-für-andere-da-sein steht der massive Wunsch nach Dank und Unentbehrlichkeit, eine unterschwellige Art von Egoismus. ZWEIER herrschen übrigens ganz gern mit Geld: Sie geben, um den anderen in Abhängigkeit zu halten.

Ihre *Gaben* sind *Mitmenschlichkeit* und Demut. Wohlfahrtsverbände und Kirchengemeinden wären ohne den gestaltenden Einsatz von ZWEIERN nicht denkbar.

Das *Lebensziel* der Menschen vom Typ ZWEI ist die Verbundenheit: *Ich will Liebe geben und empfangen*.

Das *Symbolland* ist *Italien*, berühmt für seine Küche und seine Gastfreundschaft. Mittelpunkt des italienischen Lebens ist die Familie, auf scheinbar sanfte Weise regiert von der absolutistischen Mamma.

Eine eindruckvolle ZWEI ist der Titelheld des Films »*Der Pate*«. Er verkörpert Kraft und Unbarmherzigkeit des ZWEIER-Musters: Ich mache alles für dich, erwarte dafür aber von dir totale Dankbarkeit und Treue. Früher gab es in den Micky-Maus-Heften den *kleinen bösen Wolf*, der unermüdlich die drei kleinen Schweinchen vor seinem bösen Vaterwolf gerettet hat.

276

Die ZWEIER-*Karikatur* zeigt meist eine mütterliche Frau (das früher herrschende Frauenideal war das der selbstlosen ZWEI) mit leicht rundlichen Körperformen, die für andere bäckt und kocht, keinen Geburtstag vergisst und bis zur physischen oder psychischen Erschöpfung liebe Briefe schreibt und Päckchen packt.

DREI

Ihre Lebensthemen sind *Leistung* und *Erfolg.* Eine DREI wird beflügelt von Konkurrenz und der Aussicht auf Gewinn. Es kommt ihr auf die Wirkung an, auf das Image: »Wie war ich?« Am Typ DREI lässt sich gut sehen, dass Erfolg nicht primär dem Ego dient, sondern eine soziale Funktion hat: Die DREI will Erfolg und Besitz, damit sie anerkannt wird und Freunde hat. Das gilt auch für den Erfolg beim anderen Geschlecht. Ihr *wunder Punkt* ist die *Lüge* – nicht nur gegenüber anderen, sondern vor allem gegenüber sich selbst. Eine DREI kann frei erfundene oder geschönte Geschichten über eigene Erfolge so lange erzählen, bis sie selbst ehrlich vom Inhalt überzeugt ist. Das Beziehungskonzept der DREI hat eine tragische Komponente, denn niemand gewinnt wegen seines Besitzes echte Freunde.

Die *Gaben* der DREI sind *Tatkraft*, *Optimismus*, *Gefühlstiefe* und die Fähigkeit, Visionen ins Konkrete umzusetzen. In einem Team findet eine DREI auch in ausweglosen Situationen eine Lösung und kann andere mitreißen. Daher sind DREIER häufig geborene Unternehmer.

Das *Lebensziel* einer DREI ist, Visionen äußerlich und real umzusetzen und auch innerlich zu füllen: *Ich will etwas aufbauen.*

Das *Symbolland* der DREI sind die *USA*. Erfolg, Leistung, Optimismus. Wolkenkratzer, Dollars, Hollywood. Ob echt oder nur Show, Hauptsache »it works«. Die Schattenseite des erfolgreichen und freundlichen amerikanischen Optimismus ist die Sucht, in allem die Nummer eins zu sein. Für Verlierer ist kein Platz.

Eine positive DREIER-Figur in der *Literatur* ist *Robin Hood*, der mit List und Tücke stiehlt und betrügt, um damit Gutes zu tun – und am Ende auch Erfolg bei der (natürlich adligen!) Frau seines Herzens hat. An *Donald Duck* wird deutlich, dass es natürlich ausgesprochen erfolglose DREIER gibt, die das Thema dennoch nicht loslassen können.

Die *Karikatur* der DREI ist der Angeber im dicken Auto, der vor anderen ungefragt sein Einkommen, die Quadratmeterzahl des eigenen Hauses und andere Statussymbole aufzählt: »Meine Frau, mein Haus, mein Auto, meine Jacht.«

VIER

Die VIER lässt sich von ihrer Sehnsucht leiten. Ihr Lebensthema ist *Individualität* – etwas Besonderes sein, anders sein. Sie hat ein untrügliches Gespür für alles Schöne, ursprünglich Natürliche und Außergewöhnliche, leidet aber auch daran, dass vieles für sie unerreichbar bleibt. Sie reagiert empfindlich und ist anfällig für Melancholie und Depression.

Ihr *wunder Punkt* ist der *Neid*, der das Schöne nicht bei anderen lassen kann. Die Kehrseite des Andersseins ist, sich stets mit anderen vergleichen zu müssen.

Die *Gaben* der VIER sind *Kreativität* und die *Kunst*, in anderen das Besondere zu entdecken. Innovationen in Wissenschaft und Kultur verdanken wir oft VIERERN, die vor dem Anderssein und »Querdenken« keine Angst hatten.

Das *Lebensziel* einer VIER ist die Wiederherstellung der Ursprünglichkeit: *Ich will etwas Echtes hervorbringen*.

Das *Symbolland* ist *Frankreich* – vive la difference! Hier wehrt man sich nach Kräften gegen die lautstark optimistische Amerikanisierung der Kultur und kann sich ein vereintes Europa nur so vorstellen, dass alle die tendenziell elitäre Andersartigkeit der *grande nation* neidlos anerkennen. Die französische Küche ist *haute cuisine* – »hoch« und den anderen überlegen.

Der Film »*Tod in Venedig*« beschreibt das tragische Ende eines in die Vergangenheit verliebten Künstlers, bei dem kaum ein Charakterzug der VIER ausgelassen wird.

Die VIERER-*Karikatur* ist der frankophile Künstler, der ausschließlich schwarze Kleider und einen violetten Seidenschal trägt. In

278

seinem verdunkelten Zimmer findet sich eine sorgsame Inszenierung aus verblühten Rosen, einem aufgeschlagenen Lyrikband und dem eigenen Tagebuch.

FÜNF

Eine FÜNF legt Wert auf ihre Privatsphäre und schottet sich gern ab gegen Verpflichtungen und Anforderungen von außen. Sie sammelt Wissen, analysiert und systematisiert, spaltet sich aber dabei gefühlsmäßig von Situationen und Menschen ab.

Ihr *wunder Punkt* ist der *Geiz*. Nicht nur finanziell, sondern auch im Blick auf Wissen und überhaupt auf sich selbst: Eine FÜNF gibt sich, ihre Anwesenheit, ihre Zeit, ihre Gefühle und ihre Schätze ungern her.

Gaben der FÜNF sind *Weisheit*, *Klarheit*, *Objektivität* und *Gastfreundschaft*.

Das *Lebensziel* einer FÜNF ist die Durchdringung bislang unerforschter Gebiete: *Ich will den Dingen auf den Grund gehen.*

Ihr *Symbolland* ist *England*. Auf der *splendid isolation* der Britischen Insel sammelte die Seefahrer- und Archäologennation die Schätze der übrigen Welt. Englands gekrönte Häupter brachten es stets fertig, gleichzeitig unermesslich reich und sparsam zu sein. Der nationale Geiz äußert sich in der Unfähigkeit, das einst eroberte Nordirland wieder herzugeben.

Die berühmteste literarische FÜNF ist auch ein Engländer: Der hartherzige Geizhals *Ebenezer Scrooge* aus Charles Dickens' Weihnachtsgeschichte, der als Vorbild diente für *Dagobert Duck*, ebenfalls eine FÜNF.

Die *Karikatur* einer FÜNF ist die bebrillte (falls männlich, bärtige) Wissenschaftlernatur, die sich in ihrem Studierzimmer mit Büchern und PC einspinnt. Kontakt mit der Außenwelt hat die scheue FÜNF nur via Internet. Wenn sie ihren Elfenbeinturm verlässt, dann am liebsten, um zu verreisen und mit dem Fotoapparat die vielfältigen Eindrücke festzuhalten.

SECHS

Die SECHS ist treu, teamfähig, loyal, zuverlässig und warmherzig, aber auch sehr vorsichtig. Vor Bedrohungen schützt sie sich, indem sie Halt bei einer Autorität sucht (der sie allerdings durchaus kritisch gegenübersteht). Sie hat ein feines Gespür für Hierarchien und möchte stets wissen, wer über ihr und wer unter ihr steht, wobei sie sich mit Unsicheren oder Unterlegenen gern solidarisiert.

Ihr *wunder Punkt* ist die *Angst*. In Diskussionen fragt sie gern: »Aber besteht dabei nicht die Gefahr, dass …?« Sie sucht Sicherheit und vermeidet es tunlichst, sich falsch zu verhalten. Es ist einer der Aha-Effekte des Enneagramms, dass Angst nicht primär eine Herzensfunktion ist, sondern zum Kopfzentrum gehört. Angst ist das Vorausdenken möglicher Gefahren, das sich im Extremfall zu einer apokalyptischen Weltsicht voller Verschwörungstheorien steigern kann.

Die *Gaben* der SECHS sind *Verlässlichkeit*, *Vertrauen* und vor allem *Mut*. Wenn eine SECHS ihre Angst und Vorsicht überwindet, wird sie zum mutigsten Typ von allen. Die großen, selbstlosen Helden in Kriegen und Notsituationen sind meistens SECHSER.

Ihr *Lebensziel* ist es, die Gabe der Wachsamkeit und Vorsicht der Gemeinschaft zur Verfügung zu stellen: *Ich will Sicherheiten schaffen*.

Das *Symbolland* der SECHS ist *Deutschland*. Fleiß, Tapferkeit, und Mut, wenn's drauf ankommt, sind SECHSER-Tugenden. Am sympathischsten sind Deutsche, wenn sie sich nicht auf »den Staat« oder andere Sicherheitssysteme verlassen, sondern vorausschauend in Eigenverantwortung und Achtsamkeit neue Wege eröffnen.

Eine gute Darstellung der enormen SECHSER-Fähigkeiten bietet Kevin Costner in dem Film *Bodyguard*. »Nie darfst du dich sicher fühlen« ist sein Credo, und mit einem untrüglichen Gespür wittert er Gefahren und ist bereit, sein Leben für seine Schutzbefohlene zu opfern. *Woody Allen* spielt in seinen Filmen praktisch immer SECHSER-Rollen. Mit am eindrucksvollsten in dem Werk *Zelig*, wo schelmisch gezeigt wird, wie sich eine SECHS unter praktisch jedem politischen System anpassen und eine verborgene Rolle spielen kann.

Die *Karikatur* der SECHS ist der vorsichtig um sich blickende, mausgrau oder beige gekleidete Leisetreter, der es nicht wagt, anderen länger in die Augen zu sehen. Er hat Probleme, ein begonnenes Gespräch zu beenden. Es macht ihm Spaß, ein Doppelleben zu führen und jemand ganz anderer zu sein, als der, für den man ihn hält.

SIEBEN

Die SIEBEN ist optimistisch, zukunftsorientiert, begeisterungsfähig und schnell. Ihr Lebensthema ist *Glück*. Der schmerzlichen Seite der Wirklichkeit weicht sie aus und konzentriert sich stattdessen auf alle positiven Möglichkeiten, für die sie eine hohe Reizempfänglichkeit besitzt. Eine SIEBEN liebt den verschwenderischen Aspekt der Schöpfung. Sie will, dass sich alle in ihrer Umgebung wohl fühlen und tut sich sehr schwer, Nein zu sagen und anderen klare Grenzen zu setzen.

Ihr *wunder Punkt* ist die *Unmäßigkeit*. »Mehr ist immer besser« ist ihr Motto, die Wohlstands- und Spaßgesellschaft ihre liebste Umgebung. Sie neigt dazu, sich am eigentlich Angenehmen zu überfressen: Sie isst so viel, arbeitet so viel, und mutet sich so viel zu, bis es nicht mehr angenehm ist.

Die *Gaben* der SIEBEN sind die *Heiterkeit* und ein *ganzheitliches, innovatives Denken*, gepaart mit einem pragmatischen Sinn dafür, das Ganze auch realisieren und finanzieren zu können.

Das *Lebensziel* einer SIEBEN ist es, das Leben glücklich zu genießen und diese schöne Möglichkeit des Menschseins auch anderen zu ermöglichen: *Ich will das Gute mehren.*

Ein berühmter SIEBENER ist *Peter Pan*, der Junge, der nicht älter werden will und in einer Traumwelt namens Nimmerland lebt. Er kann fliegen, ein Urtraum der nach leichten Lösungen suchenden SIEBEN. Auch *Gustav Gans* verkörpert mit seinem maßlosen Glück einen Aspekt der SIEBEN.

Das *Symbolland* der SIEBEN ist *Irland*. Fröhliche Musik, hoher

Alkoholverbrauch und die Redensart: Could be worse! Dass es schlimmer sein könnte, lässt die Iren die Armut ihres Landes so gut ertragen, dass ihr unkomplizierter Optimismus inzwischen zu einem europäischen Wirtschaftswunder geführt hat.

Die *Karikatur* der SIEBEN ist ein verspieltes, heiteres Wesen (oft mit Kinderlocken), das sich am liebsten auf keine Rolle festlegen möchte. Es betrachtet das Leben als üppiges Buffet, bei dem es alle Möglichkeiten hat und sich nicht festlegen muss. Auch beruflich braucht es ständig Veränderung und neue Reize, aber wenig Schlaf. Es gibt viel zu viel zu entdecken!

ACHT

Das Lebensthema der ACHT ist *Stärke*. Sie ist energiegeladen, direkt und konfrontativ. Sie verschafft sich Respekt durch entschlossenes Auftreten, das andere einschüchtern kann. Im Einstecken ist sie längst nicht so gut wie im Austeilen. Hinter ihrer Stärke verbirgt sich Verletzlichkeit.

Der *wunde Punkt* einer ACHT ist denn auch diese *Schamlosigkeit*. Sie hat wenig Gespür dafür, wie sie durch ihre Grenzüberschreitungen andere verletzt.

Ihre *Gaben* sind *Belastbarkeit* und die gesunde *Ausübung von Macht*. Eine ACHT geht für ihre Schutzbefohlenen durchs Feuer, kann Anfeindungen bewundernswert aushalten und zu einer Kämpferin für die Gerechtigkeit werden.

Ihr *Lebensziel* ist es, Schwäche und Unterdrückung und Untätigkeit zu beenden: *Ich will für das Gute kämpfen*.

Das *Symbolland* ist *Spanien*. Die ACHT will Blut sehen, beim Stierkampf wie bei den auffallend blutrünstigen Kreuzigungsdarstellungen des Landes. Hinter dem *machismo* mag sich Unsicherheit verstecken, nach außen muss das Bild von Stärke gewahrt werden.

John Wayne hat mit seinen Filmen der ACHT ein Denkmal gesetzt: der sperrige, unbequeme Anführer, der meist in bestechend einfachem Hauruck-Verfahren Krisen meistert und seine Leute rettet. Auch Kommissar *Schimanski* zeigt die betörende Geradlinigkeit der

ACHT: Ohne Rücksicht auf Hierarchie, Etikette und die eigene Gesundheit fightet er gegen das Böse.

Die *Karikatur* der ACHT ist der stiernackige, körperlich breit gebaute Schrankmensch. Auch im Winter trägt er kurzärmlige Hemden, weil er dem Wetter ebenso wie allen anderen Feinden trotzt. Wenn er jemandem zum ersten Mal begegnet, testet er gern mit einem lautstarken »Sie sehen aber schlecht aus!« die Belastbarkeit des anderen. Bei der nächsten Begegnung grüßt er mit dem schönen Satz »Dass Sie sich auch mal wieder blicken lassen!« Dass das ein von Herzen kommendes Kontaktangebot ist, erschließt sich eigentlich nur Menschen, die das Enneagramm kennen.

NEUN

Die Lebensthemen der NEUN sind *Frieden* und *Zufriedenheit*. Sie schätzt Harmonie und Bequemlichkeit. Sie hat feste Gewohnheiten und neigt zur Zerstreuung und zum Nichtstun. Eine NEUN ist friedfertig und hat Verständnis für alles. So fällt es ihr schwer, Stellung zu beziehen oder Entscheidungen zu treffen.

Aus Versäumnissen werden Unterlassungssünden, die ihren *wunden Punkt* aufdecken, nämlich die *Faulheit*. »Aber ich hab doch überhaupt nichts gemacht!« ist daher auch der beliebteste Entschuldigungssatz einer NEUN.

Ihre *Gaben* sind *Versöhnung*, *Friedenstiften* und *Tatkraft*. Wenn eine NEUN aus der Bequemlichkeitszone herausfindet, kann sie enorme Energie entwickeln. Manche NEUNER haben viele Hobbys und sind auf der ständigen Suche nach neuen Herausforderungen, um der von ihr gefürchteten Langeweile zu entfliehen.

Ihr *Lebensziel* ist eine Umgebung, in der Ruhe ist und Platz für alle: *Ich will versöhnen*.

Balu der Bär aus Disneys *»Dschungelbuch«* verkörpert die friedfertige Lebensphilosophie der NEUN: Probier's mal mit Gemütlichkeit!

Das nächstliegende *Symbolland* ist Öster-

reich. Das glückliche Austria hat keine blutigen Kriege geführt, sondern durch eine gemütliche Heiratspolitik das Reich vergrößert. Das Wiener Kaffeehaus, in dem man den ganzen Tag vor einer Tasse Melange sitzen kann, ist ein rechter NEUNER-Ort. Ein weiteres Symbolland, das etwas weiter weg ist, ist *Afrika*.

Die *Karikatur* der NEUN ist der Couch-Potato, der im Morgenmantel, Chips essend, abwechselnd vor dem Fernseher und dem Spielecomputer sitzt. Ein bisschen zu dick, ein bisschen zu langsam und irgendwie auch immer ein bisschen zu langweilig.

Argumente gegen Typologien

Jede Typologie ist nur ein Hilfsmittel, und gegen jedes Persönlichkeitsschema regen sich Widerstände – berechtigte und unberechtigte. Hier die am häufigsten vorgebrachten Einwände gegen das Enneagramm und was dazu zu sagen ist.

»Ich finde, ich habe von allem etwas.«

Das sagen viele Menschen nach dem ersten Durchlesen der Typbeschreibungen. In der Tat enthält jeder der neun Typen treffende psychologische Beobachtungen. Je intensiver Sie sich bereits mit sich selbst befasst haben, umso häufiger werden Sie dabei Aha-Effekte haben und sich »erkannt« fühlen. Das volle Potenzial Ihrer Persönlichkeit werden Sie allerdings nur entfalten, wenn Sie das Hauptthema Ihres Lebens unter den neun angebotenen Typen finden.

Unser letzter *simplify*-Rat: Wir realisieren nur die Dinge, die wir uns aufschreiben. Arbeiten Sie mit unseren *simplify*-Ideen. Setzen Sie Ihren persönlichen Fokus und schreiben Sie täglich auf, was Sie im *simplify*-Sinne anders gemacht haben, was Sie denken und fühlen und wie Sie Ihre Ziele erreichen wollen. Es gibt kaum ein besseres Mittel zur Steigerung Ihres Selbstbewusstseins und der aktiven Lebensgestaltung als den guten alten Brauch des Tagebuchschreibens.

Am Ende des *simplify*-Weges wird Ihr Leben nicht perfekt durchorganisiert sein. Sie werden nach wie vor gelegentlich Geldprobleme und Zeitstress haben, Sie werden immer wieder einmal krank werden und es wird nicht nonstop glatt laufen mit Kollegen, Verwandten und dem Partner – aber Ihr Leben ist kein vom Zufall gestaltetes Chaos mehr, sondern eine transparente Konstruktion, in der Sie sich nicht mehr verirren werden. Einzelne Chaosereignisse werden Sie nicht mehr aus der Bahn werfen oder am Sinn des gesamten Unternehmens zweifeln lassen. Sie haben genügend Techniken und Werkzeuge zur Hand, um Pannen zu beheben, verschüttete Zugänge freizulegen und auch in Zeiten der Anspannung innere Gelassenheit zu finden. Denn Sie haben erfahren: Mein Leben ist kein Steinhaufen, sondern eine stabile Pyramide – Ihre eigene, unverwechselbare.

Die simplify-Hörbücher –
Ihre Ohren werden Augen machen!

Dagmar von Cramm
simplify Diät

2010. ISBN 978-3-593-39324-1

Lothar Seiwert
simplify your time

2010. ISBN 978-3-593-39331-5

Marion und Werner
Tiki Küstenmacher
simplify your love

2007. ISBN 978-3-593-28469-6

Werner Tiki Küstenmacher
mit Lothar J. Seiwert
simplify your life

2003. ISBN 978-3-593-37391-1

Mehr Informationen unter
www.campus.de
facebook.com/campusverlag
twitter.com/campusverlag

Frankfurt · New York

Hermann Scherer
Glückskinder
Warum manche lebenslang
Chancen suchen – und andere
sie täglich nutzen

2011. Ca. 256 Seiten, gebunden
ISBN 978-3-593-39349-0

E-Book:
ISBN 978-3-593-41168-2

Der Fisch springt nicht an den Haken ...

... und das Reh läuft nicht vor die Flinte. Genauso will auch die Chance gejagt sein. Glückskinder wissen das. Statt darauf zu warten, dass ihnen alles Gute einfach in den Schoß fällt, setzen sie ihre Chancenintelligenz ein: die Fähigkeit, Chancen zu erkennen und zu nutzen – und zwar die richtigen! Klingt banal? Warum sind wir dann nicht längst alle Glückskinder? Hermann Scherer erzählt viele Geschichten von Menschen, die Chancen in scheinbar unbedeutenden oder gar ausweglosen Situationen gesehen und ergriffen haben. Und Scherer macht klar, was man über Chancen wissen muss: Sie liegen nie in der Zukunft, sie pfeifen auf Regeln und sie sind so alltäglich wie das Leben!

Mehr Informationen unter
www.campus.de
facebook.com/campusverlag
twitter.com/campusverlag

Frankfurt · New York